CODE MÉDICAL.

Paris. — RIGNOUX, Imprimeur de la Faculté de Médecine, rue Monsieur-le-Prince, 31.

CODE MÉDICAL,

ou

RECUEIL

DES LOIS, DÉCRETS ET RÈGLEMENTS

sur l'Étude, l'Enseignement et l'Exercice

DE LA MÉDECINE CIVILE ET MILITAIRE

EN FRANCE;

Par Amédée AMETTE,

Secrétaire de la Faculté de Médecine de Paris,
Chevalier de la Légion d'Honneur.

———o·o⊂❀❁❀⊃o·o———

PARIS,

CHEZ L'AUTEUR, à la Faculté de Médecine,

ET CHEZ **LABÉ**, LIBRAIRE DE LA FACULTÉ DE MÉDECINE,

place de l'École-de-Médecine, 23 (ancien n⁰ 4).

——

1853

PRÉFACE.

J'offre au public médical un ouvrage qui, j'espère, pourra lui être de quelque utilité.

Commencé en 1846, j'ai dû suspendre la publication du *Code médical,* parce que l'incertitude des temps et les promesses toujours ajournées d'une législation nouvelle me faisaient craindre de donner un travail qui du jour au lendemain serait devenu incomplet. Maintenant qu'avec le calme et la confiance dans les esprits se sont rétablies la force et la stabilité dans les choses ; maintenant aussi que le décret du 10 avril et l'arrêté du 7 septembre 1852, en réglant la question des baccalauréats pour les études dans les Facultés, ont posé des bases que le caprice ne changera plus, j'ai pensé que le temps était venu de recueillir en un seul faisceau tous les fils épars

a

d'une législation qui ne doit plus changer, ou qui du moins ne subira que des modifications de détail, par conséquent sans importance, et je n'ai plus hésité à publié un travail que les médecins, je le sais, attendaient avec impatience, parce qu'il doit leur faire connaître d'une manière définitive leurs devoirs, leurs droits, et leurs priviléges.

J'ai divisé le *Code médical* en trois parties : *études, enseignement, exercice.* La première de ces trois parties renferme toute la législation qui concerne l'étudiant en médecine ; elle sera pour lui le guide indispensable qu'il devra consulter dans la marche de ses études. Et cette première partie ne s'adresse pas seulement à l'étudiant ; elle intéresse autant et bien plus encore les parents, qui devront la consulter pour savoir à quelles époques se prennent les inscriptions, quand et comment se subissent les examens, quel est le prix de ces différents actes de scolarité, etc. Les familles n'ont eu jusqu'à présent d'autres indications à cet égard que celles qui leur étaient données par les élèves eux-mêmes. Je crois leur rendre un très-grand service en mettant sous leurs yeux les documents officiels, dont la connaissance réduira à ses limites rigoureuses la somme des sacrifices que les parents s'imposent pour l'éducation de leurs enfants, et leur permettra aussi de les suivre en quelque sorte pas à pas, et de loin aussi bien que de près, dans tous les détails de leur vie d'étudiant.

La deuxième partie comprend toutes les lois, tous les arrêtés de l'autorité universitaire, qui réglementent la noble profession de l'enseignement. L'aide d'anatomie, le prosecteur, le chef des travaux anatomiques, le chef de clinique, l'agrégé, le professeur, toute cette famille enseignante trouvera dans le Code la loi qui la concerne, les devoirs qu'elle doit remplir, les obligations qui lui sont imposées.

Un décret du 13 novembre dernier vient de rétablir le Val-de-Grâce de Paris comme École spéciale de médecine et de pharmacie militaires. Il a réglé en même temps toutes les conditions d'admissibilité dans cet établissement.

Le personnel médical auquel ces diverses instructions s'appliquent est trop considérable, et par le nombre et par la position sociale, pour que je ne me sois pas fait un devoir, au prix même de quelques sacrifices de remaniement et de composition, de les insérer dans mon livre. Cette heureuse addition complète toute la législation médicale pour les armées de terre et de mer, et justifie la prétention énoncée dans le titre de cet ouvrage de contenir tous les règlements relatifs à la médecine *civile* et *militaire*.

La troisième partie enfin s'adresse exclusivement aux praticiens. Mes relations de tous les instants avec les membres de ce corps si savant en général m'ont cependant mis à même de reconnaître à quel point ils ignorent les dispositions législatives même les plus élémentaires de leur profession. Demandez, par exemple, au médecin, docteur ou officier de santé, au moment où il reçoit son diplôme, demandez-lui, dis-je, quelle est la formalité préliminaire et indispensable qu'il doit remplir ; il n'y en aura peut-être pas un sur cent qui saura qu'il faut le faire enregistrer, dans le délai d'un mois après la fixation de son domicile, au greffe du tribunal de première instance et à la préfecture ou à la sous-préfecture de l'arrondissement dans lequel il voudra s'établir. Cette formalité a cela d'utile cependant; qu'elle sert à former les listes officielles des individus qui seuls ont le droit d'exercer la médecine. La fraude si dangereuse et si déplorable de l'exercice illégal serait donc facilement dévoilée et prévenue, si la précaution de l'enregistrement des diplômes était rigoureusement exécutée. Je cite cet exemple ; j'aurais pu en citer bien d'autres pour démontrer ce qui d'ailleurs n'a pas besoin de l'être, que toutes les lois sont utiles à connaître et bonnes à exécuter. C'est pour cela que j'ai recueilli avec le plus grand soin toutes celles qui concernent la profession ; j'ose me flatter de n'en avoir omis aucune, et la simple lecture de la table des matières qui suivra cet ouvrage pourrait suffire pour appuyer cette assertion. Cela veut-il dire que je me suis borné à collectionner avec plus ou moins d'exactitude tous les actes de l'autorité qui régissent l'exercice de la médecine ? Non. Mon travail se recommande encore et peut-être plus particulièrement par le soin que j'ai pris de donner la forme d'un article de loi à tout ce qui, sans être la loi elle-même, est cependant consacré comme tel par l'expérience du temps et la force de l'usage, dans chacune des trois parties qu'il renferme. Pour donner à ce travail toute l'autorité qu'il doit avoir, il fallait pouvoir l'appuyer sur une longue habitude de l'administration. J'invoque à cet égard, et j'offre sans aucune hésitation, la garantie de mes trente années de services.

Il existe, je le sais, un ouvrage fort remarquable sur la jurisprudence médicale, par M. Trébuchet, et les quelques emprunts que je lui ai faits pourraient me dispenser de tout autre éloge. Mais, indépendamment de l'ancienneté de cet ouvrage, dont la publication remonte à l'année 1834, et présente par conséquent une lacune de tous les actes officiels qui ont paru depuis cette époque, son extrême étendue, les commentaires nombreux qu'il contient, les exposés de motifs, les discussions du parlement qu'il renferme, renseignements pour la plupart du temps inutiles, et qui ont de plus l'inconvénient d'augmenter sans grand profit pour le praticien l'étendue et le prix du volume, il est à craindre que ces divers motifs ne permettent pas que le livre de M. Trébuchet, malgré des qualités incontestables, soit

à la portée de tous les lecteurs, et rendent suffisamment faciles et promptes les recherches que
le médecin peut avoir à faire.

Toute mon application, tous mes efforts ont
tendu à simplifier mon travail, de manière à lui
donner les qualités pratiques que j'ai cru ne pas
trouver, à un assez haut degré, dans celui de
l'auteur que je viens de nommer. Certes je ne
puis prétendre avoir atteint la perfection, et je
compte sur des avis éclairés pour donner à une
seconde édition cè que celle-ci peut encore avoir
d'imparfait sous le rapport des détails. Mais, à
défaut d'autre mérite, le Code médical n'aurait-
il, dès à présent, que celui d'être très-concis,
probablement très-complet, et certainement très-
peu cher, qu'il me paraîtrait devoir répondre de
la manière la plus satisfaisante à tout ce que les
lecteurs auxquels il s'adresse sont en droit d'en
attendre.

Paris, 8 décembre 1852.

CODE MÉDICAL.

PREMIÈRE PARTIE.

ÉTUDES.

Art. 1er.

Pour être admis dans une Faculté de médecine, l'aspirant au doctorat doit être préparé aux études médicales par des études préliminaires dans les lettres et dans les sciences. Le titre de *docteur en médecine* ou *en chirurgie* ne peut s'obtenir qu'après la justification régulière de grades, d'inscriptions et d'examens.

2.

GRADES.

Le diplôme de bachelier ès lettres, prescrit par l'ordonnance du 9 août 1836, ne sera plus exigé des étudiants en médecine, à partir du 1er novembre 1854. A cette époque, ils devront produire seulement le diplôme de bachelier ès sciences (1).

---

(1) Art. 12 du décret du 10 avril 1852.

3.

Il y a un seul baccalauréat ès sciences. Les épreuves sont de deux sortes :

1° Deux compositions écrites ;

2° Questions orales embrassant tout ce qui fait l'objet de l'enseignement de la section scientifique des lycées (1).

4.

Les candidats qui n'ont pas satisfait à l'épreuve écrite ne sont pas admis à l'épreuve orale (2).

5.

RÈGLEMENT

SUR L'EXAMEN DU BACCALAURÉAT ÈS SCIENCES
(7 septembre 1852).

Art. 1er. — Les Facultés des sciences procèdent, chaque année, dans trois sessions, aux examens du baccalauréat ès sciences.

La première session a lieu du 10 juillet au 1er septembre pour Paris, et du 1er août au 1er septembre pour les départements ; la deuxième, du 1er au 31 décembre ; la troisième, du 1er avril au 1er mai.

Une session extraordinaire pourra, en outre, être autorisée par décision spéciale du ministre de l'instruction publique.

---

(1) Art. 9 du décret du 10 avril 1852.
(2) Art. 10 du même décret.

Art. 2. — Aucun examen isolé ou collectif ne peut avoir lieu en dehors des sessions.

Art. 3. — Tout candidat au baccalauréat ès sciences doit déposer, dans la quinzaine qui précède l'ouverture de la session, au secrétariat de l'Académie où il a l'intention de subir l'examen, les pièces exigées par les articles 1 et 2 du règlement du 26 novembre 1849.

La signature du candidat mineur sera légalisée par le maire de la commune où il réside.

Art. 4. — Le registre d'inscription est clos irrévocablement, la veille du jour de l'ouverture de chaque session.

Art. 5. — Tout candidat régulièrement inscrit doit être examiné dans la session pour laquelle il s'est fait inscrire.

Art. 6. — Tout candidat qui, sans excuse valable et jugée telle par le jury, ne répond pas à l'appel de son nom le jour qui lui a été indiqué, perd le montant des droits d'examen qu'il a consignés.

Art. 7. — L'épreuve écrite et l'épreuve orale, dont l'examen se compose, ne peuvent être subies le même jour.

Art. 8. — La première épreuve, qui a lieu dans une seule journée, comprend : 1° une version latine ; 2° une composition sur un sujet de mathématiques ou de physique, suivant que le sort en décidera.

Le texte de la version et le sujet de composition sont choisis par le doyen de la Faculté.

Deux heures sont accordées pour la version, quatre heures pour la composition ; un intervalle de deux heures au moins sépare ces deux parties de l'épreuve.

Plus de vingt-cinq candidats ne peuvent subir simultanément l'épreuve écrite ; ils sont placés sous la surveillance constante d'un des membres du jury.

Art. 9. — Un professeur de la Faculté des lettres fait partie du jury.

Art. 10. — L'épreuve écrite est jugée immédiatement par le jury tout entier, qui décide quels sont les candidats admis à subir les épreuves orales.

La note *mal*, pour l'une ou l'autre partie de l'épreuve écrite, entraîne l'ajournement du candidat.

Art. 11. — Des numéros, correspondant aux ouvrages inscrits sur la liste annexée au présent règlement, étant placés dans une urne, le secrétaire du jury, au commencement de l'épreuve orale, tire le numéro de chacun des ouvrages latins et français, allemands ou anglais, que les candidats doivent expliquer à livre ouvert.

Les candidats sont ensuite interrogés sur quatre sujets compris dans les programmes d'enseignement, et tirés au sort au moyen de quatre séries de numéros correspondant aux quatre divisions suivantes :

1° Logique, histoire et géographie ;
2° Mathématiques pures et appliquées ;
3° Sciences physiques ;
4° Sciences naturelles.

L'épreuve orale dure au moins cinq quarts d'heure.

Art. 12. — Le président du jury d'examen, s'il vient à découvrir quelque fraude, est tenu de porter immédiatement les faits à la connaissance du doyen et du recteur, avec tous les renseignements qui peuvent éclairer la justice disciplinaire.

Art. 13. — Le recteur défère sans délai les délinquants au conseil académique, qui, après les avoir entendus ou dûment appelés, prononce, suivant les cas, outre la nullité de l'examen entaché de fraude, la peine de l'exclusion de toutes les Facultés pour six mois sans appel, et avec recours au conseil supérieur pour un an ou à toujours.

Art. 14. — Les candidats qui produisent le diplôme de bachelier ès lettres sont dispensés des épreuves littéraires du baccalauréat ès sciences.

Dispositions transitoires.

Art. 15. — Jusqu'au 10 juillet 1853 exclusivement, les baccalauréats ès sciences physiques et ès sciences mathématiques, tels qu'ils ont été réglés par l'arrêté du 8 juin 1848, seront seuls conférés par les Facultés des sciences.

Art. 16. — Jusqu'au 1er décembre 1854 exclusivement, ils pourront être délivrés concurremment avec le nouveau baccalauréat ès sciences.

Art. 17. — A partir du 1er décembre 1854, le nouveau baccalauréat ès sciences, institué par le décret du 10 avril 1852, sera seul conféré.

Art. 18. — Les questions orales, qui seront posées aux candidats, conformément au § 2 de l'article 11 ci-dessus, dans les sessions des années 1853, 1854, et jusqu'au 10 juillet 1856 exclusivement, seront réglées d'après les programmes d'enseignement indiqués dans les tableaux ci-annexés.

Art. 19. — Les élèves des Facultés de médecine ne seront tenus de justifier du diplôme de bachelier ès sciences, pour prendre leur première inscription, qu'à partir du 1er novembre 1854.

Ceux qui, avant ce terme, auront pris leur première inscription, sur la production du diplôme de bachelier ès lettres, ne seront admis à prendre leur cinquième inscription que sur la présentation du diplôme de bachelier ès sciences physiques, ou du nouveau diplôme de bachelier ès sciences.

A partir du 15 novembre 1854, ce dernier diplôme sera seul admis.

PROGRAMMES

*annexés au Règlement sur l'examen du bacca-
lauréat ès sciences.*

—

LISTE DES AUTEURS.

AUTEURS LATINS.

1. Cicéron : *Discours contre Catilina et contre Verrès ;
   Traités de l'Amitié et de la-Vieillesse ; Songe de
   Scipion.*
2. César : *Commentaires.*
3. Salluste.
4. Tacite : *Annales.*
5. Virgile.
6. Horace.

AUTEURS FRANÇAIS.

1. Bossuet : *Discours sur l'histoire universelle ; Orai-
   sons funèbres.*
2. Fénelon : *Lettres à l'Académie ; Dialogues sur l'é-
   loquence.*
3. Massillon : *Pêtit-Carême.*
4. Montesquieu : *Considérations sur les causes de la
   grandeur et de la décadence des Romains.*
5. Voltaire : *Vie de Charles XII; Siècle de Louis XIV.*
6. Théâtre classique.
7. Boileau.
8. La Fontaine : *Fables.*

AUTEURS ALLEMANDS.

Morceaux choisis de prose et de vers des classiques
allemands.

AUTEURS ANGLAIS.

Morceaux choisis de prose et de vers des classiques anglais.

———

PROGRAMMES

des quatre séries de questions.

—

PREMIÈRE SÉRIE.

Logique, Histoire et Géographie.

Logique.

1. Des facultés de l'âme. — Sensibilité. — Entendement. — Volonté.
2. Des opérations de l'entendement. — Attention. — Comparaison. — Jugement. — Raisonnement.
3. Des idées en général, de leur origine, de leurs différents caractères, de leurs diverses espèces.
4. Des notions et vérités premières.
5. De la mémoire, de l'association des idées, de l'imagination.
6. Des signes en général et du langage en particulier.
7. Influence des signes sur la formation des idées.
8. Notions de grammaire générale.
9. De la méthode en général. — De l'analyse et de la synthèse.
10. De la méthode dans les sciences physiques et naturelles. — Observation. — Expérimentation.
11. De l'analogie. — De l'induction. — Des hypothèses.
12. De la méthode dans les sciences exactes. — Axiomes. — Définition. — Démonstration.

13. Du syllogisme. — De ses figures. — De ses règles.
14. De la méthode dans les sciences morales. — Autorité du témoignage des hommes. — Règles de la critique historique.
15. De la certitude en général; des différentes sortes de certitude.
16. Des causes et des remèdes de nos erreurs.

HISTOIRE ET GÉOGRAPHIE.

Histoire de France.

17. Limites et étendue de la Gaule. — Caractère des peuplades gauloises. — Druides et monuments druidiques.—Anciennes migrations en Espagne, en Italie, dans la vallée du Danube, en Grèce, en Thrace, en Asie Mineure.
18. Soumission de la Gaule narbonnaise aux Romains. — Luttes contre César (58-60). — Pacification de la Gaule.
19. Condition de la Gaule pendant toute la durée de l'empire.
20. Les Francs avant Clovis. — Clovis et ses fils.
21. Puissance des Francs Mérovingiens. — Clothaire I, Frédégonde, Brunehaut, Clothaire II, Dagobert. — Prépondérance des Francs dans l'Europe occidentale. —Mœurs et institutions apportées par les Germains au milieu des populations romaines. — Bénéfices et Alleux (558-638).
22. Décadence de la race mérovingienne. — Affaiblissement de la royauté. — Rois fainéants. — Maires du palais. — Opposition de la Neustrie et de l'Austrasie. — Ébroin. — Bataille de Testry (638-687).
23. Puissance croissante des maires d'Austrasie : Pépin d'Héristal, Charles Martel, Pépin le Bref (687-752).

— Ils reconstituent l'État et relèvent le pouvoir. Pépin le Bref fonde la seconde race (752).

24. Réunion et tentative d'organisation de tout le monde germanique par Charlemagne. — Ses guerres, son gouvernement; étendue et divisions géographiques de son empire.—Premier réveil littéraire (768-814).

25. Fragilité de l'œuvre de Charlemagne. — Faiblesse de Louis le Débonnaire. — Bataille de Fontanet. — Divison de l'empire en trois royaumes par le traité de Verdun. — La France proprement dite est limitée au nord-est par la Meuse (814-843).

26. Faiblesse de Charles le Chauve. — Invasions des Northmans par le nord et l'ouest, des Sarrasins par la Provence et par les Alpes, et bientôt des Hongrois par l'est. — Nouveau démembrement de l'État et du pouvoir. — Reconnaissance définitive de l'hérédité des bénéfices et des offices royaux. — Inutilité des tentatives faites pour reconstituer l'empire de Charlemagne. — Irrévocable division en plusieurs États (843-888).

27. Royauté d'Eudes et de Raoul. — Entreprises ayant pour but de substituer une nouvelle dynastie à celle des Carlovingiens. — Transformation du pouvoir royal. — Règnes de Hugues Capet et de ses trois premiers successeurs (888-1108); leur alliance intime avec l'Église. — Établissement des Northmans en France.

28. Exposition du système féodal. — Asservissement de la plus grande partie des anciens hommes libres, mais le servage est substitué à l'esclavage. — Description féodale de la France. Géographie sommaire de l'Europe féodale.

29. Ferveur ardente et union de toute l'Europe chré-

La Place , Lagrange , Volta , Cook et Bougainville .
— Géographie de l'Europe en 1789.

56. Assemblée constituante. — Assemblée législative.
— Journée du 10 août. — Convention nationale. —
Procès et mort de Louis XVI. — La terreur. — Jour-
née du 9 thermidor. — Journée du 13 vendémiaire.

57. Directoire. — Premières campagnes de Bonaparte
en Italie; traité de Campo-Formio. — Expédition
d'Égypte. — Retour de Bonaparte. — Journée du 18
brumaire. — Constitution consulaire. — Concordat.
— Code civil.

58. Napoléon empereur. — Géographie de l'Europe en
1810. — Guerre de Russie. — Campagne d'Allemagne.
— Campagne de France. — Abdication de l'Empereur. — Retour de l'île d'Elbe. — Les Cent Jours. —
Waterloo. — Sainte-Hélène. — Traités de 1815.

Géographie physique et politique.

59. Objet et utilité de cette étude. — Ce qu'on entend
par géographie physique et par géographie politique. — Nomenclature géographique; définition des
principaux termes en usage.

Utilité des cartes géographiques. — Mappemonde,
cartes générales , cartes particulières. — Échelles.—
Valeur des principales mesures itinéraires en myriamètres.

Division de la surface du globe en terres et en
eaux ; rapport de leur étendue superficielle; population du globe.

Continents. Forme générale de leur contour ; oro-
graphie et hydrographie sommaires ; grandes divisions relatives aux races et aux religions; parties du
monde.

Océan. Ses grandes divisions, leur situation relative et leurs communications entre elles ; mers principales, leur situation.

60. *Asie, Afrique, Amérique du Nord et Amérique du Sud.*

Limites ; forme générale du contour ; mers et îles principales ; division en grands versants ; grandes chaînes de montagnes ; lacs et fleuves principaux. — Grandes divisions relatives aux races et aux religions. — Principaux États ; leurs capitales. — Population. — Principales colonies européennes. — Mention particulière des possessions anglaises aux Indes et des États-Unis d'Amérique.

Océanie.

Situation ; grandes divisions ; mers, îles et archipels principaux ; possessions des Européens ; capitales.

61. *Europe.* Limites ; forme générale du contour ; mers, îles et presqu'îles principales ; leur situation.

Division en grands versants ; ligne de partage des eaux, depuis les monts Ourals jusqu'au détroit de Gibraltar.

Principales chaînes de montagnes ; situation et direction. — Principaux fleuves : sources, directions, embouchures ; notion de leur étendue. — Grands lacs ; leur situation.

Grandes divisions d'après les races et les religions ; langues principales. — Principaux États de l'Europe ; leur situation ; capitales. Population de l'Europe.

62. *Description sommaire des mers :*

1° *Grand océan ;* 2° *océan Atlantique ;* 3° *mer des Indes ;* 4° *mer Méditerranée et mer Noire ;* 5° *mer du Nord ;* 6° *mer Baltique.*

Situation ; forme générale du littoral. — Mers secondaires ; îles et détroits principaux ; leur situation. — Pays baignés par ces mers ; embouchures des fleuves les plus remarquables ; grands ports. — Principales colonies européennes. — Notions sommaires sur les lignes de navigation les plus suivies et sur la durée de la traversée.

63. *États européens.*

1° Îles Britanniques.

2° Hollande et Belgique.

3° Suède et Norvège. — Danemark.

4° Russie et Pologne.

5° Prusse.

6° Allemagne et Suisse.

7° Empire d'Autriche.

8° { Turquie d'Europe et Grèce.
Principautés slaves, îles Ioniennes.

9° Italie.

10° Espagne et Portugal.

Situation et limites ; mers et îles principales ; versants et chaines de montagnes principales ; fleuves et lacs principaux.

Grandes divisions politiques ; capitales, gouvernement, population ; races et religions; colonies; ports principaux.

Armée, marine ; revenu des puissances de premier ordre.

Mention des confédérations germanique et helvétique. — Éléments de puissance des empires russe et britannique.

64. *Histoire sommaire de la géographie.*

Monde connu des anciens. — Progrès de la géographie au moyen âge. — État des connaissances géographiques au commencement du 15ᵉ siècle; progrès de ces connaissances depuis cette époque. — Navigateurs les plus célèbres ; résumé de leurs principales découvertes. — Notions sommaires sur les principaux voyages autour du monde.

65. *Géographie industrielle et commerciale.*

Notions élémentaires et sommaires : 1° Sur les localités d'où proviennent les productions les plus
utiles : céréales, fers, houilles, bois de construction,
cotons, vins, etc. ;

2° Sur les centres d'industrie les plus importants ;
produits principaux de la France, de l'Angleterre,
de l'Allemagne, etc. ;

3° Sur les principaux centres et ports de commerce ; matières premières ou fabriquées qui donnent lieu à l'importation ou à l'exportation ; lignes
de navigation qu'elles suivent ; durée du trajet.

66. Limites ; latitudes et longitudes extrêmes ; tracé du
contour de la France. — Ligne de partage des eaux.

Chaînes de montagnes ; situation et direction générale. — Ramifications principales. — Division de
la France en versants et en bassins.

Côtes maritimes : 1° *de Dunkerque à Bayonne,*
2° *de Port-Vendres à Antibes.*

Tracé du littoral. — Iles, caps et golfes principaux. — Embouchures des grands fleuves. — Départements et villes principales du littoral.

Limites de terre : 1" *de Dunkerque à Wissembourg,*
2° *de Wissembourg à Bâle et à Antibes,* 3" *de Port-
Vendres à Bayonne.*

Tracé de la limite ; départements qu'elle confine.
— Pays limitrophes.

Description sommaire des Alpes et des Pyrénées.

Situation ; direction ; grandes divisions ; montagnes, cols et ramifications les plus remarquables ;
rivières principales qui descendent de ces chaînes.

67. *Bassins de la Seine, de la Loire, de la Garonne
et du Rhône ; bassin de l'Escaut ; de la Meuse et du
Rhin (partie française).*

Ceinture du bassin et cours du fleuve ; tracé ;

1.

principaux affluents, — Départements et villes principales qu'arrosent le fleuve et ses affluents principaux. — Points où commence la navigation.

Canaux et chemins de fer.

Principaux canaux; mers et rivières qu'ils mettent en communication. — Principaux chemins de fer; grandes villes qu'ils unissent; leur liaison avec les principaux chemins de fer de la Belgique et de l'Allemagne.

68. *Ancienne division de la France en provinces.*

Situation des provinces; date et historique sommaire de leur réunion à la couronne de France; capitales.

Division de la France en départements.

Origine et but de cette nouvelle division; situation respective des départements; chefs-lieux.

Concordance des deux divisions.

Départements formés des anciennes provinces de :

1° Bretagne, Normandie, Ile-de-France;
2° Champagne, Picardie, Artois, Flandre, Lorraine;
3° Poitou, Maine, Touraine, Anjou, Orléanais, Berry, Nivernais, Bourbonnais;
4° Limousin, Auvergne, Marche, Saintonge, Aunis, Angoumois;
5° Guyenne, Gascogne, Béarn;
6° Comté de Foix, Roussillon, Languedoc;
7° Provence, Dauphiné, Comtat Venaissin, Lyonnais, Corse;
8° Alsace, Franche-Comté, Bourgogne.

69. *Statistique de la France.*

Superficie. — Population. — Gouvernement. — Divisions administratives, militaires, ecclésias-

tiques, judiciaires. — Instruction publique. — Pré-
fectures maritimes. — Agriculture, industrie et commerce. — Revenu, dette. — Armée, marine.

70. *Colonies.*

Algérie. — Situation, limites. — Chaînes de montagnes et rivières principales. — Provinces et villes
principales. — Races principales. — Religions.

*Colonies françaises dans les différentes parties du
monde.* — Situation. — Villes principales. — Productions, commerce.

II° SÉRIE.

Mathématiques pures et appliquées.

MATHÉMATIQUES PURES.

Arithmétique.

1. Numération *décimale.*

Addition et soustraction des nombres entiers.

Multiplication des nombres entiers. — Le produit
de plusieurs nombres entiers ne change pas, quand
on intervertit l'ordre des facteurs.—Pour multiplier
un nombre par un produit de plusieurs facteurs, il
suffit de multiplier successivement par les facteurs
de ce produit.

2. Division des nombres entiers. — Pour diviser un
nombre par un produit de plusieurs facteurs, il
suffit de diviser successivement par les facteurs de
ce produit.

Restes de la division d'un nombre entier par 2, 3,
5, 9. — Caractères de divisibilité par chacun de ces
nombres.

3. Définition des nombres premiers et des nombres premiers entre eux. — Trouver le plus grand commun diviseur de *deux* nombres. — Tout nombre qui divise un produit de deux facteurs, et qui est premier avec l'un des facteurs, divise l'autre.

Décomposition d'un nombre en ses facteurs premiers. — En déduire le plus petit nombre divisible par des nombres donnés.

4. Fractions ordinaires. — Une fraction ne change pas de valeur quand on multiplie ou quand on divise ses deux termes par un même nombre. — Réduction d'une fraction à sa plus simple expression. — Réduction de plusieurs fractions au même dénominateur. —Plus petit dénominateur commun.

5. Opérations sur les fractions ordinaires.

6. Nombres décimaux. — Opérations. — Comment on obtient un produit et un quotient, à une unité près, d'un ordre décimal donné. — Erreurs relatives correspondantes des données et du résultat.

7. Réduire une fraction ordinaire en fraction décimale. — Quand le dénominateur d'une fraction irréductible contient d'autres facteurs premiers que 2 et 5, la fraction ne peut être convertie exactement en décimales, et le quotient qui se prolonge indéfiniment est périodique.

Étant donnée une fraction décimale périodique, simple mixte, trouver la fraction ordinaire génératrice.

8. Système des mesures légales. — Mesures de longueur. — Mètre; ses divisions, ses multiples. — Rapport de l'ancienne toise de six pieds au mètre. — Convertir en mètres un nombre donné de toises.

Mesures de superficie, de volume et de capacité.

Mesures de poids. — Monnaies. —Titre et poids

des monnaies de France. — Usage des tables de conversion des anciennes mesures en mesures légales.

9. Formation du carré et du cube de la somme de deux
nombres. — Extraction de la racine carrée d'un
nombre entier. — Indication sommaire de la marche
à suivre pour l'extraction de la racine cubique.

10. Carré et cube d'une fraction.— Racine carrée d'une
fraction ordinaire et décimale, à une unité près, d'un
ordre décimal donné.

11. Rapports des grandeurs concrètes.—Dans une suite
de rapports égaux, la somme des numérateurs et
celle des dénominateurs forment un rapport égal
aux premiers.

Notions générales sur les grandeurs qui varient
dans le même rapport ou dans un rapport inverse.
— Solution, par la méthode dite de *réduction à l'u-
nité*, des questions les plus simples dans lesquelles
on considère de telles quantités. — Mettre en évidence les rapports des quantités de même nature
qui entrent dans le résultat final, et en conclure la
règle générale à suivre pour écrire immédiatement
la solution demandée.

12. Intérêts simples. — Formule générale qui fournit
la solution de toutes les questions relatives aux intérêts simples. — De l'escompte commercial.

Partager une somme en parties proportionnelles à
des nombres donnés.

13. *Usage* des tables de logarithmes pour abréger les
calculs de multiplication et de division, l'élévation
aux puissances et l'extraction des racines.

Emploi de la *règle à calcul*, borné à la multiplication et à la division.

Algèbre.

14. Calcul algébrique. — Emploi des lettres et des signes comme moyen d'abréviation et de généralisation. — Termes semblables.

Addition et soustraction.

15. Multiplication. — Règle des signes.

Division des monomes. — Exposant *zéro*. — Exposé sommaire de la division des polynomes.

16. Équations du premier degré. — Résolution des équations numériques du premier degré à une ou plusieurs inconnues, par la méthode dite de *substitution*.

Interprétation des valeurs négatives dans les problèmes. — Usage et calcul des quantités négatives.

Des cas d'impossibilité et d'indétermination.

Formules générales pour la résolution d'un système d'équations du premier degré à *deux* inconnues. — Discussion complète de ces formules.

17. Équation du second degré à une inconnue. — Résolution. — Double solution. — Valeurs imaginaires.

Décomposition du trinome $x^2 + px + q$ en facteurs du premier degré. — Relations entre les coefficients et les racines de l'équation $x^2 + px + q = o$.

18. Des questions de maximum et de minimum, qui peuvent se résoudre par les équations du second degré.

19. Principales propriétés des progressions arithmétiques et des progressions géométriques.

Des logarithmes. — Chaque terme d'une progression arithmétique commençant par zéro, 0, r, $2r$, $3r$, $4r$....., est dit le logarithme du terme qui occupe le même rang dans une progression géométrique commençant par l'unité, 1, q, q^2, q^3, q^4......

Si l'on conçoit que l'excès de la raison q sur l'u-
nité diminue de plus en plus, les termes de la progression géométrique croîtront par degrés aussi rap-
prochés qu'on voudra. Étant donné un nombre plus
grand que un, il existera toujours un terme de la
progression géométrique, dont la différence avec ce
nombre sera moindre que toute quantité donnée.

Le logarithme d'un produit de plusieurs facteurs
est égal à la somme des logarithmes de ces facteurs.
— Corollaires relatifs à la division, à l'élévation
aux puissances, à l'extraction des racines.

20. Logarithmes dont la base est 10. — Tables. — Règle des parties proportionnelles. — De la caractéris-
tique. — Changement qu'elle éprouve quand on
multiplie ou quand on divise un nombre par une
puissance de 10.

Usage des caractéristiques négatives.

Application des logarithmes aux questions d'intérêts composés et aux annuités.

Géométrie.

Figures planes.

21. Ligne droite et plan. — Ligne brisée. — Ligne
courbe.

Définition et génération de l'angle. — Angles droit,
aigu, obtus.

Par un point pris sur une droite, on ne peut élever qu'une seule perpendiculaire à cette droite.

Angles adjacents. — Angles opposés par le sommet.

22. Triangles. — Cas d'égalité les plus simples.

Propriétés du triangle isocèle.

Propriétés de la perpendiculaire et des obliques,
menées d'un même point à une droite. — Cas d'égalité des triangles rectangles.

23. Droites parallèles. — Lorsque deux parallèles sont rencontrées par une sécante, les quatre angles aigus qui en résultent sont égaux entre eux ainsi que les quatre angles obtus. — Dénominations attribuées à ces divers angles. — Réciproques (1).

Angles dont les côtés sont parallèles ou perpendiculaires.

Somme des angles d'un triangle et d'un polygone quelconque.

Parallélogrammes. — Propriétés de leurs côtés, de leurs angles et de leurs diagonales.

24. De la circonférence du cercle. — Dépendance mutuelle des arcs et des cordes.

Le rayon perpendiculaire à une corde divise cette corde et l'arc sous-tendu, chacun en deux parties égales.

Dépendance mutuelle des longueurs des cordes et de leurs distances au centre. — Condition pour qu'une droite soit tangente à une circonférence. — Arcs interceptés par des cordes parallèles.

Conditions du contact et de l'intersection de deux cercles.

25. Mesure des angles. — Si des sommets de deux angles on décrit deux arcs de cercle d'un même rayon, le rapport des angles sera égal à celui des arcs compris entre leurs côtés (2).

Évaluation des angles en degrés, minutes et secondes. — Angles inscrits.

---

(1) On admettra qu'on ne peut mener, par un point donné, qu'une seule parallèle à une droite.

(2) La proposition étant démontrée pour le cas où il y a entre les arcs une commune mesure, quelque petite qu'elle soit, sera, par cela même, considérée comme générale.

26. Usage de la règle et du compas dans les constructions sur le papier. — Vérification de la règle.

Problèmes élémentaires sur la construction des angles et des triangles.

Tracé des perpendiculaires et des parallèles. — Abréviations des constructions au moyen de l'équerre et du rapporteur. — Vérification de l'équerre.

27. Division d'une droite et d'un arc en deux parties égales. — Décrire une circonférence qui passe par trois points donnés. — D'un point donné hors d'un cercle, mener une tangente à ce cercle. Mener une tangente commune à deux cercles. — Décrire sur une ligne donnée un segment de cercle capable d'un angle donné.

28. Lignes proportionnelles (1). — Toute parallèle à l'un des côtés d'un triangle divise les deux autres côtés en parties proportionnelles. Réciproque. — Propriété de la bissectrice de l'angle d'un triangle.

Polygones semblables. — En coupant un triangle par une parallèle à l'un de ses côtés, on détermine un triangle partiel semblable au premier. — Conditions de similitude des triangles.

Décomposition des polygones semblables en triangles semblables. — Rapport des périmètres.

29. Relations entre la perpendiculaire abaissée du sommet de l'angle droit d'un triangle rectangle sur l'hypoténuse, les segments de l'hypoténuse, l'hypoténuse elle-même, et les côtés de l'angle droit.

Relations entre le carré du nombre qui exprime la longueur du côté d'un triangle opposé à un angle

---

(1) En conservant les énoncés habituels, on devra remplacer, dans les démonstrations, l'algorithme des proportions par l'égalité des rapports.

droit, aigu ou obtus, et les carrés des nombres qui expriment les longueurs des deux autres côtés.

Si, d'un point pris dans le plan d'un cercle, on mène des sécantes, le produit des distances de ce point aux deux points d'intersection de chaque sécante avec la circonférence est constant, quelle que soit la direction de la sécante. — Cas où elle devient tangente.

30. Diviser une droite donnée en parties égales ou en parties proportionnelles à des lignes données. — Trouver une quatrième proportionnelle à trois lignes ; une moyenne proportionnelle entre deux lignes.

Construire, sur une droite donnée, un polygone semblable à un polygone donné.

31. Polygones réguliers. — Tout polygone régulier peut être inscrit et circonscrit au cercle.

Le rapport des périmètres de deux polygones réguliers, d'un même nombre de côtés, est le même que celui des rayons des cercles circonscrits (1).

Le rapport d'une circonférence à son diamètre est un nombre constant.

Inscrire dans un cercle de rayon donné un carré, un hexagone régulier.

Manière d'évaluer le rapport approché de la circonférence au diamètre, en calculant les périmètres des polygones réguliers de 4, 8, 16, 32... côtés, inscrits dans un cercle de rayon donné.

32. Mesure de l'aire du rectangle ; du parallélogramme ;

---

(1) La longueur de la circonférence de cercle sera considérée, sans démonstration, comme la limite vers laquelle tend le périmètre d'un polygone inscrit dans cette courbe, à mesure que ses côtés diminuent indéfiniment.

du triangle; du trapèze; d'un polygone quelconque.
— Méthodes de la décomposition en triangles et en
trapèzes rectangles.

Relations entre le carré construit sur le côté d'un
triangle, opposé à un angle droit où aigu ou obtus,
et les carrés construits sur les deux autres côtés.

33. Le rapport des aires de deux polygones semblables
est le même que celui des carrés des côtés homologues.

Aire d'un polygone régulier. — Aire d'un cercle,
d'un secteur et d'un segment de cercle. — Rapport
des aires de deux cercles de rayons différents.

Figures dans l'espace.

34. Du plan et de la ligne droite. — Deux droites qui
se coupent déterminent la position d'un plan. —
Condition pour qu'une droite soit perpendiculaire à
un plan.

Propriétés de la perpendiculaire et des obliques,
menées d'un même point à un plan.

Parallélisme des droites et des plans.

35. Définition et génération des angles dièdres. — Dièdre droit.

Angle plan correspondant à l'angle dièdre. — Le
rapport de deux angles dièdres est le même que celui
de leurs angles plans.

Plans perpendiculaires entre eux. — Si deux plans
sont perpendiculaires à un troisième, leur intersection commune est perpendiculaire à ce troisième.

Angles trièdres. — Chaque face d'un angle trièdre
est plus petite que la somme des deux autres.

Si l'on prolonge les arêtes d'un angle trièdre au
delà du sommet, on forme un nouvel angle trièdre
qui ne peut lui être superposé, bien qu'il soit com

posé des mêmes éléments. (*Nota*. On se bornera à cette simple notion).

36. Des polyèdres. — Parallélipipède. — Mesure du volume du parallélipipède [rectangle, du parallélipipède quelconque, du prisme triangulaire, du prisme quelconque.

37. Pyramide. — Mesure du volume de la pyramide triangulaire, de la pyramide quelconque. — Volume du tronc de la pyramide à bases parallèles. — Applications numériques.

38. Polyèdres semblables (1).

En coupant une pyramide par un plan parallèle à sa base, on détermine une pyramide partielle semblable à la première. — Deux pyramides triangulaires qui ont un angle dièdre égal, compris entre deux faces semblables et semblablement placées, sont semblables. (*Nota*. On se bornera à ce seul cas de similitude.)

Décomposition des polyèdres semblables en pyramides triangulaires semblables. — Rapport de leurs volumes. — Applications numériques.

39. Cône droit à base circulaire. — Sections parallèles à la base. — Surface latérale du cône, du tronc de cône à bases parallèles. — Volume du cône, du tronc de cône à bases parallèles (2).

Cylindre droit à base circulaire. — Mesure de la

---

(1) On appelle ainsi ceux qui sont compris sous un même nombre de faces semblables chacune à chacune, et dont les angles polyèdres homologues sont égaux.

(2) L'aire du cône (ou du cylindre) sera considérée, sans démonstration, comme la limite vers laquelle tend l'aire de la pyramide inscrite (ou du prisme inscrit), à mesure que ces faces diminuent indéfiniment.

surface latérale et du volume. — Extension aux cylindres droits à base quelconque.

40. Sphère. — Sections planes; grands cercles; petits
cercles. — Pôles d'un cercle. — Étant donnée une
sphère, trouver son rayon.

Plan tangent.

Mesure de la surface engendrée par une ligne brisée régulière, tournant autour d'un axe mené dans
son plan et par son centre. — Aire de la zone; de
la sphère entière.

41. Mesure du volume engendré par un triangle, tournant autour d'un axe mené dans son plan, par un
de ses sommets. — Application au secteur polygonal
régulier, tournant autour d'un axe mené dans son
plan et par son centre.— Volume du secteur sphéri-
que; de la sphère entière.

Notions sur quelques courbes usuelles.

42. Définition de l'ellipse, par la propriété des foyers.
— Tracé de la courbe par points et d'un mouvement continu.

Axes. — Sommets. — Rayons vecteurs.

Définition générale de la tangente à une courbe.

Les rayons vecteurs menés des foyers à un point
de l'ellipse font, avec la tangente en ce point et
d'un même côté de cette ligne, des angles égaux.

Mener la tangente à l'ellipse, 1° par un point pris
sur la courbe, 2° par un point extérieur. — Normale à l'ellipse.

43. Définition de la parabole par la propriété du foyer
et de la directrice. — Tracé de la courbe par points
et d'un mouvement continu. Axe. Sommet. Rayon
vecteur.

La tangente fait des angles égaux avec la parallèle à l'axe et le rayon vecteur, menés par le point de contact.

Mener la tangente à la parabole, 1° par un point pris sur la courbe, 2° par un point extérieur. — Normale. Sous-normale.

Le carré d'une corde perpendiculaire à l'axe est proportionnel à la distance de cette corde au sommet.

44. Définition de l'hélice, considérée comme résultant de l'enroulement du plan d'un triangle rectangle sur un cylindre droit à base circulaire:

La tangente à l'hélice fait avec l'arête du cylindre un angle constant.

Construire la projection de l'hélice et de la tangente, sur un plan perpendiculaire à la base du cylindre.

Trigonométrie rectiligne.

45. Lignes trigonométriques. (*On ne considère que les rapports des lignes trigonométriques au rayon.*)

Relations entre les lignes trigonométriques d'un même angle. — Expressions du sinus et du cosinus en fonction de la tangente.

46. Connaissant les sinus et les cosinus de deux arcs, trouver le sinus et le cosinus de leur somme et de leur différence. — Trouver la tangente de la somme ou de la différence de deux arcs, quand on connaît les tangentes de ces deux arcs.

Expressions de sin. $2a$, cos. $2a$ et tang. $2a$. — Connaissant cos. a, calculer sin. $\frac{1}{2} a$ et cos. $\frac{1}{2} a$.

Rendre calculable par logarithmes la somme de deux lignes trigonométriques sinus ou cosinus.

47. Notions sur la construction des tables trigonométriques.
Usage des tables.
48. Résolution des triangles. — Relations entre les angles et les côtés d'un triangle rectangle, ou d'un
triangle quelconque.
Résolution des triangles rectangles.
49. Connaissant un côté et deux angles d'un triangle
quelconque, trouver les autres parties, ainsi que la
surface du triangle.
Connaissant deux côtés, avec l'angle compris,
trouver les autres parties, ainsi que la surface du
triangle.
Connaissant les trois côtés, trouver les angles et
la surface du triangle.
50. Application de la trigonométrie aux différentes
questions que présente le levé des plans.

MATHÉMATIQUES APPLIQUÉES.

Levé des plans.

51. Tracé d'une droite sur le terrain. — Mesure d'une
portion de droite au moyen de la chaîne. — Levé
au mètre. — Tracé des perpendiculaires. — Usage
de l'équerre d'arpenteur. — Mesure des angles au
moyen du graphomètre. — Description et usage de
cet instrument. — Rapporter le plan sur le papier.
— Échelle de réduction.
Levé à la planchette.
52. Déterminer la distance à un point inaccessible ; la
distance entre deux points inaccessibles. — Prolonger une ligne droite au delà d'un obstacle qui arrête
la vue.
Par trois points donnés, mener une circonférence,
lors même qu'on ne peut approcher du centre.

Trois points A, B, C, étant situés sur un terrain uni et rapportés sur une carte, déterminer, sur cette carte, le point P d'où les distances AB et AC ont été vues sous des angles qu'on a mesurés.

53. Notions sur l'arpentage. — Cas où le terrain serait limité dans une de ses parties par une ligne courbe.

Notions sur la représentation géométrique des corps, à l'aide des projections.

54. Insuffisance du dessin ordinaire. Méthode géométrique exacte.

Projection d'un point sur un plan. — Plans de projection.

La position d'un point dans l'espace est déterminée, quand on connaît ses projections sur deux plans perpendiculaires entre eux.

Projections d'une droite. — Une droite est déterminée par ses projections. — Traces d'une droite.

Angles formés par une droite avec les plans de projection.

55. Projections d'une courbe. — Exemple du cercle. — Projections d'un cube, d'une pyramide, d'un cylindre vertical ou incliné.

56. Ce que, dans les arts du dessin, l'on nomme *plan*, *élévation* et *coupe*.

Manière de représenter par plan, élévation et coupe, un bâtiment ou une machine simple.

Notions sur le nivellement et ses usages.

57. Objet du nivellement. — Description et usage du niveau d'eau. — Manière d'inscrire et de calculer les résultats des observations. — Profils de nivellement.

Représentation des résultats du nivellement et du levé des plans, à l'aide d'une seule projection. — Ce que l'on nomme *plan coté*. Plan de comparaison.

58. Représentation d'un point et d'une droite sur un plan coté.

Connaissant la cote d'un point situé sur une droite donnée, trouver la projection de ce point, et *vice versa*.

Trouver l'inclinaison d'un chemin tracé sur un plan coté.

59. Manière de représenter les plans. — Ce qu'on nomme ligne de plus grande pente d'un plan. — Échelle de pente.

Comment on trouve l'échelle de pente d'un plan assujetti à passer par trois points donnés par leur projection et leur cote.

Tracer, sur un plan coté, un chemin, une rigole d'irrigation.

———

IIIᵉ SÉRIE.

Sciences physiques.

—

COSMOGRAPHIE.

1. Étoiles. — Distances angulaires. — Sphère céleste. Mouvement diurne apparent des étoiles. — Culmination. — Plan méridien. — Axe du monde. Pôles. Étoiles circumpolaires. Étoile polaire. — Hauteur du pôle à Paris. — Parallèles; équateur. — Jour sidéral. — Mouvement de rotation de la terre autour de la ligne des pôles.

Différence des étoiles en ascension droite. — Déclinaisons.

2. Description du ciel. — Constellations et principales étoiles. — Étoiles de diverses grandeurs. — Combien on en voit à l'œil nu.

Étoiles périodiques ; temporaires ; colorées.

Étoiles doubles. Leurs révolutions.

Distance des étoiles à la terre.

Voie lactée. — Nébuleuses. Nébuleuses résolubles.

3. De la terre. Phénomènes qui donnent une première idée de sa forme. — Pôles. Parallèles. Équateur. — Méridiens. — Longitude et latitude géographiques.

Valeurs numériques des degrés mesurés en France, en Laponie, au Pérou, et rapportées à l'ancienne toise. Leur allongement, à mesure qu'on s'approche des pôles. — Rayon et aplatissement de la terre. — Longueur du mètre.

4. Cartes géographiques. — Projections orthographique et stérographique. — Mappemonde. — Système de développement en usage dans la construction de la carte de France.

5. Du soleil. — Mouvement annuel apparent. — Écliptique. — Points équinoxiaux. — Constellations zodiacales.

Diamètre apparent du soleil, variable avec le temps. — Le soleil paraît décrire une ellipse autour de la terre. — Principe des aires.

Origine des ascensions droites. — Ascension droite du soleil. — Temps solaires vrai et moyen. — Principes élémentaires des cadrans solaires.

Année tropique. Sa valeur en jours moyens. — Calendrier. — Réforme julienne ; réforme grégorienne.

Distance du soleil à la terre. — Rapport du volume du soleil à celui de la terre. — Rapport des masses. — Densité du soleil rapportée à la densité moyenne de la terre.

Taches du soleil. — Rotation du soleil sur lui-même.

6. Du jour et de la nuit en un lieu déterminé de la terre, et de leurs durées à différentes époques de l'année. — Crépuscules.

Saisons. — Inégalité de la durée des différentes saisons.

Idée de la précision des équinoxes.

Mouvement réel de la terre autour du soleil.

7. De la lune. — Diamètre apparent. — Phases. Syzygies. Quadratures. — Lumière cendrée.

Révolutions sidérale et synodique. — Orbite décrite par la lune autour de la terre.

Distance de la lune à la terre. — Diamètre réel et volume de la lune. — Sa masse.

Taches. — Rotation. — Libration en longitude. — Montagnes de la lune, leur hauteur. — Constitution volcanique de la lune. — Absence d'eau et d'atmosphère.

8. Éclipses de lune. — Leur cause. — Ombre et pénombre. — Influence de l'atmosphère terrestre.

Éclipses de soleil. — Éclipses partielles, annulaires, totales.

9. Des planètes. — Noms des principales. — Leurs distances moyennes. — Leurs mouvements autour du soleil s'effectuent suivant les lois de Képler. — Énoncé du principe de la gravitation universelle.

Planètes inférieures. — Mercure. — Vénus. — Leurs digressions orientale et occidentale. — Phases de Vénus.

Jupiter. — Rotation; aplatissement de son disque. — Satellites; leurs éclipses. Vitesse de la lumière.

Saturne. — Bandes. — Rotation. Aplatissement. — Anneau et satellites. — Dimension des différentes parties de ce système.

Petites planètes situées entre Mars et Jupiter.

10. Des comètes. — Noyau; chevelure; queue. — Petitesse de la masse des comètes. Nature de leurs orbites. — Comètes périodiques. — Comète de Halley. — Comète de Biela. — Son dédoublement.

11. Phénomène des marées. — Flux et reflux. — Haute et basse mer. — Circonstances principales du phénomène. — Sa période.

Les marées sont dues aux actions combinées de la lune et du soleil. — Marées des syzygies et des quadratures.

PHYSIQUE ET MÉCANIQUE.

Physique.

Équilibre des liquides et des gaz.

12. Notions générales sur la pesanteur. — Centre de gravité. — Poids. — Usages de la balance. — Définition des liquides et des gaz.

13. Équilibre des liquides. — Principe de la transmission des pressions. — Son application à la presse hydraulique. Description succincte de cet appareil.

Liquides superposés. — Vases communicants. Niveau d'eau.

Pressions exercées par les liquides sur les parois des vases qui les contiennent.

14. Principe d'Archimède. — Corps flottants. — Mesure de la densité des solides et des liquides.—Aréomètres.

15. Pression atmosphérique. — Expériences qui la mettent en évidence. — Baromètres de Fortin et de Gay-Lussac.

16. Loi de Mariotte. — Manomètres. — Machine pneumatique. — Influence du poids de l'air sur le poids des corps qui y sont plongés. — Aérostats.

Équilibre des fluides dont les diverses parties ne sont pas à la même température. — Tirage des cheminées. — Appareils de chauffage par circulation d'eau chaude.

Fluides impondérables. — Acoustique.

17. Chaleur. — Dilatation des corps par la chaleur.— Constructions et usage des thermomètres.

Indication des coefficients de dilatation des solides, des liquides et des gaz. — Leurs usages. Densité des gaz.

18. Passage de l'état solide à l'état liquide, et passage inverse de l'état liquide à l'état solide. — Chaleur latente. — Mélanges réfrigérants.

Passage de l'état liquide à l'état de vapeur. — Formation des vapeurs dans le vide. — Maximum de leur force élastique.—Mesure de la force élastique; maximum de la vapeur d'eau à diverses températures, par le procédé de Dalton. — Tables.

Ébullition. — Chaleur latente. — Condensation. — Distillation. Alambics.

19. Conductibilité des corps pour la chaleur. — Procédé d'Ingenhouz, pour les corps solides.

Détermination de la chaleur spécifique des corps *solides* et *liquides* par la méthode des mélanges.

Mélange des gaz et des vapeurs. — Hygromètre à cheveu.

20. Pluie. — Neige.

Distribution de la température à la surface du globe. — Influence de la latitude, de l'altitude, du voisinage des mers. — Lignes isothermes. — Vents réguliers et irréguliers.

Chaleur rayonnante. — Rosée.

21. Électricité. — Développement de l'électricité par le frottement. — Corps conducteurs, corps non conducteurs. — L'électricité se porte à la surface des corps et s'accumule vers les pointes.

Électricité par influence. — Électroscope. — Machine électrique.

22. Électricité dissimulée. — Bouteille de Leyde. — Batteries électriques. — Électromètre condensateur.

Électricité atmosphérique. — Tonnerre. — Paratonnerres.

23. Magnétisme. — Attraction qui s'exerce entre l'aimant et le fer. — Pôles des aimants. — Procédés d'aimantation.

Aiguille aimantée. — Définir la déclinaison et l'inclinaison. — Boussole.

24. Galvanisme. — Expériences de Galvani, de Volta. — Disposition de la pile voltaïque. — Diverses modifications de cet appareil. (*On ne donnera pas de théorie de la pile.*)

Effets physiologiques, mécaniques, calorifiques et lumineux. — Effets chimiques. — Galvanoplastie. — Dorure, argenture.

25. Électro-magnétisme. — Expérience d'OErsted. — Construction et usage du multiplicateur.

- Expériences qui constatent l'action des courants sur les aimants et l'action des courants sur les courants. — Solénoïdes. — Assimilation des aimants aux solénoïdes.

26. Aimantation par les courants. — Télégraphes.

Induction. — Expériences fondamentales. — Appareil de Pixii ou de Clarke.

27. Acoustique. — Production du son. — Le son ne se propage pas dans le vide. — Vitesse de transmission dans l'air.

Intensité du son. — Hauteur du son. — Sirène.

28. Vibration des cordes. — Gamme et intervalles musicaux. — Accord parfait.

Tuyaux sonores.

29. Optique. — Propagation de la lumière dans un milieu homogène. — Ombre. — Pénombre. — Mesure des intensités relatives de deux lumières.

Réflexion. — Lois de la réflexion. — Effets des miroirs plans et des miroirs sphériques concaves et convexes.

30. Réfraction. — Lois de la réfraction. — Explication des phénomènes principaux produits par la réfraction.

Effets des lentilles concaves et convexes.

Action des prismes. — Décomposition et recomposition de la lumière.

31. Description des instruments d'optique les plus simples. Chambre noire, loupe, microscope. — Lunette de Galilée. — Lunette astronomique. — Télescope de Newton.

Mécanique.

32. Du temps et de sa mesure. Unités adoptées. — Du pendule. Résultats des observations de Galilée.

Du mouvement absolu ou relatif.

Du mouvement uniforme. — Vitesse.

Du mouvement varié en général. — Mouvement accéléré, retardé, périodique. — Vitesse.

33. Mouvement uniformément accéléré. — Lois de ce mouvement.

Chute des graves dans le vide. — Machine d'Atwood. — Appareil à indications continues.

Mouvement uniformément retardé.

34. Mouvement circulaire ou de rotation. — Vitesse angulaire.

Composition des mouvements.— Indépendance des mouvements simultanés, constatée par l'observation.

Composition des chemins parcourus et des vitesses.

35. Transformation de mouvement.

Du plan incliné. — Rapport des espaces parcourus dans le sens du plan, aux espaces parcourus dans le sens de sa base et de sa hauteur.

Des poulies. — Poulie fixe. — Poulie mobile dans le cas où les deux brins de la corde sont parallèles. — Poulies mouflées. — Rapport des chemins parcourus par la main de l'homme et par le fardeau.

Du treuil. — Treuil des carriers. — Treuil des puits. — Rapports des chemins parcourus par les chevilles ou par la manivelle, au chemin parcouru par le fardeau.

Des engrenages. — Description sommaire. — Tracé pratique. — Rapport des nombres de tours des roues et des pignons.

Des courroies et cordes sans fin.

De la vis et de son écrou. — Rapport des chemins parcourus par l'extrémité du levier et par l'écrou ou la vis, dans le sens de l'axe.

36. Des forces et de leurs effets. — Loi de l'inertie. — Forces. — Effets des forces. — Condition de l'égalité de deux forces.—Égalité de l'action et de la réaction.

Comparaison des forces aux poids, à l'aide de

dynamomètres. — Le kilogramme peut être pris pour unité de force.

37. Principe de la proportionnalité des forces aux vitesses. — Deux forces constantes appliquées successivement à un même point matériel, partant du repos ou animé d'une vitesse initiale de même direction que les forces, sont entre elles comme les accélérations qu'elles produisent.

Conséquence relative au cas où l'une des forces est le poids même du mobile. — Définition de la masse.

Relation entre les forces constantes, les masses et les accélérations.

38. Travail d'une force constante, agissant sur un point matériel qui se meut en ligne droite dans la direction de la force.

Cas d'une force constante, appliquée tangentiellement à la circonférence d'une roue.

Unités de travail. — Kilogrammètre. — Force de cheval-vapeur.

39. Composition de deux forces appliquées à un même point matériel, déduite de la composition des vitesses·

Les distances d'un point de la résultante aux deux composantes sont en raison inverse des intensités de ces composantes. — Conséquence pour la composition de deux forces parallèles.

Extension des proportions qui précèdent aux cas de plusieurs forces concourantes ou parallèles.

Conditions de l'équilibre d'un point matériel. Ces conditions sont indépendantes de l'état de mouvement ou de repos du point considéré.

Centre des forces parallèles.—Centre de gravité.—Cas où le corps a un plan, un axe de symétrie, un centre de figure.—Sphère.—Parallélipipède. —Méthode pratique pour déterminer le centre de gravité des corps solides.   2.

40. Du mouvement uniforme des machines. — Énoncé
du principe de la transmission du travail dans ce cas.

. Le travail moteur est toujours plus grand que l'effet
utile. — Impossibilité du mouvement perpétuel, et
de la multiplication du travail moteur.

Rendement d'une machine. — C'est le rapport du
travail, ou effet utile transmis, au travail moteur
dépensé. — Il constitue la valeur industrielle de l'appareil. — Il est toujours inférieur à l'unité.

Énoncé des lois expérimentales du frottement : 1° à
l'instant du départ; 2° pendant le mouvement.

Application des principes et des notions précédentes au plan incliné, au levier, au treuil, à la poulie
simple ou mouflée, à la vis. — Usages de ces machines.

41. Écoulement des liquides. — Expérience et règle de
Torricelli. — Contraction des veines. — Formules
pratiques pour les cas les plus usuels du jaugeage
des cours d'eau.

Notions sur les moteurs ou récepteurs hydrauliques. Force ou travail absolu d'un cours d'eau. —
Il y a pour tous les récepteurs une vitesse relative
au maximum d'effet.

Anciennes roues à palettes planes, recevant l'eau
en dessous. — Roues à aubes courbes. — Roues à
aubes planes emboîtées dans des coursiers circulai-
res. — Roues à augets recevant l'eau à la partie supérieure. — Rendement de ces diverses roues.

42. Des pompes. — Soupapes. — Pistons. — Pompes
élévatoires. — Pompes aspirantes et élévatoires. —
Pompes aspirantes et foulantes. — Causes de pertes
de travail moteur, inhérentes aux pompes.

Vis d'Archimède. — Roue à tympan. — Résultats
d'expériences sur leur rendement.

Moulins à vent. Notions succintes sur la mouture du blé.

43. Résultats d'expériences sur la force motrice et le travail utile développés par les moteurs animés.

Machines à vapeur. — Description sommaire des principaux systèmes en usage. — Action de la vapeur. — Effets de la détente ; de la condensation.

Description et effets utiles : 1° de la machine à basse pression de Watt ; 2° de la machine à détente et à condensation à un ou deux cylindres ; 3° des machines à haute pression, à détente et sans condensation ; 4° des machines à haute pression sans détente ni condensation. — Quantités de charbon brûlées par force de cheval, dans ces diverses machines.

Des machines locomotives.

Chimie.

Généralités. — Corps simples non métalliques.

44. Divers états de la matière. Cohésion.
   Affinité. — Synthèse. — Analyse.
   Corps simples. — Métaux. — Métalloïdes.
   Corps composés. — Nomenclature. — Acides. — Bases.
   — Corps neutres. — Sels. — Proportions multiples.
45. Cristallisation des corps. — Isomorphisme. — Dimorphisme. — Polymorphisme.
   Équivalents ; leur emploi.
46. Oxygène. — Combustion.
47. Azote. — Air atmosphérique.
48. Hydrogène. — Eau.
49. Carbone. — Acide carbonique. — Production de l'acide carbonique dans la respiration des animaux.
   . — Sa décomposition par les plantes.
50. Oxyde de carbone. — Ses effets vénéneux. — Hydro-

gène carboné. — Gaz de l'éclairage. — Flamme. —
— Effet des toiles métalliques. — Lampe de sûreté.

51. Oxydes d'azote. — Acide azotique. — Ammoniaque.

52. Soufre. — Acide sulfureux. — Acide sulfurique.
— Hydrogène sulfuré.

53. Phosphore. — Acide phosphorique. — Hydrogène phosphoré.

54. Chlore. — Acide chlorhydrique. — Eau régale.

55. Classification des corps non métalliques en quatre familles. — Principaux composés qu'ils forment entre eux.

56. Cyanogène. — Iodure d'azote. — Sulfure de carbone.

Métaux et leurs composés.

57. Métaux. Leurs propriétés et leur classification.

58. Alliages. Leurs propriétés. — Notions sommaires sur les plus usuels d'entre eux.

59. Action de l'oxygène sur les métaux. — Id. de l'air sec ou humide. — Oxydes en général.

Action du soufre sur les métaux. — Caractères des sulfures. — Action de l'air à froid et à chaud sur les sulfures. — Action de l'eau sur ces corps.

Action du chlore sur les métaux. — Chlorures métalliques. — Action de l'eau et des métaux sur les chlorures.

60. Sels en général, — Lois de Berthollet.

61. Carbonates. — Sulfates. — Azotates. — Lois de composition de ces trois genres. Action de la chaleur, du charbon, du soufre, de l'eau, des bases et des acides usuels, sur les corps qu'ils renferment.

62. Potassium. — Sodium. — Leurs composés les plus usuels. — Potasses. — Soudes. — Sulfate de soude. — Sel marin. — Nitre. — Poudre.

63. Baryum. — Calcium. — Magnésium. — Aluminium et leurs composés les plus usuels. — Bioxyde de baryum. — Chlorure de chaux. — Sulfate de magnésie. — Aluns.

64. Calcaires. — Chaux grasses et hydrauliques. — Mortiers. — Plâtre.

Sels ammoniacaux.

65. Fer. — Zinc. — Étain. — Leurs oxydes et les caractères de leurs sels. — Vitriol vert. — Vitriol blanc. — Liqueur de Libavius.

66. Cuivre. — Plomb. — Mercure. — Leurs oxydes et les caractères de leurs sels. — Vitriol bleu. — Céruse. — Calomel. — Sublimé corrosif.

67. Argent. — Or. — Platine. — Les caractères de leurs chlorures ou sels solubles. — Leurs alliages usuels. — Essais d'argent et d'or. — Daguerréotype. — Photographie.

68. Un sel des métaux précédents étant donné, en déterminer la base.

69. Silice et silicates. — Argiles. — Kaolins. — Poteries. — Verres.

70. Notions de métallurgie. — Extraction et manipulation mécanique des minerais. — Or. — Argent. — Mercure. — Plomb. — Cuivre. — Étain. — Zinc. — Fer. — Fontes. — Aciers.

Notions générales de chimie organique.

71. Nature des matières organiques. — Leur analyse.

Caractères des acides organiques les plus usuels, savoir : oxalique, acétique, lactique, tartrique, tannique.

Alcalis organiques. — Quinine.

72. Cellulose. — Bois ; leur altération et leur conservation ; leur coloration.

Fécules. — Extraction de la fécule de pommes de terre. — Amidon du blé. — Dextrine. — Glucose.

Farines. — Gluten. — Panification.

73. Caractères du sucre de cannes. — Extraction du sucre de betteraves.

Fermentation alcoolique. — Vin. — Bière. — Cidre.

74. Alcool. — Éther sulfurique. — Éther chlorhydrique. — Éther acétique.

75. Huiles et graisses. — Saponification. — Acides gras. — Bougie stéarique. — Huiles volatiles. — Résines. — Vernis.

76. Matières tinctoriales. — Notions sur la teinture et l'impression.

77. Matières animales neutres: Albumine; fibrine; caséum; gélatine; urée.

Acide urique.

Fermentation putride. — Principes de l'art du tanneur. — Conservation des matières animales.

IVe SÉRIE.

Sciences naturelles.

Zoologie et physiologie animale.

1. Comparaison sommaire de l'organisation et des fonctions des animaux et des végétaux. — Exposition générale des divers organes qui constituent un animal; relation de leurs diverses fonctions; description des principaux tissus qui les composent.

2. Fonctions de nutrition. Description de l'appareil digestif et de ses annexes. — Structure et développement des dents. — Mastication et déglutition.

Nature des aliments. — Phénomènes chimiques de
la digestion. — Sécrétions qui y concourent. — Ab-
sorption par les veines et les vaisseaux chylifères.
3. Sang : composition et usages de ce liquide; phénomènes généraux de la circulation. — Appareil
circulatoire : cœur, artères, veines.

Mécanisme de la circulation; explication des phénomènes du pouls. — Indication sommaire des principales modifications de l'appareil circulatoire dans
l'ensemble du règne animal.
4. Respiration. Phénomènes chimiques. — Appareil
respiratoire des mammifères. Mécanisme de l'inspi-
ration et de l'expiration. — Asphyxie.

Indication du mode de respiration chez les autres
animaux terrestres et aquatiques. Respiration tra-
chéenne, branchiale, cutanée. — Chaleur animale.
— Animaux à sang chaud et à sang froid.
5. Sécrétions et exhalation. Glandes, peau, membra-
nes muqueuses et séreuses. — Assimilation. — Résumé des phénomènes de nutrition.
6. Fonctions de relation. Organes du mouvement. —
Composition générale du squelette. Structure et formation des os. Articulations. — Muscles; leur structure et leur mode d'insertion.

Mécanisme des mouvements. Modifications de l'appareil locomoteur, pour servir à la marche, au vol,
à la natation et à la reptation, dans les divers animaux. — Organes producteurs des sons. Voix.
7. Système nerveux. Indication des parties qui le
constituent essentiellement. — Fonctions du système
nerveux. — Nerfs moteurs et sensitifs.
8. Organes des sens. — Organes du toucher, du goût
et de l'odorat. — Organes de la vue et de l'ouïe. Fonctions de leurs parties essentielles.

9. Organisation générale des mammifères, des oiseaux, des reptiles et des poissons. — Sécrétion du lait; structure des œufs.

10. Organisation générale des animaux annelés (insectes, arachnides, crustacés, annélides), des mollusques et des zoophytes. — Production de la soie et de la cire. — Nacre et production des perles. — Corail; éponges.

11. Classification générale du règne animal. Sa division en quatre principaux groupes ou embranchements. — Division des animaux vertébrés en classes. — Caractères de ces embranchements et de ces classes.

12. Division des mammifères en ordres; exemple de quelques familles ou genres d'animaux indigènes remarquables.

Principaux groupes des oiseaux, reptiles et poissons. Exemples pris parmi les espèces les plus vulgaires.

13. Division des animaux articulés en classes. Crustacés, annélides, arachnides. Exemples choisis parmi les espèces utiles ou nuisibles.

De la classe des insectes; de ses principaux ordres et de leurs métamorphoses. Exemples pris parmi les insectes utiles ou nuisibles à l'agriculture les plus importants.

14. Des mollusques et des zoophytes; exemples pris parmi les espèces nuisibles ou utiles.

Botanique et physiologie végétale.

15. Exposition générale des organes qui constituent un végétal; leurs diverses fonctions. Parties élémentaires ou tissus qui les composent. — Tissu cellulaire. — Tissu ligneux et fibres textiles. — Vaisseaux de la

séve et du suc propre. — Composition chimique de ces tissus.

Coulure des fruits. — Chaleur développée dans certaines fleurs. — Sécrétions des nectaires. — Mouvement des feuilles et de certains organes des fleurs.

22. Développement et structure des diverses sortes de fruits secs ou charnus. —Développement et structure de la graine et des parties qui la composent.— Téguments et leurs appendices (coton, etc.). — Périspermes farineux et huileux. — Embryon.

23. Germination. — Changements chimiques dans la graine. — Formation du sucre dans les céréales. Alcools de grain et bière. — Développement de l'embryon et structure de la jeune plante.

24. Structure comparée des dicotylédones, des monocotylédones et des acotylédones ou cryptogames.

25. De la classification du règne végétal. Espèce, genre et variétés. — Des classifications artificielles. Système de Linné; son application à la détermination des plantes.

De la méthode naturelle appliquée au règne végétal. Familles naturelles. — Division générale en dicotylédones, monocotylédones et acotylédones ou cryptogames. — Division des dicotylédones en polypétales, monopétales et apétales.

26. Caractères des plantes dicotylédones et de quelques-unes des familles les plus importantes (crucifères, malvacées, rosacées, papillonacées, ombellifères, bruyères, solanées, labiées, composées, chénopodées, amentacées, conifères).

27. Caractères des plantes monocotylédones et de quelques familles (liliacées, iridées, joncées, palmiers, graminées).

28. Caractères des plantes acotylédones ou cryptogames et de quelques-unes de leurs familles (fougères, prêles, mousses, algues, lichens, champignons).

Géologie.

29. Constitution générale des parties solides de la surface de la terre. — Disposition des roches qu'on y observe. — Leur nature cristalline ou sédimentaire. — Présence ou absence des corps organisés fossiles. — Mode de dépôt de ces roches; stratification.

30. Phénomènes géologiques actuels propres à faire comprendre les phénomènes anciens. — Dépôts sédimenteux et concrétions.—Phénomènes de transports. Torrents, fleuves, glaciers.

31. Phénomènes volcaniques. — Nature et disposition des roches et autres produits auxquels ils donnent naissance. — Leur action physique et mécanique. — Chaleur centrale. — Sources thermales et puits artésiens.

32. Succession des divers dépôts de sédiments ou terrains régulièrement stratifiés. — Différence de stratification.

Terrains anciens antérieurs au terrain carbonifère. Ardoises. Fossiles caractéristiques. — Terrain houillier; sa disposition, son origine, ses principaux fossiles.

33. Terrains de sédiment moyen. — Grès bigarrés et terrains salifères. Sel gemme et gypse. — Calcaires du Jura. Pierre lithographique, minerai de fer, etc. — Craie. — Corps organisés caractéristiques et remarquables de ces terrains.

34. Terrains de sédiment supérieurs ou tertiaires; leur division en bassins. — Succession des terrains marins et d'eau douce qui les composent. — Lignites et gypse. — Corps organisés fossiles, animaux et végétaux.

35. Terrains de transport; diluvium et blocs errati-

ques. — Cavernes à ossements et brèches osseuses.
— Formation de la couche superficielle du sol ou
terre arable.

36. Terrains en masse non stratifiés; leur disposition
relativement aux terrains de sédiment. — Terrains
primitifs et terrains ignés anciens. Granit et por-
phyre. — Volcans éteints; leur analogie avec les
volcans actuels. Basaltes, laves.

37. Influence des terrains ignés sur les terrains stratifiés. — Filons. — Soulèvements. — Époques relatives de soulèvement des principales chaînes de
montagnes.

38. Succession générale des êtres organisés et changements de la forme de la surface de la terre pendant les diverses périodes géologiques. — Position
dans les couches de la terre des principales substances minérales utiles.

TABLEAUX

*d'après lesquels les candidats au baccalauréat ès
sciences seront interrogés dans les années 1853, 1854,
et jusqu'au 10 juillet 1856 exclusivement.*

**1er TABLEAU. — A partir de la session du 10 juillet
1853.**

LISTE DES AUTEURS.

AUTEURS LATINS.

1. Cicéron : *Discours contre Catilina.* — *Le Traité de
l'Amitié.*
2. César : *de Bello gallico.*
3. Virgile : *Épisodes des Géorgiques.*
4. Ovide : *Choix de métamorphoses.*

AUTEURS FRANÇAIS.

1. Fénelon : *Télémaque*.
2. Voltaire : *Vie de Charles XII*.
3. Racine : *Athalie*.
4. Boileau : *Satires*.

LANGUES VIVANTES.

Explications de morceaux choisis d'auteurs allemands ou anglais.

QUESTIONS ORALES.

Les candidats ne seront interrogés que sur les sujets compris dans les numéros suivants du programme définitif.

1re série.

Histoire. — 39, 40, 41, 42, 43, 44, 45, 46, 47, 48, 49, 50, 51, 52, 53, 54, 55, 56, 57, 58.
Géographie physique et politique. — 66, 67, 68, 69, 70.

2e série.

Arithmétique. — 1, 2, 3, 4, 5, 6, 7, 8, 9, 10, 11, 12, 13.
Algèbre. — 14, 15, 16, 17, 18, 19, 20.
Géométrie. — 21, 22, 23, 24, 25, 26, 27, 28, 29, 30, 31, 32, 33, 34, 35, 36, 37, 38, 39, 40, 41.
Trigonométrie. — 45, 46, 47, 48, 49, 50.
Mathématiques appliquées. — 51, 52, 53, 54, 55, 56.

3e série.

Cosmographie. — 1, 2, 3, 4, 5, 6, 7, 8, 9, 10, 11.
Physique. — 12 (1), 13, 14, 15, 16, 17, 18, 19, 20, 21, 22, 23, 24, 25, 26 (le 1er §).

(1) Les candidats seront interrogés en outre sur le sujet suivant, qui formera le n° 12 *bis* : Lumière. — Notions générales. — Réflexion. — Réfraction. — Décomposition de la lumière.

Chimie (programme transitoire). — 27. Divers états de la matière. Cohésion.

Prouver par l'expérience qu'il existe des corps simples et des corps composés. — Affinité.

Corps simples. — Métaux. — Métalloïdes.

Corps composés. — Notions élémentaires de nomenclature. —Acides. — Bases. — Corps neutres. — Sels. — Proportions multiples.

28. Oxygène. — Combustion.

29. Azote. — Air atmosphérique.

30. Hydrogène. — Eau.

Équivalents; notions très-sommaires; leur emploi.

31. Carbone. — Acide carbonique. — Production de l'acide carbonique dans la respiration des animaux. — Sa décomposition par les plantes.

32. Oxyde de carbone. — Ses effets vénéneux. — Hydrogène carboné. — Gaz de l'éclairage. — Flamme. — Effet des toiles métalliques. — Lampes de sûreté.

33. Oxydes d'azote. — Acide azotique. —Ammoniaque.

34. Soufre. —Acide sulfureux. — Acide sulfurique. — Hydrogène sulfuré.

35. Phosphore. — Acide phosphorique. — Hydrogène phosphoré.

36. Chlore. — Acide chlorhydrique. — Eau régale.

37. Classification des corps non métalliques en quatre familles. — Principaux composés qu'ils forment entre eux.

38. Cyanogène. — Iodure d'azote. — Sulfure de carbone.

2ᵉ TABLEAU. — A partir de la session du 10 juillet 1854.

—

LISTE DES AUTEURS.

AUTEURS LATINS.

1. Cicéron : *Discours contre Verrès.* — *Le Traité de la Vieillesse.*
2. César : *Commentaires.*
3. Virgile : *les trois premiers livres de l'Énéide.*
4. Horace : *Odes.*

AUTEURS FRANÇAIS.

1. Bossuet : *Discours sur l'histoire universelle.*
2. Fénelon : *Lettres à l'Académie.*
3. Théâtre classique.
4. Boileau : *Épîtres.*

LANGUES VIVANTES.

Explications de morceaux choisis d'auteurs allemands ou anglais.

QUESTIONS ORALES.

1ʳᵉ *série.*

Logique. — 1, 2, 3, 4, 5, 6, 7, 8, 9, 10, 11, 12, 13, 14, 15, 16.

Histoire. — 39, 40, 41, 42, 43, 44, 45, 46, 47, 48, 49, 50, 51, 52, 53, 54, 55, 56, 57, 58.

Géographie physique et politique. — 66, 67, 68, 69, 70,

2ᵉ *série.*

Arithmétique. — 1, 2, 3, 4, 5, 6, 7, 8, 9, 10, 11, 12, 13.

Algèbre. — 14, 15, 16, 17, 18, 19, 20.

Géométrie. — 21, 22, 23, 24, 25, 26, 27, 28, 29, 20, 31, 32, 33, 34, 35, 36, 37, 38, 39, 40, 41.

Trigonométrie. — 45, 46, 47, 48, 49, 50.

Mathématiques appliquées. — 51, 52, 53, 54, 55, 56.

3e série.

Cosmographie. — 1, 2, 3, 4, 5, 6, 7, 8, 9, 10, 11.

Physique. — 12, 13, 14, 15, 16, 17, 18, 19, 20, 21, 22, 23, 24, 25, 26, 27, 28, 29, 30, 31.

Chimie (programme transitoire). — 32. Divers états de la matière. Cohésion.

Prouver par l'expérience qu'il existe des corps simples et des corps composés. — Affinité.

Corps simples. — Métaux. — Métalloïdes.

Corps composés. — Notions élémentaires de nomenclature. — Acides. — Bases. — Corps neutres.— Sels. — Proportions multiples.

33. Oxygène. — Combustion.

34. Azote. — Air atmosphérique.

35. Hydrogène. — Eau.

Équivalents ; notions très-sommaires ; leur emploi.

36. Carbone. — Acide carbonique. — Production de l'acide carbonique dans la respiration des animaux. — Sa décomposition par les plantes.

37. Oxyde de carbone. — Ses effets vénéneux. — Hydrogène carboné. — Gaz de l'éclairage. — Flamme. — Effet des toiles métalliques. — Lampe de sûreté.

38. Oxydes d'azote. — Acide azotique. — Ammoniaque.

39. Soufre. — Acide sulfureux. — Acide sulfurique.— Hydrogène sulfuré.

40. Phosphore. — Acide phosphorique, — Hydrogène phosphoré.

41. Chlore. — Acide chlorhydrique. — Eau régale.

42. Classification des corps non métalliques en quatre familles. — Principaux composés qu'ils forment entre eux.

43. Cyanogène.—Iodure d'azote.— Sulfure de carbone.

4ᵉ série.

Histoire naturelle (programme transitoire). — 1. Notions générales sur les caractères distinctifs des minéraux, des végétaux et des animaux. — Du règne animal ; principaux organes qui entrent dans la composition du corps d'un animal. — Organes de la digestion, de la circulation et de la respiration.

2. Organes du mouvement et de la sensibilité.—Squelette interne ou externe. — Muscles et tendons. — Nerfs. — Organes des sens et de la voix. — Peau et ses dépendances. — Poils, écailles, plumes.

3. Classification générale du règne animal. Sa division en quatre principaux groupes ou embranchements. — Division des animaux vertébrés en classes.

4. Division des mammifères en ordres. — Exemples de quelques familles ou genres d'animaux indigènes remarquables.

Principaux groupes des oiseaux, reptiles et poissons.—Exemples pris parmi les espèces les plus vulgaires.

5. Division des animaux articulés en classes. Crustacés, annélides, arachnides.—Exemples choisis parmi les espèces utiles ou nuisibles.

De la classe des insectes ; de ses principaux ordres et de leurs métamorphoses. — Exemples pris parmi les insectes utiles ou nuisibles à l'agriculture les plus importants.

6. Des mollusques et des zoophytes. — Exemples pris parmi les espèces nuisibles ou utiles.

7. Notions générales sur les organes qui constituent les végétaux. — De la racine, de la tige et des feuilles, et de leurs principales modifications; bourgeons, bulbes, tubercules, bractées et inflorescence.

8. De la fleur, du fruit et de la graine. Diverses parties qui les constituent; leurs modifications essentielles. — Principaux caractères qu'ils fournissent pour la classification.

9. De la classification du règne végétal. Espèce, genre et variétés. — Des classifications artificielles. Système de Linné ; son application à la détermination des plantes.

- De la méthode naturelle appliquée au règne végétal. Familles naturelles. — Division générale en dicotylédones, monocotylédones et acotylédones ou cryptogames. — Division des dicotylédones en polypétalés, monopétales et apétales.

10. Exemples de familles de plantes dicotylédones polypétales prises parmi les plus nombreuses et les plus importantes de celles de notre pays (crucifères, malvacées, rosacées, papillonacées, ombellifères).

Exemples de familles de plantes dicotylédones monopétales et apétales, choisies comme les précédentes (bruyères, solanées, labiées, composées, chénopodées, amentacées, conifères).

11. Exemples de familles de plantes monocotylédones, choisies comme les précédentes (liliacées, iridées, joncées, palmiers, graminées).

12. Exemples de familles de plantes acotylédones ou cryptogames choisies comme les précédentes (fougères, prêles, mousses, algues, lichens, champignons).

13. Indication des roches les plus vulgaires qui en-

trent dans la composition des couches du globe : leur dénomination et leurs caractères extérieurs les plus frappants; leur disposition habituelle en couche ou en masse. — Montrer quelques exemples des fossiles qu'elles peuvent renfermer.

3ᵉ TABLEAU. — A partir de la session du 10 juillet 1855, jusqu'à celle du 10 juillet 1856 exclusivement.

LISTE DES AUTEURS.

AUTEURS LATINS.

1. Cicéron : *Discours contre Verrès.* — *Le Traité de la Vieillesse.*
2. César : *Commentaires.*
3. Virgile : *les trois premiers livres de l'Enéide.*
4. Horace : *Odes.*

AUTEURS FRANÇAIS.

1. Bossuet : *Discours sur l'histoire universelle.*
2. Fénelon : *Lettres à l'Académie.*
3. Théâtre classique.
4. Boileau : *Épîtres.*

LANGUES VIVANTES.

Explications de morceaux choisis d'auteurs allemands ou anglais.

QUESTIONS ORALES.

1ʳᵉ *série.*

Logique. — 1, 2, 3, 4, 5, 6, 7, 8, 9, 10, 11, 12, 13, 14, 15, 16.

Histoire. — 39, 40, 41, 42, 43, 44, 45, 46, 47, 48, 49, 50, 51, 52, 53, 54, 55, 56, 57, 58.

Géographie physique et politique. — 66, 67, 68, 69, 70.

2e série.

Arithmétique. — 1, 2, 3, 4, 5, 6, 7, 8, 9, 10, 11, 12, 13.

Algèbre. — 14, 15, 16, 17, 18, 19, 20.

Géométrie. — 21, 22, 23, 24, 25, 26, 27, 28, 29, 30, 31, 32, 33, 34, 35, 36, 37, 38, 39, 40, 41, 42, 43, 44.

Trigonométrie. — 45, 46, 47, 48, 49, 50.

Mathématiques appliquées.—51, 52, 53, 54, 55, 56, 57, 58, 59.

3e série.

Cosmographie. — 1, 2, 3, 4, 5, 6, 7, 8, 9, 10, 11.

Physique. — 12, 13, 14, 15, 16, 17, 18, 19, 20, 21, 22, 23, 24, 25, 26, 27, 28, 29, 30, 31.

Chimie. — 44, 45, 46, 47, 48, 49, 50, 51, 52, 53, 54, 55, 56, 57, 58, 59, 60, 61, 62, 63, 64, 65, 66, 67, 68, 69.

4e série.

Histoire naturelle. — Les candidats seront interrogés d'après le programme transitoire annexé au 2e tableau.

6.

INSCRIPTIONS.

Le nombre des inscriptions à prendre pour obtenir le titre de docteur est de 16, représentant les quatre années d'études exigées pour cette réception (1).

7.

A cet effet, un registre est ouvert dans toutes les Facultés et Écoles, les 2 novembre, 2 janvier, 1er avril et 1er juillet de chaque année, et clos irrévocablement le 15 des mêmes mois (2).

8.

Lorsque le jour fixé par l'article ci-dessus, pour la clôture des inscriptions, se trouvera être un dimanche ou une fête chômée, les registres ne seront fermés que le lendemain (3).

9.

Lá première inscription d'un étudiant devra être prise au commencement de l'année scolaire, de manière qu'il puisse suivre la totalité des cours dans l'ordre prescrit. Chaque étudiant suivra lesdits cours sans se permettre d'interruption, à moins d'excuse jugée valable par la Faculté (4).

---

(1) Article 5 de l'arrêté du 9 juin 1803.
(2) Art. 1er du statut du 9 avril 1825.
(3) Art. 2 du même statut.
(4) Art. 3   id.

10.

Le ministre de l'instruction publique pourra, pour des motifs graves, accorder l'autorisation de prendre la première inscription au trimestre de janvier; mais il ne pourra en être accordé, sous aucun prétexte, à l'effet de la prendre au troisième trimestre (1).

11.

Tout étudiant qui se présentera pour prendre sa première inscription dans une Faculté ou dans une École secondaire de médecine est tenu de déposer, outre les diplômes exigés par les règlements:

1° Son acte de naissance;

2° S'il est mineur, le consentement de ses parents ou tuteur à ce qu'il suive ses études dans la Faculté ou dans l'École. Ce consentement devra indiquer le domicile actuel desdits parents ou tuteur (2).

12.

Nul ne peut être admis à prendre d'inscription dans une Faculté ou dans une École siégeant dans

(1) Art. 4 du statut du 9 avril 1825.
(2) Art. 5 du même statut.

une ville autre que celle de la résidence de ses parents ou tuteur, s'il n'est présenté par une personne domiciliée dans la ville où siège ladite Faculté ou École. Ce répondant sera tenu d'inscrire lui-même son nom et son adresse sur un registre ouvert à cet effet.

L'étudiant sera censé avoir son domicile de droit, en ce qui concerne ses rapports avec les Facultés ou Écoles, chez cette personne, à laquelle seront adressés, en conséquence, tous les avis et notifications qui le concerneront. En cas de mort ou de départ de ladite personne, l'étudiant sera tenu d'en présenter une autre; faute par lui de le faire, toutes les inscriptions qu'il aura prises, depuis le décès ou le départ de la personne domiciliée par laquelle il avait été présenté, pourront être annulées (1).

13.

Les logeurs et maîtres d'hôtels garnis ne pourront se présenter comme répondants des étudiants dans les Facultés ou Écoles, qu'autant qu'ils y seront autorisés, formellement et par écrit, par les familles de ces étudiants.

L'autorisation, certifiée par eux, restera annexée au registre énoncé en l'article précédent (2).

---

(1) Art. 6 du statut du 9 avril 1825.
(2) Art. 7 du même statut.

14.

L'étudiant est en outre tenu de déclarer, en s'inscrivant, sa résidence réelle, et s'il vient à en changer, d'en faire une nouvelle déclaration.

Ces déclarations seront inscrites sur le registre dont il est question dans l'article 12. Toute fausse déclaration, ou tout défaut de déclaration en cas de changement de domicile, pourra être puni comme il est dit au même article. Ces punitions seront infligées par délibération de la Faculté(1).

15.

Le registre mentionné dans les articles 12 et 14 sera, ainsi que le registre des inscriptions, coté et paraphé par le recteur de l'Académie, qui les clora tous deux le quinzième jour de chaque trimestre (2).

16.

Tout étudiant convaincu d'avoir pris sur le registre une inscription pour un autre étudiant perdra toutes les inscriptions prises par lui soit dans la Faculté où le délit aura été commis, soit dans toute autre. La punition sera décernée par

---

(1) Art. 8 du statut du 9 avril 1825.
(2) Art. 9 du même statut.

une délibération de la Faculté ; elle sera définitive (1).

17.

Les élèves qui, antérieurement au mois de
novembre 1836, avaient déjà une ou plusieurs
inscriptions d'officier de santé, peuvent continuer
à en prendre jusqu'au nombre de quatre, sans
justifier du diplôme de bachelier ès lettres. Toutefois, si plus tard ils veulent prendre le titre de
docteur, ils ne pourront passer le premier examen
qu'autant qu'ils seront bacheliers ès lettres et bacheliers ès sciences (2).

18.

Les pièces exigées pour être admis à prendre
la première inscription doivent rester dans les
cartons du secrétariat jusqu'à la réception au doctorat, époque à laquelle elles seront toutes rendues. Des cas d'extrême urgence peuvent faire
remettre l'acte de naissance et les diplômes ; mais
jamais le certificat de bonnes mœurs et le consentement du père ou du tuteur ne doivent être séparés du dossier de l'élève.

(1) Art. 11 du statut du 9 avril 1825.
(2) Ordonnance royale du 9 août 1836 (cette disposition est
modifiée par le décret du 10 avril 1852, ainsi qu'on le verra
ci-après).

19.

L'élève qui vient prendre sa première inscription se présente au secrétariat, avec son répondant, de une heure à deux ; il y dépose ses papiers, et le répondant porte sur un registre la déclaration qui lui est demandée. Le lendemain, l'élève revient seul, s'inscrit, et reçoit une quittance du prix de son inscription, une feuille de relevé d'inscriptions, et une carte d'admission aux cours.

20.

Les inscriptions se payent dans la *première* quinzaine de chaque trimestre, et les élèves sont tenus de se présenter dans la *dernière* quinzaine du même trimestre pour faire acte de présence ; faute par eux de remplir cette formalité, leur inscription est perdue, et le prix en est imputé à l'inscription du trimestre suivant (1).

21.

L'élève qui vient pour s'inscrire remet au surveillant, placé dans la salle qui précède le secrétariat, la feuille de relevé de ses inscriptions ; un

(1) Arrêté du ministre de l'instruction publique du 26 septembre 1837.

moment après, il est appelé, à son tour, pour recevoir un bulletin, avec lequel il va à la caisse verser le montant de son inscription ; il s'inscrit ensuite sur le registre officiel, et sa feuille de relevé d'inscriptions, sur laquelle à dû être porté le numéro d'ordre de celle qu'il vient d'acquitter, lui est alors rendue.

22.

La totalité-des sommes à payer pour le doctorat est de 1100 fr., savoir :

Quinze inscriptions à 50 fr.		750 fr.
La seizième.		35
Cinq examens à 30 fr.		150
Thèse:	65	165
Droit de sceau du diplôme.	100	
	Total.	1100 fr.

23.

Inscriptions arriérées.

Toute demande en réclamation d'une ou plusieurs inscriptions perdues doit être adressée directement au doyen de la Faculté, et accompagnée d'une déclaration des parents ou du tuteur des élèves, portant que le retard a eu lieu, faute de moyens pécuniaires. Ladite déclaration, certifiée et visée par le maire, aura dû être déposée au secrétariat dans la quinzaine même où l'in-

scription aurait dû être acquittée. La réclamation
devra aussi être accompagnée, pour chaque trimestre, d'un certificat des professeurs dont l'élève
non inscrit aura suivi les cours ; ce certificat,
pour être valable, devra être délivré à la fin du
trimestre pour lequel il constate l'assiduité (1).

24.

La Faculté donne son avis sur les demandes
que les élèves adressent au doyen ; ce fonctionnaire transmet ensuite ces demandes, avec l'avis
de la Faculté, à M. le ministre de l'instruction publique (2).

25.

Il n'est jamais alloue d'inscriptions pour des
études libres à la Faculté, lors même que ces
études seraient certifiées par des professeurs, si
elles sont antérieures à la prise de la première
inscription.

26.

Les inscriptions qui n'ont pu être prises, parce
que le candidat n'avait pas subi les examens
qu'exigeait le nombre de ses inscriptions acquises,
ne peuvent être ensuite obtenues. Il est entendu

---

(1) Arrêté du 26 septembre 1837.
(2) Décret du 4 juin 1809.

que ne pas se présenter à l'examen en temps convenable est un témoignage implicite d'inaptitude
à le subir d'une manière satisfaisante, et que
tenir compte du délai serait anticiper sur le temps
nécessaire pour se préparer aux examens suivants (1).

27.

L'élève qui quitte une Faculté pour aller étudier dans une autre doit préalablement se munir
au secrétariat d'un certificat indiquant l'état de
ses études.

28.

Les inscriptions prises dans une Faculté sont
reçues dans les deux autres, quand il est témoigné,
en même temps, d'assiduité et d'une bonne conduite. Si le doyen refusait d'en délivrer l'attestation, l'élève pourrait se pourvoir près du conseil
académique (2).

29.

Les quatre premières inscriptions prises comme
aspirant au titre d'officier de santé sont comptées
pour le doctorat, quand il est justifié du grade

---

(1) Cette disposition n'est applicable maintenant qu'aux
élèves qui ont pris une inscription avant le 1er novembre 1846.
(Note du rédacteur.)
(2) Statut du 9 avril 1825, art. 28.

de bachelier ès sciences avant la cinquième inscription. Il faut alors acquitter intégralement pour chaque inscription les 20 fr. de différence, entre celles qui ont été prises à titre d'officier de santé et celles qui l'ont été pour le doctorat.

30.

Les élèves qui ont suivi la pratique des grands hôpitaux, civils ou militaires, où une instruction médicale est établie, sont dispensés des quatre années d'études; en justifiant de leur assiduité dans ces écoles d'ordre secondaire pendant six années (1).

31.

EXAMENS DE FIN D'ANNÉE.

Depuis le 1er novembre 1846, les élèves en médecine qui ont pris une première inscription passent un examen à la fin de la première, de la deuxième, et de la troisième année d'études.

32.

Ces examens, dits examens de fin d'année, portent sur les matières qui auront fait l'objet des cours des années correspondantes, c'est-à-

_____

(1) Arrêté du 9 juin 1803, art. 29.

dire : le premier examen, sur la physique, la chimie et l'histoire naturelle ; le deuxième, sur l'anatomie et la physiologie ; le troisième, sur la pathologie interne et externe.

33.

Quatre élèves sont interrogés à chaque examen. Le jury d'examen se compose de deux agrégés et d'un professeur président. Le résultat de l'examen doit être soumis à la sanction de la Faculté.

34.

Les examens de fin d'année commencent du 15 juillet au 1er août. Les élèves refusés à ces examens sont ajournés au mois de novembre suivant , et ne recevront l'inscription de ce trimestre qu'autant qu'ils auront recommencé l'épreuve , et l'auront soutenue d'une manière satisfaisante.

35.

Tout élève, déjà refusé au mois d'août, qui le serait une seconde fois en novembre, devra être ajourné à la fin de l'année scolaire, et ne pourra prendre aucune inscription pendant tout le cours de cette année, à moins d'une autorisation spéciale délivrée par le grand-maître de l'Univer-

sité, et accordant un nouveau délai pour l'examen. Cet élève ne pourra prendre ses inscriptions
l'année suivante, qu'autant qu'il aura passé ses
examens de fin d'année d'une manière satisfaisante.

36.

Tout élève qui ne se sera pas présenté au mois
d'août pour subir l'examen de fin d'année ne
pourra être admis à subir cet examen, au mois
de novembre suivant, qu'après justification d'empêchement légitime dûment constaté par le doyen
de la Faculté.

Tout élève qui ne se sera présenté ni au mois
d'août, ni au mois de novembre, pour soutenir
l'examen de fin d'année, sera ajourné à la fin
de l'année scolaire, et ne pourra prendre aucune
inscription pendant le cours de cette année.

37.

Les examens de réception, ainsi que la thèse, ne
pourront être soutenus qu'après la seizième inscription révolue, suivant l'ordre prescrit par
l'art. 5 de la loi du 10 mars 1803 (19 ventôse
an XI). Pour ces épreuves, les jurys d'examen et
les séries d'élèves resteront composés comme par
le passé.

38.

Les élèves des Écoles préparatoires de médecine et de pharmacie qui auront soutenu, dans ces écoles, les deux examens de fin d'année, correspondant à la première et à la deuxième année d'études, et qui y auront satisfait, seront dispensés de soutenir de nouveau ces examens devant les Facultés.

39.

Seront également dispensés de les soutenir les médecins sous-aides ou de marine, auxquels il est alloué des inscriptions pour leurs services militaires.

40.

Les élèves qui auront soutenu dans les Écoles préparatoires les examens de fin d'année correspondant à la troisième et à la quatrième année d'études seront astreints à subir de nouveau ces examens devant les Facultés, lorsqu'ils se présenteront pour convertir les inscriptions d'Écoles en inscriptions de Faculté (1).

---

(1) Arrêté du ministre de l'instruction publique, du 7 septembre 1846.

4

41.

Stage dans les hôpitaux.

Nul ne peut obtenir le grade de docteur, s'il n'a suivi, pendant une année au moins, soit en qualité d'externe, soit comme élève stagiaire, le service d'un hôpital (1).

42.

Ce service, s'il est fait comme élève stagiaire, est obligatoire après la prise de la 8ᵉ inscription.

43.

Les élèves qui ont obtenu au concours le titre d'externe peuvent faire compter leur temps de stage dans un hôpital, à dater de leur entrée en exercice en ladite qualité.

44.

Pour obtenir les 9ᵉ, 10ᵉ, 11ᵉ et 12ᵉ inscriptions, l'élève doit produire, *au commencement* des trimestres correspondants à ces inscriptions, un certificat de l'administration des hôpitaux, constatant qu'il est attaché à un service ; et, *à la fin* de ces mêmes trimestres, un certificat dé-

---

(1) Ordonnance royale du 3 octobre 1841.

livré par le chef de service et visé par le directeur de l'hôpital, coñstatant que l'élève a fait
régulièrement son service.

45.

L'inscription des trimestres de juillet et de
novembre ne sera régularisée que les 30 et 31
des deux mois d'août et de décembre, pour les
élèves stagiaires munis des certificats mentionnés
à l'article ci-dessus.

46.

Externat.

Tous les étudiants en médecine, étrangers ou
nationaux, lorsqu'ils ont atteint l'âge de dix-huit
ans, ont la faculté de puiser l'instruction pratique
dans les hôpitaux ou hospices, où ils sont admis
d'abord comme externes, ensuite comme internes ; ces places sont données au concours.

47.

Des concours sont ouverts chaque année pour
les places d'externes ; ils sont annoncés par la
voie des affiches, un mois avant leur ouverture.

48.

Les élèves qui se présentent pour y prendre
part doivent se faire inscrire au secrétariat gé-

néral de l'administration des hospices, et y déposer leurs pièces, quinze jours au moins avant le
commencement des opérations du concours.

49.

Ces concours sont publics ; ils ont lieu au mois
de novembre de chaque année.

50.

Conditions du concours.

EXTRAIT

DU RÈGLEMENT GÉNÉRAL DU 26 AOUT 1839.

Art. 9. — Les étrangers, comme les Français, peuvent concourir et obtenir des nominations, en satisfai-
sant aux conditions exigées.

Art. 53. — Tout étudiant qui se présente au concours
ouvert pour les places d'élèves externes doit avoir
accompli sa dix-huitième année, et produire :

1° Son acte de naissance ;
2° Un certificat de vaccine ;
3° Un certificat de bonnes vie et mœurs, délivré par
le maire de la commune où il est domicilié ;
4° Le certificat d'une inscription au moins, prise à
l'une des Facultés de médecine.

Art. 54. — Les élèves externes ont seuls le droit de
se présenter au concours ouvert pour les places d'élèves
internes.

Art. 56. — Les élèves externes qui ont terminé leur

temps d'externat, et qui n'ont pas été reçus internes, peuvent se présenter une seconde fois pour concourir.

S'ils sont reçus de nouveau, ils remplissent toutes les obligations et sont soumis à toutes les conditions imposées aux externes.

Art. 107 et 108. — Les épreuves pour le concours aux places d'élèves en médecine et en chirurgie sont réglées comme il suit :

Une épreuve verbale après réflexion ;

Une composition par écrit.

Pour l'épreuve verbale, il est accordé *dix minutes* au plus à chaque concurrent.

Pour la composition écrite, *quatre heures* au plus.

Les questions sont rédigées par le jury avant la séance, et tirées au sort entre six au moins. Les questions sorties sont les mêmes pour tous les candidats qui sont appelés dans la séance.

Art. 115. — Dans le concours ayant pour objet le choix des élèves internes ou externes en médecine et en chirurgie, le jury, après avoir désigné les concurrents appelés à remplir les places vacantes, dresse une liste supplémentaire composée de concurrents non nommés, mais que le jury déclare néanmoins capables, et qu'il classe dans l'ordre de leur capacité.

Cette liste, destinée à pourvoir aux nouvelles vacances qui peuvent survenir jusqu'au prochain concours, devient nulle à l'époque de son ouverture.

Les extraits de naissance venant des départements, et les certificats délivrés par les médecins et par les fonctionnaires étrangers à l'administration des hôpitaux, devront être légalisés.

51.

La durée de l'externat est de trois années : faute d'être admis à l'internat avant ce terme, les élèves cessent d'être attachés aux hospices. Le nombre des externes est de 150, distribués annuellement dans les hospices suivant les besoins, mais ils sont particulièrement tenus de faire, pendant leur première année, le service dans les établissements excentriques de

l'Hôtel-Dieu (annexe),	Enfants Malades,
Saint-Antoine,	Maison de santé,
Necker,	Vieillesse (hommes),
Beaujon,	Vieillesse (femmes),
Saint-Louis,	Incurables (hommes).

52.

Chacun des chefs de service de ces établissements reçoit une somme de 300 francs par an pour être répartie par lui entre deux, trois ou un plus grand nombre d'externes.

53.

Les externes sont subordonnés aux internes ; ils les aident et les suppléent. Dans les hospices où il y a plus d'externes que d'internes, un d'eux est attaché spécialement à chaque interne ; les

autres sont employés auxiliairement. Ils suivent
régulièrement les visites des chefs, et se confor-
ment à leurs ordres. Ils ne peuvent, sans cause
légitime, s'absenter plus de quatre fois par mois ;
à la cinquième, ils sont rayés de la liste, et n'ont,
pour y être rétablis, que la voie d'un nouveau
concours. L'externe logé dans l'hospice, qui né-
glige d'apporter chaque mois à l'agent de surveillance un certificat de présence du médecin
auquel il est attaché, perd de droit son logement, qui est donné à un autre externe non
logé.

54.

Les fonctions des externes consistent :

1° A suivre exactement, pour le traitement
interne, toutes les visites des chefs auxquels ils
sont attachés ;

2° A assister aux visites pour le traitement
externe et aux consultations gratuites, lorsqu'ils
sont désignés pour ce service ;

3° A concourir, avec les élèves internes, à la
tenue des cahiers de visite et à la confection des
relevés de ces cahiers, mais sous la surveillance
et la responsabilité des internes, par lesquels ces
relevés doivent toujours être certifiés ;

4° A faire, sous la même surveillance, les saignées et les pansements qui leur sont prescrits
par les chefs.

55.

Dans les hôpitaux auxquels sont attachés moins de trois élèves internes, le service de garde est partagé par les élèves externes.

56.

Les élèves externes ne peuvent entrer dans les salles qu'avec les médecins ou chirurgiens, et doivent sortir aussitôt que le service qui leur est confié est terminé.

57.

Internat.

La nomination aux places d'internes vacantes dans les hôpitaux fait, avec le concours des prix à décerner aux élèves externes, l'objet d'un seul et même concours, qui est obligatoire pour tous les externes de deuxième et de troisième année.

58.

De même que le concours de l'externat, celui de l'internat est public; il a lieu à l'administration des hospices, dans le courant du mois d'octobre de chaque année, et l'ouverture en est annoncée par la voie des affiches.

59.

CONDITIONS DU CONCOURS.

Extrait du Règlement sur le service de santé des hôpitaux et hospices de Paris.

(Approuvé par le ministre de l'intérieur, le 26 août 1839.)

Art. 89. — A la fin de chaque année, des concours ont lieu dans la forme prescrite par les articles 99 et suivants, entre les élèves des différentes classes qui ont fait le service.

Les élèves internes en médecine et en chirurgie sont partagés en deux divisions :

La première, composée de ceux qui terminent leur troisième année;

La seconde, de ceux qui terminent leur première ou deuxième année.

Art. 90. — Par suite de ce concours, il est dressé, pour chaque division, un tableau sur lequel tous les élèves sont classés dans le rang qui leur est assigné par la décision du jury.

Art. 91. — Un prix est donné au premier élève porté sur le tableau de chaque division.

Le jury peut également proposer pour chacune d'elles un accessit et un certain nombre de mentions honorables dans les proportions ci-après :

Pour la première division des élèves internes en médecine et en chirurgie, le prix consiste en une médaille d'or.

Il peut être accordé, pour l'accessit, une médaille d'argent ou des livres.

Les mentions ne peuvent excéder le nombre de deux.

Pour la seconde division des élèves internes en médecine et en chirurgie, le prix consiste en une médaille d'argent.

Il peut être accordé des livres pour accessit.

Les mentions ne peuvent excéder le nombre de deux.

Art. 97. — Dans tous les cas où le concours est prescrit par les dispositions du présent règlement, il est annoncé par des affiches apposées dans des lieux publics, notamment à la Faculté de médecine, au moins un mois avant l'ouverture.

Art. 98. — Ceux qui se présentent au concours doivent se faire inscrire au secrétariat général de l'administration, et y déposer leurs pièces, quinze jours au moins avant l'ouverture.

Art. 99. — Les concours sont publics.

Extrait du Règlement pour les concours.

(Approuvé par le ministre de l'intérieur, le 19 novembre 1842.)

Article 1er. — A partir du 1er janvier 1843, dans tous les cas où le concours est prescrit par les dispositions du règlement sur le service de santé, les épreuves auxquelles les concurrents sont soumis se diviseront en deux séries, toutes les fois que le nombre des candidats dépassera :

Cinq pour une place,

Huit pour deux places,

Dix pour trois places ;

Ou lorsque, pour quatre places et au-dessus, leur nombre excédera le triple des places mises au concours.

Art. 2. — Les épreuves de la première série seront communes à tous les concurrents ; elles auront pour objet d'établir leur admissibilité au concours.

Art. 3. — Les épreuves de la seconde série seront subies seulement par les candidats qui auront été déclarés admissibles.

Art. 4. — Pour déterminer quels seront les candidats admis à prendre part aux dernières épreuves, le jury, aussitôt que tous les concurrents auront subi les épreuves de la première série, dressera, d'après leur mérite, une liste de candidats par ordre alphabétique, laquelle, ainsi qu'il est dit en l'article 1er, se composera de cinq, huit ou dix noms, suivant que le concours aura pour objet la nomination à une, deux ou trois places.

Lorsque le nombre de ces places sera plus considérable, la liste devra présenter un nombre de candidats égal au triple des places mises au concours.

Pour les concours des prix des élèves internes soit en médecine et chirurgie, soit en pharmacie, cette liste ne pourra comprendre plus de douze candidats.

Art. 5. — Le jugement définitif portera sur l'ensemble des épreuves, y compris celles qui auront été déjà jugées comme épreuves d'admissibilité.

60.

La durée de l'internat est de deux ans ; mais, à l'expiration de ce délai, les élèves peuvent obtenir du conseil général des hospices une prolongation d'un an.

61.

Cette durée peut encore être prolongée, savoir :

de deux ans pour celui qui aura obtenu la médaille d'or, et d'une année pour cinq autres internes qui se seront distingués dans le concours pour les prix.

62.

L'interne qui abandonne le service dont il a été chargé ne peut rentrer dans les hôpitaux que par la voie d'un nouveau concours.

63.

Les fonctions d'interne cessent par le fait de l'admission au doctorat. Cette disposition n'est pas obligatoire pour les élèves qui ont obtenu la médaille d'or.

64.

L'avancement dans l'internat a lieu en passant d'un hospice d'un ordre inférieur dans un autre d'un ordre supérieur. L'ordre des hospices est ainsi classé :

1° Bicêtre, la Salpêtrière, Saint-Louis ;
2° Les hospices ordinaires de l'intérieur ;
3° L'Hôtel-Dieu, la Charité ;
4° La Maternité, les Vénériens.

65.

Le traitement annuel des internes est fixé à 400 francs pour ceux de première année, et à

500 francs pour ceux de deuxième et de troisième année ; ils sont en outre logés dans l'hospice.

66.

L'interne de garde reçoit la nourriture.

67.

Les fonctions des internes consistent :

1° A suivre, dans le traitement interne, toutes
les visites des chefs auxquels ils sont attachés ;

2° A assister aux visites pour le traitement
externe et aux consultations gratuites, lorsqu'ils
sont désignés pour ce service ;

3° A rédiger les registres d'observations, à
tenir les cahiers de visite, ainsi que les relevés
de ces cahiers, pour ce qui concerne les aliments
et les sorties des malades ; à surveiller la rédaction de ces cahiers, quand les externes sont appelés à les seconder dans leur tenue ;

4° A pratiquer les saignées, à faire l'application des scarificateurs, à faire en un mot tous les
pansements de quelque importance ;

5° A surveiller les saignées et les petits pansements qui peuvent être confiés à des élèves
externes ;

6° A visiter une ou plusieurs fois, dans l'intervalle des visites du médecin ou chirurgien

chef de service, les malades qui leur ont été recommandés.

68.

Dans l'intervalle d'une visite à l'autre, les internes peuvent, conformément aux indications des cahiers de visites, faire les retranchements ou prescrire les aliments ou médicaments qui leur paraîtraient nécessaires, d'après les changements survenus dans l'état des malades, et ils doivent en rendre compte à leur chef de service, à sa première visite.

69.

Il est adjoint à l'élève interne un élève en pharmacie, que peut à la rigueur suppléer un externe ; ces deux élèves accompagnent les médecins dans leurs visites et prennent note de ses prescriptions, dont ils sont chargés de surveiller la stricte exécution.

70.

Les internes en chirurgie sont chargés de la garde et de la conservation des instruments, qu'ils doivent toujours tenir prêts et en bon état pour les besoins du service ; ils peuvent aussi être chargés eux-mêmes de quelques opérations simples, en la présence et sous la surveillance du chef de service.

71.

Dispositions générales relatives à l'externat et à l'internat.

Les élèves des hôpitaux sont subordonnés, sous le rapport du service de santé, à leurs chefs respectifs, et sous le rapport administratif et de police intérieure, aux directeurs et économes ; ils sont tenus de rendre compte aux directeurs, en l'absence des médecins et chirurgiens, de tout ce qui peut survenir d'extraordinaire dans le service qui leur est confié.

72.

Chaque jour, avant la visite, tous les élèves, tant internes qu'externes, sont tenus de se présenter au bureau du directeur, et de signer la feuille de présence.

73.

Toutes les feuilles sont renvoyées, le jour même, au secrétariat général de l'administration.

74.

Tout élève qui quitte son service sans autorisation est exclu définitivement de la place qu'il occupe, et il ne peut se présenter au concours pour la recouvrer qu'après un an d'intervalle, et avec l'autorisation du conseil général des hospices.

75.

Les élèves qui auraient manqué pendant dix jours à leur service sans aucune permission préalable, ou qui le feraient habituellement avec négligence, seraient rayés de la liste des élèves des hôpitaux, et privés des avantages attachés à ce titre ; l'entrée de l'amphithéâtre d'anatomie des hôpitaux leur serait interdite, et leurs noms seraient transmis à MM. les doyens des Facultés, pour que, dans aucune circonstance, ces élèves ne puissent se prévaloir d'un titre qui ne leur appartiendrait plus.

76.

L'élève interne en congé ne jouit que de la moitié de son traitement, l'autre moitié est donnée à l'externe qui le remplace.

Chaque année, avant le 1er décembre, un rapport est fait au conseil général sur le service des élèves dans les divers établissements ; ce rapport est accompagné des notes et certificats des divers chefs de service et des directeurs sur l'exactitude, les progrès de tous les élèves, tant internes qu'externes, et sur leur subordination, leur soumission aux règlements, leur conduite envers les malades et envers leurs supérieurs.

77.

Sur le vu de ce rapport, le conseil général prononce s'il y a lieu de continuer les élèves dans leurs fonctions pour l'année suivante.

78.

Prix des hôpitaux.

Ainsi qu'il a été dit ci-dessus, le concours pour les prix de l'externat a lieu au mois d'octobre ; celui des prix pour l'internat commence au mois d'août.

79.

Les épreuves d'admissibilité à ce dernier concours se composent :

1° De la production d'un mémoire sur un sujet médical ou chirurgical, au choix de l'élève, mais portant nécessairement sur les observations qu'il aura dû recueillir au lit des malades, pendant toute la durée des fonctions qu'il aura remplies ;

2° De l'épreuve orale qui a été mentionnée plus haut.

80.

Le mémoire doit être déposé au secrétariat de

1.

l'administration des hôpitaux avant le 1er août. Son étendue ne doit pas excéder quatre-vingts pages in-8° écrites ; chacune des propositions générales les plus importantes peut être appuyée d'observations au nombre de six au plus.

81.

Les mémoires imprimés ne sont pas admis.

82.

Ces mémoires, immédiatement après leur remise, sont distribués, par la voie du sort et par parties égales, aux membres du jury, qui font chacun un rapport, qui est lu en séance particulière du jury, dans les derniers jours d'octobre.

83.

Après l'audition de ces rapports, et à la suite de l'épreuve orale que les élèves subissent au commencement du mois de novembre, le jury désigne les douze candidats qui sont déclarés admissibles.

84.

Une épreuve écrite constitue l'épreuve à laquelle sont soumis les candidats admis.

85.

Tous les élèves sont tenus de prendre part,

chaque année, au concours pour les prix ; cette disposition toutefois n'est pas obligatoire pour les élèves externes de première année.

86.

Tout élève interne en médecine ou en chirurgie, ainsi que tout élève externe en médecine ou en chirurgie de deuxième et de troisième année, qui n'aurait pas concouru pour les prix, serait, par ce seul fait, considéré comme démissionnaire, et, comme tel, privé du droit de continuer son service dans les hôpitaux.

87.

Le refus de concourir entraînerait en outre, pour les élèves internes de troisième ou de quatrième année, la déchéance, dans les concours pour le Bureau central, des avantages que leur assuraient leurs services d'internes dans les hôpitaux.

88.

Le grand prix consiste en une médaille d'or ; une médaille d'argent ou des livres sont distribués aux autres lauréats.

89.

Prix Corvisart

Un prix d'encouragement, fonde par le professeur Corvisart, et consistant en une médaille d'or de la valeur de 400 francs, est décerné tous les ans par la Faculté, dans sa séance solennelle de rentrée.

90.

Tous les élèves de l'École de Paris peuvent concourir pour obtenir ce prix ; à cet effet, ils doivent, au commencement de l'année, se faire inscrire dans l'une des cliniques internes. Le professeur désignera au hasard les numéros de plusieurs lits, et c'est sur les malades qui seront successivement admis dans ces lits que les candidats devront recueillir leurs observations.

91.

Une question de médecine pratique sera, au commencement de chaque année, proposée par les professeurs aux concurrents ; ces derniers devront chercher la solution de cette question dans les faits qui se produiront devant eux dans les salles de clinique qui leur auront été affectées.

92.

Du 15 août au 1er septembre de chaque année, les concurrents déposeront au secrétariat de la Faculté : 1° les observations par eux recueillies au lit des malades qu'ils avaient à examiner ; 2° la réponse écrite à la question proposée.

93.

Le travail des concurrents doit expressément être restreint aux termes du programme, et aucune recherche bibliographique de matière médicale ou de pathologie ne doit en faire partie.

94.

Les noms des concurrents doivent être mis sous cachet, afin que les juges ne puissent les connaître.

95.

Un jury spécial, que la Faculté désigne à cet effet, est chargé d'apprécier le mérite des mémoires qui ont été déposés dans le délai prescrit, et de soumettre à sa sanction le nom du concurrent dont les travaux ont mérité le prix.

96.

Le titre de docteur exclut du concours.

97.

Prix Montyon.

Aux termes de la fondation faite par un généreux anonyme dont le nom n'a pu longtemps rester un mystère, il y a tous les ans, à la Faculté de médecine de Paris, un concours pour un prix qui doit être accordé à l'auteur du meilleur ouvrage sur les maladies prédominantes dans l'année précédente, sur les caractères et les symptômes de ces maladies, et sur les moyens de les guérir.

98.

Ce prix, qui consiste en une médaille d'or, est décerné dans la séance solennelle de rentrée de la Faculté.

99.

Les mémoires des concurrents doivent être déposés au secrétariat de la Faculté, avant le 1er août.

100.

Discipline des écoles.

Tout manque de respect envers le doyen ou envers les professeurs est puni de la perte d'une ou deux inscriptions, même plus gravement, suivant la nature de la faute. En cas de récidive, la punition est l'exclusion de l'École pendant six mois au moins, et deux ans au plus (1).

101.

Il est défendu aux étudiants soit d'une même

(1) Statut du 9 avril 1825, art. 29

Faculté, soit de Facultés du même ordre, soit de
Facultés d'ordres différents, de former entre eux
aucune association, sans en avoir obtenu la permission des autorités locales et en avoir donné
connaissance au recteur. Il leur est pareillement
défendu d'agir ou d'écrire en nom collectif,
comme s'ils formaient une corporation ou association légalement reconnue (1).

102.

Tout étudiant convaincu d'avoir pris part, sous
un prétexte quelconque, à des attroupements il-
licites, à des troubles, à des voies de faits, est
rayé des registres de la Faculté; sa carte d'admission lui est retirée, et l'entrée des cours lui
est interdite (2).

103.

Le conseil de l'Université est établi juge des
plaintes des supérieurs et des réclamations des
inférieurs; lui seul interprète les règlements, et
il ne peut être appelé de ses décisions (3).

104.

Le doyen veille à la conduite comme aux études

(1) Statut du 9 avril 1825, art. 31.
(2) Arrêté de l'Université du 5 juin 1820.
(3) Décret du 15 décembre 1811, art. 45.

des élèves ; il intervient, s'il en est requis, dans les engagements qu'ils ont contractés (1).

105.

Si un cours est troublé par des signes d'approbation, d'improbation, ou de toute autre manière, le professeur fait immédiatement sortir les auteurs du désordre, et les signale au doyen, pour qu'il soit provoqué contre eux telle peine que de droit. Faute de les connaître, et qu'un rappel au bon ordre soit insuffisant pour le rétablir, la séance est suspendue et renvoyée à un autre jour. Le désordre se reproduisant aux séances suivantes, les élèves du cours, s'ils ne font connaître les coupables, encourent la perte d'une inscription, ou même des peines plus graves (2).

106.

Il est défendu à tout autre qu'aux professeurs et aux étudiants interrogés par eux de prendre la parole dans les cours, ainsi que dans l'enceinte des Facultés, sous peine d'être rayés des registres et de ne pouvoir prendre inscription nulle part ailleurs, avant une année révolue (3).

---

(1) Règlement de l'École de santé du 4 décembre 1794, et de l'École de médecine, du 30 novembre 1795, art. 175.
(2) Statut du 9 avril 1825, art. 30.
(3) Statut du 9 avril 1825, art. 32 et 33.

107.

ÉCOLES PRÉPARATOIRES DE MÉDECINE ET DE PHARMACIE.

Ces Écoles sont les mêmes que celles qui, avant l'arrêté du 26 septembre 1837, étaient désignées sous le titre d'*Écoles secondaires de médecine*.

108.

Elles sont au nombre de vingt et une, et sont établies dans les villes ci-dessous nommées (1) :

Amiens.	Lyon.
Angers.	Marseille.
Arras.	Nancy
Besançon.	Nantes.
Bordeaux.	Orléans.
Caen.	Poitiers.
Clermont.	Rennes.
Dijon.	Rouen.
Grenoble.	Toulouse.
Lille.	Tours.
Limoges.	

---

(1) L'École de Reims, n'étant pas encore organisée conformément aux dispositions de l'ordonnance royale du 13 octobre 1840, conserve le titre d'École secondaire.

109.

Extrait du Règlement du conseil de l'Université en ce qui concerne les Écoles

(13 mai 1841).

Inscriptions. — Cours d'études.

Art. 9. — Il sera tenu dans toute École préparatoire de médecine et de pharmacie un registre d'inscriptions, lequel sera coté et paraphé par le recteur de l'Académie.

Art. 10. — Ce registre sera ouvert pendant les huit premiers jours de chaque trimestre de l'année scolaire.

Les élèves apposeront eux-mêmes leur signature sur le registre, en prenant l'inscription de chaque trimestre.

Le registre sera clos par le recteur ou par un délégué du recteur, à l'expiration du délai fixé.

Art. 11. — Aucune inscription ne pourra être prise en dehors des époques déterminées, sans une autorisation expresse accordée par le ministre en Conseil royal de l'instruction publique.

Toute première inscription devra être prise au commencement du trimestre de novembre, à moins d'une autorisation spéciale dans la forme précitée.

Art. 12. — Tout élève qui se présentera pour prendre une première inscription sera tenu de déposer entre les mains du secrétaire:

1° Son acte de naissance constatant qu'il a au moins seize ans accomplis;

2° S'il est mineur, le consentement, en forme régulière, de son père ou tuteur, l'autorisant à suivre les cours de l'École;

3° Un certificat d'études universitaires ou domestiques, constatant qu'il a suivi des études de langues anciennes au moins jusqu'à la troisième inclusivement, ledit certificat visé par le recteur de l'Académie, qui fera subir, s'il y a lieu, au postulant, un examen spécial, à l'effet de vérifier s'il possède les diverses connaissances exigées;

4° L'indication de son domicile dans la ville où est le siége de l'École, et l'indication du domicile de ses parents.

Art. 13.— Le prix de chaque inscription sera versé par l'élève au moment où il s'inscrit, le reçu lui en sera donné immédiatement; mais l'inscription ne sera acquise et délivrée que dans les huit premiers jours du trimestre suivant, et seulement dans le cas où l'élève aura préalablement justifié de sa présence aux cours obligatoires, pendant tout le trimestre écoulé.

Les élèves qui ne se présenteront pas eux-mêmes, pour retirer leurs certificats d'inscription, perdront leurs droits à cette inscription.

Art. 14.— Tous les cours sont semestriels, excepté ceux de clinique interne et externe. Les cours du semestre d'hiver commencent le 3 novembre, et se terminent le 31 mars; ceux du semestre d'été commencent le 1er avril, et durent jusqu'à la fin d'août. Il y a pour chaque cours de semestre une leçon par jour, hormis les dimanches et fêtes.

Chaque leçon est d'une heure et demie, y compris l'interrogation sur la leçon précédente, qui doit avoir lieu au commencement de chaque séance, sans excéder une demi-heure, et de telle façon que chaque élève du cours soit interrogé au moins une fois par semaine.

Les cours de clinique interne et externe commencent le 3 novembre, et se terminent à la fin d'août ; ils ont lieu trois fois par semaine dans l'amphithéâtre de l'École, après les visites des malades. Chaque leçon dure une heure.

Art. 15.— Les cours des Écoles préparatoires de médecine et de pharmacie seront divisés en cours de première, de seconde et de troisième année.

Art. 16. — Les étudiants de première année seront tenus de suivre, pendant le semestre d'hiver, les cours de *chimie* et de *pharmacie*, d'*anatomie* et *physiologie*, et les travaux de dissection ; et, pendant le semestre d'été, les cours d'*histoire naturelle médicale*, de *pathologie externe* et de *clinique externe*.

Les étudiants de seconde année suivront, en hiver, le cours d'*anatomie* et *physiologie* et les travaux de dissection, les cours de *pathologie interne* et de *clinique externe* ; et, pendant le semestre d'été, le cours de *matière médicale*, le cours d'*accouchements* et celui de *clinique interne*.

Les étudiants de troisième année suivront, pendant le semestre d'hiver, les cours de *pathologie interne* et de *clinique interne*, les cours de *clinique externe* et les travaux de dissection ; pendant le semestre d'été, les cours de *clinique interne* et de *clinique externe*, les cours de *médecine légale* et d'*hygiène*, et ceux de *médecine opératoire*, dans les Écoles où ces cours auront été institués.

Art. 17. — Les élèves des cliniques seront tenus de recueillir au lit des malades, jour par jour, et même plusieurs fois par jour, des observations écrites, qui devront être lues et discutées dans l'amphithéâtre, en présence des professeurs.

Art. 18. — Les élèves qui suivront les cours d'accouchements, et les élèves de troisième année, seront admis tour à tour, par séries et pendant trois mois, à pratiquer les accouchements dans les salles de la Maternité.

Art. 19. — Les élèves qui se destinent à la pharmacie ne sont tenus de suivre que les cours de chimie et de pharmacie, d'histoire naturelle et matière médicale, de toxicologie et d'hygiène, dans les Écoles où cet enseignement sera donné.

Art. 20. — Les dispositions du statut du 9 avril 1825, en ce qui concerne la police des cours et la discipline des étudiants dans les Facultés, sont déclarées applicables aux élèves des Écoles préparatoires de médecine et de pharmacie.

TITRE III.

Examens et inspections.

Art. 21. — Tous les ans, à la fin d'août, les élèves ayant pris quatre, huit ou douze inscriptions dans les Écoles préparatoires de médecine et de pharmacie, soutiendront un examen de trois quarts d'heure sur les matières des cours qu'ils auront dû suivre, conformément au programme mentionné dans l'article 16. Cet examen sera sans frais.

Art. 22. — Les étudiants qui auront satisfait à l'examen recevront un certificat qui ne leur conférera aucun grade, mais sans lequel, 1° ceux qui se destinent à la médecine ne pourront être admis à prendre de nouvelles inscriptions dans les Écoles préparatoires, ni à échanger contre des inscriptions de Facultés celles qu'ils auraient prises dans ces Écoles; 2° ceux qui se destinent à la pharmacie ne pourront jouir du bénéfice accordé par l'art. 15 de l'ordonnance du 13 octobre 1840.

Ledit certificat sera délivré gratuitement, sous le visa du recteur.

Art. 23. —Les élèves des Écoles préparatoires de médecine et de pharmacie qui abandonneraient ces Écoles, avant la fin de l'année scolaire, seront également tenus, au moment de leur sortie, de subir l'examen prescrit par l'article 21, et ne seront, dans ce cas, interrogés que sur la partie des cours à laquelle ils auront assisté. Ceux d'entre eux qui n'auront pas rempli cette formalité ne recevront pas le certificat mentionné à l'article 22.

Art. 24. —Les élèves qui n'auront pas répondu d'une manière satisfaisante aux examens pourront, après un délai de trois mois au moins, se représenter pour les subir de nouveau, et recevoir, s'il y a lieu, le certificat ci-dessus mentionné.

Art. 25. —Chaque examen sera fait par un jury composé de trois professeurs titulaires, adjoints ou provisoires, choisis par le recteur, sur la proposition du directeur de l'École, dans les séries d'enseignement correspondantes aux matières dudit examen.

Art. 26. — Indépendamment des inspections extraordinaires qui pourront être ordonnées par le ministre grand maître de l'Université, chaque École préparatoire de médecine et de pharmacie sera, au moins une fois par trimestre, visitée par le recteur ou par un inspecteur de l'Académie. Cette visite aura principalement pour objet de s'assurer de l'exécution des dispositions du présent règlement.

Les recteurs adresseront, tous les trois mois, au ministre grand maître de l'Université, un rapport détaillé sur les résultats constatés par l'inspection.

110.

HOPITAUX DE MARINE.

Cinq hôpitaux de marine sont placés sur le
même rang, et confèrent à leurs élèves les mêmes
avantages que ceux dont jouissent les élèves des
Écoles secondaires : ce sont ceux de

Brest,	Rochefort,
Cherbourg,	Toulon (1).
Lorient,	

111.

Écoles de médecine navale.

Les jeunes gens qui désirent être admis à étudier dans les Écoles de médecine navale, ou à
prendre part au concours pour le grade de chirurgien ou de pharmacien de 3e classe de la marine, devront justifier, jusqu'au 1er octobre 1855,
soit du titre de bachelier ès lettres, soit de celui
de bachelier ès sciences.

112.

A dater du 1er octobre 1855, nul ne sera admis
à étudier dans les Écoles de médecine de la ma-

_____

(1) Les quatre hôpitaux militaires d'instruction de Lille,
Metz, Strasbourg, et le Val-de-Grâce de Paris, avaient les
mêmes priviléges. Ils ont été supprimés en 1852.

rine, ou à concourir pour le grade de chirurgien
ou de pharmacien de 3ᵉ classe, s'il n'est pourvu
d'un diplôme de bachelier ès sciences.

113.

Conversion d'inscriptions.

La conversion de deux, trois, quatre ou cinq
inscriptions d'une École préparatoire en inscriptions de Faculté, n'aura lieu qu'autant que l'élève
sera bachelier ès lettres. Si le nombre d'inscriptions d'une École secondaire est de six ou de plus,
la conversion ne pourra se faire que sur la présentation des diplômes de bachelier ès lettres et
de bachelier ès sciences (1).

Les sommes payées pour inscriptions aux Écoles
préparatoires entrent en déduction du prix de
celles que l'élève peut prendre ensuite dans les
Facultés (2).

114.

Les huit premières inscriptions, prises pendant
deux ans dans une École préparatoire de médecine, ont la même valeur, sous le rapport des
études, que les inscriptions prises dans les Facultés (3).

---

(1) Ordonnance du 9 août 1836.
(2) *Idem.*
(3) Ordonnance du 13 octobre 1840.

115.

Les inscriptions des Écoles préparatoires se payent 35 fr. chacune (1).

116.

Les certificats d'inscription et d'assiduité dans les Écoles préparatoires ne sont valables, pour échange d'inscription dans les Facultés, que s'ils sont visés par le recteur et indiquent la somme payée par l'élève (2).

117.

L'élève qui fait convertir des inscriptions d'École préparatoire en inscriptions de Faculté, n'acquitte le prix de ces inscriptions qu'au fur et à mesure des besoins qu'il en a pour subir ses examens.

118.

La demande en conversion des inscriptions d'École préparatoire en inscriptions de Faculté, doit être adressée directement au doyen de la Faculté.

L'élève qui sollicite cette conversion doit join-dre à l'appui de sa demande, indépendamment

---

(1) Ordonnance du 13 octobre 1840.
(2) Arrêté du 7 novembre 1820, art. 12.

de ses certificats d'inscription, une attestation qu'il a satisfait à l'examen de fin d'année, prescrit par l'art. 44.

L'équivalent des inscriptions prises dans une École secondaire (ou dans une École préparatoire, à partir de la neuvième) en inscriptions prises dans une Faculté s'établit ainsi :

Pour 1 inscript.,	0	Pour 13 inscript.,	8
2	—	1	14	—	9
3	—	2	15	—	10
4	—	2	16	—	10
5	—	3	17	—	11
6	—	4	18	—	12
7	—	4	19	—	12
8	—	5	20	—	13
9	—	6	21	—	14
10	—	6	22	—	14
11	—	7	23	—	15
12	—	8	24	—	16

119.

Etudiants étrangers, et valeur des études faites dans les universités étrangères,

Les études faites en pays étrangers sont assimilées aux études faites dans les Écoles secondaires de France, en supposant toutefois qu'elles ont eu lieu dans des universités connues, et où

il soit notoire qu'il existe une instruction médicale complète (1).

120.

Lorsque les certificats d'études dans une université étrangère sont présentés pour obtenir des
inscriptions en échange, la Faculté en déduit les
études des sciences élémentaires, dont la connaissance est exigée en France, pous l'admission aux baccalauréats ès lettres et ès sciences.
Il n'est ainsi alloué d'inscriptions que pour les
études purement médicales.

121.

Les candidats qui constateront, par certificats
authentiques, qu'ils ont obtenu, dans une université étrangère, des grades équivalents, pourront adresser une demande en dispense des diplômes de baccalauréats ès lettres et ès sciences,
à M. le ministre de l'instruction publique, qui
en décidera (2).

122.

Les docteurs en médecine ou en chirurgie,
reçus dans les Facultés étrangères, qui désirent
obtenir le même grade dans une des trois Facultés

---

(1) Délibération de la Faculté de Paris, du 28 février 1822.
(2) Arrêté universitaire du 24 juillet 1840.

de France, sont tenus de subir *toutes les épreuves* du doctorat, c'est-à-dire les cinq examens et la thèse. Ils devront préalablement adresser une demande au ministre de l'instruction publique, pour obtenir des inscriptions qui seront allouées dans la proportion des deux tiers du temps d'études faites dans les universités étrangères. Ainsi, pour obtenir les seize inscriptions équivalentes aux quatre années d'études exigées pour le doctorat, il faudra faire preuve, par certificats, de six années d'études dans ces universités. Les frais de réception sont de 1100 fr., à verser ainsi qu'il suit :

Lors du premier examen.	230 fr.
deuxième.	430
troisième.	215
quatrième.	30
cinquième.	30
de la thèse.	165
Total.	1100 fr.

123.

Les cours professés par les sociétés médicales ne peuvent suppléer, pour obtenir des inscriptions, à ceux des corps enseignants légalement établis (1).

---

(1) Décision de l'Université, du 18 septembre 1809.

124.

Les étudiants étrangers, qui, sans prendre d'inscriptions régulières, désirent obtenir des certificats d'étude des professeurs de la Faculté dont ils ont suivi les cours, doivent faire acte de présence, en donnant leur signature et leur adresse sur un registre déposé au secrétariat, dans les quinze *premiers* jours de chaque trimestre, savoir :

Du 1er au 15 janvier.
Du 1er au 15 avril.
Du 1er au 15 juillet.
Du 1er au 15 novembre.

Les certificats ne sont délivrés qu'aux étudiants étrangers qui ont rempli la formalité ci-dessus indiquée..

Une carte pour suivre les cours et être admis dans les hôpitaux leur est remise, lorsqu'ils font le premier acte de présence.

Cette carte ne donne pas le droit de disséquer dans les pavillons, où ne sont admis que les élèves payant inscription régulière.

125.

Médecins militaires.

Les médecins des armées de 2e et de 3e classe, dûment commissionnés, pourront faire valoir leur temps de service pour obtenir une réduction dans le prix de leurs inscriptions.

126.

Ces réductions sont établies de la manière suivante, et d'après le nombre des années de service (1).

Pour un an. — Les quatre premières inscriptions seront payées 25 fr., au lieu de 50. Réduction. . . . . 100 fr.

Pour deux ans. — Les inscriptions suivantes se payeront 20 fr., au lieu de 50. Réduction 120

Pour trois et quatre ans. — Les huit dernières inscriptions seront de 15 fr. La réduction sera de 280

Total des réductions. . . 500 fr.

127.

Les médecins militaires ayant quatre années de services reconnus n'auront donc plus que 600 fr. à payer pour la totalité de leurs études médicales. Cette somme sera répartie de la manière suivante :

Cinq examens à 87 fr.	435 fr.
Thèse.	65
Droit de sceau.	100
Total.	600 fr.

(1) Arrêté du 9 juin 1803, art. 27.

128.

Les élèves en médecine admis dans le service de santé militaire, soit comme chirurgiens élèves, soit comme chirurgiens sous-aides, obtiendront la concession gratuite de toutes leurs inscriptions et du droit de sceau (1).

129.

Les mêmes avantages sont accordés aux élèves qui auraient été admis dans le service de santé de la marine, comme chirurgiens de première, de deuxième ou de troisième classe.

Les élèves qui, à ce titre, auraient joui d'une gratuité quelconque, et qui donneraient leur démission, auraient à rembourser au trésor le montant des sommes qu'ils n'auraient pas payées (2).

130.

Après avoir pris un certain nombre d'inscriptions dans une Faculté, s'il arrive que l'élève soit employé à l'armée, il ne peut, à son retour, faire compter les inscriptions qui lui sont allouées gra-

---

(1) Ordonnances des 16 mai 1811, 27 octobre 1847, et décision ministérielle du 27 avril 1843.

(2) Ordonnances des 15 mai 1842, 27 octobre 1847, et décision ministérielle du 27 avril 1843.

tuitement pour ses services militaires, en tel
nombre qu'elles puissent être, que pour compléter celles qui lui manquaient avant son départ (1).

131.

Les études dans les hôpitaux d'instruction ou
dans ceux de la marine ne sont admises comme
études et converties en inscriptions de Faculté
qu'après avoir été préalablement reconnues par
le ministre de la guerre ou de la marine, et par
celui de l'instruction publique, qui en donnera
avis à la Faculté.

Le temps passé dans ces hôpitaux sera compté
pour le même temps dans les Facultés (2),

132.

Le service comme élève, ailleurs que dans les
hôpitaux d'instruction militaire ou de marine,
n'est point compté pour temps d'études ; seulement les jeunes gens tirés des corps, ou sujets
au recrutement, appelés au service de santé des
armées, sont dégagés de tout service militaire s'ils
sont licenciés, savoir : les premiers, après quatre
ans, et les autres, après cinq ans d'exercice.

---

(1) Décision du ministre de l'instruction publique, du 8
août 1826.
(2) Arrêté du 9 juin 1803.

Ceux qui n'ont pas fait ce temps, ou qui donnent leur démission, rentrent dans la position où ils étaient avant de passer au service de santé (1).

133.

Lorsqu'un médecin militaire désire réclamer les inscriptions auxquelles lui donnent droit ses services, il doit préalablement demander au ministre de la guerre un état de ses services, et l'adresser ensuite directement au ministre de l'instruction publique, en sollicitant l'allocation des inscriptions auxquelles il a droit.

134.

Le médecin militaire inscrit pour subir ses examens a droit de les subir hors tour et avant les autres candidats; il doit, s'il désire user de cette prérogative, indiquer en marge du registre d'inscription sa qualité de médecin militaire.

135.

Cours.

Dix-huit cours sur les matières suivantes comprennent toutes les études médicales (2) :

1° Anatomie.

2° Anatomie pathologique.

***

(1) Décret du juillet 1810.
(2) Ordonnance du 2 février 1823, art. 19.

5.

3° Physiologie.

4° Chimie médicale.

5° Chimie organique et pharmacie.

6° Physique médicale.

7° Histoire naturelle médicale.

8° Opérations et appareils.

9° Pathologie chirurgicale.

10° Pathologie médicale.

11° Pathologie générale.

12° Hygiène.

13° Thérapeutique et matière médicale,

14° Médecine légale.

15° Accouchements , maladies des femmes en couches et des enfants nouveau-nés.

16° Cliniques médicales.

17° Cliniques chirurgicales.

18° Cliniques d'accouchements.

136.

Les cours sont distribués ainsi qu'il suit (1) :

1re ANNÉE...

Hiver... { Anatomie et dissections / Chimie médicale.

Été. ... { Physique médicale. / Histoire naturelle médicale. / Pharmacie et chimie organique. / Physiologie. / Visite dans les hôpitaux pour se familiariser avec les objets qui sont du ressort de la petite chirurgie.

(1) Arrêté du 26 septembre 1837.

2ᵉ ANNÉE..	*Hiver..*	Anatomie et dissections. Pathologie générale. Pathologie et clinique externes.
	Été....	Physiologie. Pathologie et clinique externes. Pathologie interne.
3ᵉ ANNÉE..	*Hiver..*	Dissections. Pathologie et clinique externes. Pathologie interne.
	Été....	Pathologie externe. Pathologie et clinique internes. Médecine opératoire. Accouchements.
4ᵉ ANNÉE..	*Hiver..*	Pathologie et clinique internes. Clinique d'accouchements. Médecine légale. Clinique interne.
	Été....	Clinique d'accouchements. Anatomie pathologique. Matière médicale et thérapeutique. Hygiène.

137.

Les cours doivent être suivis dans l'ordre prescrit, sans interruption, à moins d'excuses jugées valables par le chef de l'École (1).

138.

ÉCOLE PRATIQUE.

Examens, concours.

Indépendamment de l'instruction générale qui

---

(1) Arrêté du conseil de l'Université, du 7 novembre 1820, art. 9.

se donne dans les grands amphithéâtres de la Faculté, il est institué dans les amphithéâtres particuliers de l'École, pour toutes les parties de l'enseignement qui en sont susceptibles, des démonstrations et exercices particuliers auxquels participe l'élite des étudiants.

L'École pratique est une de ces institutions.

139.

Les élèves qui en font partie n'y sont admis que par voie de concours. Ils sont distribués en trois classes, dans chacune desquelles ils doivent passer successivement une année.

140.

Leur nombre total est de cent cinquante à la Faculté de Paris, de soixante à celle de Montpellier, et de quarante-cinq à celle de Strasbourg. Chacune des trois classes de l'École pratique contient donc le tiers de ce nombre total d'étudiants.

141.

A la fin de chaque année scolaire, les élèves de première année deviennent élèves de deuxième année; ceux de deuxième, élèves de troisième, et ceux de la troisième, qui cessent naturellement de faire partie de l'École, sont remplacés par cinquante nouveaux qui composent la section dés élèves de première année.

142.

C'est au mois de novembre qu'a lieu le concours d'admission à cette première section, ainsi que celui qui a pour objet de pourvoir aux places vacantes dans les deuxième et troisième classes.

143.

Ne peuvent être admis au concours, pour la section des élèves de première année, que les élèves inscrits légalement à la Faculté et n'ayant pas plus de huit inscriptions.

144.

Ne peuvent être admis au concours, pour les places accidentellement vacantes parmi les élèves de deuxième année, que les élèves n'ayant pas plus de douze inscriptions.

145.

Peuvent être admis au concours, pour les places accidentellement vacantes parmi les élèves de troisième année, tous les élèves inscrits sans exception. Le titre de docteur est seul une cause d'exclusion.

146.

Les épreuves du concours consistent : 1° en une réponse par écrit à une question qui sera la même pour tous les concurrents ; 2° en un examen auquel le concurrent répondra verbalement.

147.

La question à traiter par écrit et celles auxquelles le concurrent répondra verbalement dans l'examen sont choisies :

Pour les *élèves* de *première année*, dans les sciences médicales qui doivent être étudiées pendant le cours des quatre premières inscriptions ;

Pour ceux de *deuxième année*, dans les sciences médicales qui doivent être étudiées pendant le cours des huit premières inscriptions ;

Pour ceux de *troisième année*, dans les sciences médicales qui doivent être étudiées pendant le cours des douze premières inscriptions.

148.

Le titre d'élève de l'École pratique, une fois perdu, ne peut plus être recouvré.

149.

Tout élève de l'École pratique, pendant tout le

temps qu'il en fera partie, conservera, pour les dissections, les mêmes avantages dont il jouit maintenant dans les pavillons ; il sera exercé aux manipulations chimiques, recevra des cartes d'entrée à ceux des cours des agrégés qui se font dans les bâtiments dépendant de la Faculté, aux cours des prosecteurs, aides d'anatomie et des aides de clinique.

150.

Les concours à la suite desquels a lieu le passage d'une section dans l'autre se font devant un jury spécial nommé par la Faculté.

151.

Les épreuves de ces concours consistent :

1° En une question écrite sur une ou plusieurs des sciences médicales ;

2° En une question sur le même sujet, à laquelle il sera répondu verbalement.

152.

Ces questions seront prises, pour les élèves de la première classe, dans le programme des cours de la première année, et pour les élèves de la deuxième classe, dans celui des cours de la première et de la deuxième année.

153.

Tout élève appartenant à l'une de ces deux sections qui ne se sera pas présenté aux examens dont il s'agit, ou qui n'y aura pas satisfait, cessera de faire partie de l'École pratique.

154.

A ces examens, qui ont pour objet de s'assurer que les élèves ont suffisamment mis à profit les leçons de l'École, en succèdent d'autres qui ont pour objet de récompenser les efforts des plus méritants.

Ces examens où concours sont ceux qui ont lieu pour l'obtention des prix que la Faculté décerne, tous les ans, dans sa séance solennelle de rentrée.

155.

Prix.

Tous les élèves de troisième année, quand même ils seraient déjà reçus docteurs, sont tenus de se présenter au concours pour les prix, sous peine de perdre les avantages attachés à leur titre.

156.

Les élèves de première et de deuxième année

qui voudraient s'y présenter pourront également y être admis.

157.

Les bases de ce concours ont été arrêtées ainsi qu'il suit par M. le ministre de l'instruction publique.

Extrait de l'Arrêté du 3 avril 1840.

Art. 5. — Le concours aura pour objet toutes les parties de l'enseignement médical dans les Facultés de médecine.

Il y aura trois ordres d'épreuves :

1° Une réponse par écrit à une question qui sera la même pour tous les concurrents ;

2° Une réponse verbale, après un quart d'heure de préparation, à une question qui, autant que possible, sera aussi la même pour tous les concurrents ;

3° Des réponses verbales à une série de questions qui seront nécessairement les mêmes pour tous les concurrents.

Art. 6. — Les sujets des deux premières épreuves, porteront spécialement ou sur l'anatomie et la physiologie, ou sur la pathologie externe et les opérations, ou sur la pathologie interne ; mais elles se rattacheront en même temps, et le plus possible, aux autres parties de la science médicale.

Les concurrents devront traiter chaque question sous ses différents point de vue.

Art. 7. — Les questions, pour la troisième épreuve, seront au nombre de six, et porteront :

6

La première, sur la physique et la chimie médi-cale ;

La deuxième, sur l'histoire naturelle médicale et la pharmacologie ;

La troisième, sur l'anatomie et la physiologie ;

La quatrième, sur la pathologie externe, la clinique externe, et les opérations ;

La cinquième, sur la pathologie interne, la clinique interne et la thérapeutique ;

La sixième, sur l'hygiène, la médecine légale et les accouchements.

Art. 8. — Les deux premières épreuves seront soutenues par tous les concurrents.

Ceux d'entre eux que le jury aura jugés les plus capables (et ce dernier nombre sera au moins du tiers de celui des candidats) subiront seuls la troisième épreuve.

Art. 9. — Le jury chargé de prononcer sur le mérite des épreuves se composera de cinq membres, désignés chaque année parmi les professeurs de la Faculté.

Art. 10. — Le nombre des prix est fixé ainsi qu'il suit :

Faculté de médecine de Paris, un premier grand prix, deux autres premiers prix, et trois seconds prix.

Faculté de médecine de Montpellier, un premier prix et deux seconds prix.

Faculté de médecine de Strasbourg, un premier prix et deux seconds prix.

Des mentions honorables pourront en outre être accordées d'après le nombre des concurrents.

Art. 11 — Le premier grand prix de la Faculté de Paris, et les premiers prix dans les deux autres Facultés, donneront droit à la remise des frais des quatre dernières inscriptions et à la gratuité complète des examens, de la thèse et du diplôme, montant ensemble à la somme de 500fr. ; plus à une médaille d'or de la valeur de 300 f., et à des livres, pour 100 f.—Total, 900 fr.

Les deux autres premiers prix, à la Faculté de Paris, donneront droit à la remise des frais d'examen, de thèse et de diplôme, montant à 315 fr. ; plus à une médaille d'argent et des livres, d'une valeur de 200 fr. — Total, 515 fr.

Chaque second prix donnera droit à la remise des frais de diplôme, montant à 100 fr. ; plus à une médaille d'argent et des livres, d'une valeur de 150 fr. — Total, 250 fr.

Art. 12. — Les prix et mentions honorables seront proclamés chaque année dans la séance solennelle de rentrée.

Un rapport spécial sera fait sur le mérite du concours.

La liste des candidats qui ont obtenu des prix ou mentions honorables sera transmise avec le rapport à M. le ministre de l'instruction publique.

158.

Les élèves lauréats d'une Faculté ne peuvent concourir pour les prix dans une autre Faculté.

159.

Dissections dans les amphithéâtres de la Faculté.

Les élèves de l'École pratique ne sont pas seuls admis à prendre part aux dissections ; tous les élèves de la Faculté de Paris, qui en témoignent le désir, participent aux démonstrations et aux travaux anatomiques particuliers de l'École.

160.

Autrefois les cadavres étaient vendus aux élèves, et, suivant que les sujets étaient entiers ou injectés, et plus ou moins morcelés par des opérations préalables, leur prix était de 10, de 7 ou de 5 francs, prix qui plus tard fut réduit par le doyen de la Faculté à 7, 5, et 3 francs. Ce système a été remplacé par celui qui est actuellement en vigueur.

161.

Le prix d'admission dans les pavillons de dissection est de 30 francs par an. Moyennant cette somme, les élèves reçoivent tous les cadavres nécessaires à leurs études.

162.

Les dissections ont lieu dans les pavillons tous les jours, excepté les dimanches, depuis midi jusqu'à trois heures.

163.

Elles sont dirigées par un aide d'anatomie, qui doit séjourner dans les pavillons pendant toute leur durée, et dont la mission consiste à répondre aux questions qui lui sont adressées par les étudiants, à distribuer le travail du jour, à indiquer à chaque série d'élèves les préceptes propres à les guider et à leur rendre l'étude profitable.

164.

A trois heures, les aidés font dans les pavillons une leçon d'une heure sur un sujet d'anatomie ; ces leçons sont coordonnées de manière que le cours d'anatomie puisse être fait complétement dans le courant de l'hiver (1).

165.

Manipulations chimiques.

Les élèves de la Faculté de Paris sont exercés aux manipulations chimiques, pendant toute la durée du semestre d'été.

166.

Ceux qui désirent prendre part à ces manipulations n'ont d'autres formalités à remplir que de se faire inscrire au secrétariat, dans les premiers jours d'avril. Les élèves sont classés par séries, en nombre égal à celui que peut contenir le labora-

---

(1) Arrêté de la Faculté de médecine de Paris, du 28 novembre 1845.

toire particulier où se font les opérations, auxquelles ils prennent tous part à tour de rôle.

167.

Les manipulations sont confiées aux soins et à
la vigilance des aides de chimie, sous la direction du préparateur en chef.

168.

Les élèves qui n'ont pas subi le premier examen du doctorat sont seuls admis à ces travaux.

169.

Herborisations.

Indépendamment des connaissances théoriques
qui sont données sur l'histoire naturelle des
plantes médicinales dans l'amphithéâtre, et de
l'application que les élèves peuvent faire de ces
connaissances dans le jardin botanique des Facultés, des herborisations sont faites, pendant
le semestre d'été, sous la direction du professeur
de botanique.

170.

Les herborisations ont principalement pour
objet l'étude de la flore médicale dans les environs du chef-lieu. Le professeur y fait l'application pratique de la plupart des faits exposés ou
démontrés dans les leçons qui les précèdent.

171.

EXAMENS POUR LE DOCTORAT.

Ces examens sont au nombre de cinq. Les matières sont distribuées ainsi qu'il suit :

1er EXAMEN. . .	Anatomie et physiologie, avec une épreuve de dissection.
2e — . . .	Pathologie interne et externe, avec opérations.
3e — . . .	Histoire naturelle médicale.—Physique médicale. — Chimie médicale et pharmacie.
4e — . . .	Hygiène. — Médecine légale.— Matière médicale et thérapeutique.
5e — . . .	Clinique interne. — Clinique externe. — Accouchements (1).

172.

Les élèves qui ont commencé l'étude de la médecine au 1er novembre 1846 ne sont appelés à subir ces examens qu'après la prise des seize inscriptions (2). Ceux dont les études sont antérieures subissent le premier après la prise des quatre premières inscriptions ; le second, après la douzième ; le troisième, après la seizième inscription.

173.

Le prix de chacun de ces examens est de 30 francs.

---

(1) Arrêté du ministre de l'Instruction publique, du 7 septembre 1846.

(2) *Idem.*

174.

Les consignations en sont reçues au secrétariat les lundi, mercredi et vendredi de chaque
semaine, de dix heures à midi; si des nécessités
de service forcent à changer les heures, les étudiants en sont informés par des affiches particulières.

175.

En inscrivant sa consignation, le candidat est
tenu de signer une déclaration constatant qu'il
ne s'est pas déjà présenté pour subir le même examen dans une autre Faculté, et qu'il n'y a pas été
ajourné (1).

176.

L'ordre d'inscription sur le registre des consignations détermine l'ordre dans lequel les élèves
sont appelés à l'examen, ils y sont ensuite classés
en série par ordre alphabétique (2).

177.

A chaque examen, les candidats sont interrogés l'un après l'autre pendant trois quarts d'heure.
Ils sont au nombre de trois, excepté au deuxième

(1) Arrêté du ministre de l'instruction publique, du 23 février 1844.
(2) Décision de la Faculté de Paris, du 16 juin 1826.

et cinquième examens, où il n'y a que deux candidats.

Chacun des juges examine pendant un quart d'heure (1).

178.

Le candidat qui, sans un motif jugé valable par la Faculté, ne se présente pas à l'examen pour lequel il a été appelé, dans son ordre de consignation, est ajourné à trois mois pour subir ce même examen (2).

179.

Les séries d'examens se composent de deux professeurs ; la présidence appartient à chacun des professeurs, à tour de rôle (3).

180.

Les examens commencent à une heure, et durent jusqu'à trois heures un quart (4).

181.

Au *premier* examen, *anatomie* et *physiologie*, le candidat fait sur le cadavre, dans les salles de

---

(1) Arrêté du 26 septembre 1837.
(2) Décision de la Faculté de Paris, du 12 août 1825.
(3) Arrêté du 9 juin 1803, art. 13 et 16, et du 12 avril 1823, art. 3.
(4) Décision de la Faculté de Paris, du 5 novembre 1812.

dissection, une préparation anatomique qui lui est désignée le matin, à huit heures. A l'examen, à une heure, il répond aux questions anatomiques et physiologiques relatives à sa préparation, et démontre sur le squelette les parties d'ostéologie (1).

182.

Au *deuxième* examen, *pathologie interne* et *externe*, indépendamment des réponses aux questions sur ces matières, l'élève subit une épreuve de médecine opératoire.

L'examen dont cette épreuve fait partie dure deux heures, deux candidats seulement y prennent part à la fois (2).

183.

Au *troisième* examen, *histoire naturelle, physique, chimie* et *pharmacie*, le candidat répond démonstrativement aux questions qui lui sont adressées sur les substances chimiques et les plantes médicinales (3).

184.

Au *quatrième* examen, *hygiène, médecine légale, matière médicale* et *thérapeutique*, le

---

(1) Loi du 10 mars 1803, art. 8 et 9. — Instruction du 10 juillet 1811. — Arrêté du 7 juin 1813, art 6.
(2) Arrêté du 26 août 1842.
(3) Arrêté du 9 juin 1803, art. 2.

candidat rédige une formule de rapport sur un sujet indiqué (1).

La question écrite de médecine légale est traitée séance tenante (2).

185.

Les épreuves du *cinquième* examen (clinique) consistent : 1° en une composition en latin sur une question médicale ou chirurgicale, dont le sujet est tiré au sort par les candidats, qui se rendent, à cet effet, à l'École, dès huit heures du matin ;

· 2° En une visite d'un ou de plusieurs malades dans l'une des cliniques de la Faculté, à la suite de laquelle les candidats subissent un examen oral en français, dans lequel ils font connaître le diagnostic qu'ils auront porté et le traitement qu'ils auront jugé convenable d'adopter (3).

186.

A l'examen de clinique des aspirants au doctorat *en médecine*, il est proposé une série de questions plus nombreuses pour la médecine pratique, et seulement quelques questions chirurgicales. L'examen des aspirants au doctorat *en chirurgie* porte plus particulièrement sur des ques-

(1) Arrêté du 9 juin 1803, art. 12.
(2) Décision de la Faculté de Paris, du 21 avril 1826.
(3) Arrêté du 26 août 1834.

tions de chirurgie pratique : le candidat exécute
d'ailleurs les opérations relatives aux maladies
soit des parties molles ou des parties dures, sur
lesquelles il est interrogé ; il a aussi à répondre
à des questions de clinique interne (1).

187.

Les examinateurs procèdent au scrutin. Lorsque le jugement est porté, et aussitôt après l'acte,
ils en rédigent le rapport, qui est signé de chacun d'eux. L'École délibère sur son contenu, et
prononce l'admission ou le rejet du candidat (2).

L'élève qui a suivi un examen ne peut être
admis à se présenter au suivant, qu'après la sanction, par la Faculté, du rapport sur l'examen
subi.

188.

Les décisions des jurys d'examen ne sont ab-
solues qu'après avoir été sanctionnées par la Faculté ; lorsque le rapport en a été fait et approuvé,
elles sont rendues publiques par une affiche ma-
nuscrite ostensiblement placée dans les bureaux,
et alors il n'est plus admis de réclamation pour
aucun motif (3).

Les assemblées périodiques de la Faculté aux-

---

(1) Arrêté du 9 juin 1803, art 10.
(2) Arrêté du 9 juin 1803, art. 18.
(3) Décision de la Faculté de Paris, du 22 mars 1833.

quelles sont soumises les décisions des jurys
d'examen se tiennent le jeudi, à trois heures,
de quinze en quinze jours.

189.

Si, à la suite du jugement porté sur un examen,
il est imposé à un élève l'obligation de suivre
de nouveau des cours ou cliniques, on doit toujours entendre que ce sont les cours ou cliniques
de la Faculté ; qu'il ne peut y être suppléé par
des études faites ailleurs, à moins d'une autorisation spéciale, et que les certificats d'assiduité
à ces leçons de clinique doivent être signés par
les professeurs (1).

190.

Ajournement aux examens.

Les jurys d'examen et de thèse peuvent, s'ils
le jugent convenable, d'après le résultat des
épreuves, imposer aux candidats un ajournement
dont la durée ne peut être moindre de trois mois,
ni excéder un an (2).

191.

Tout candidat ajourné à un examen, après le

(1) Décision de la Faculté de Paris, du 12 févri r 1818.
(2) Arrêté du 26 septembre 1837.

31 mai, ne peut se représenter à cet examen avant le mois de novembre suivant (1).

L'élève ajourné à un examen ne peut, sans une autorisation spéciale du ministre, se présenter devant une autre Faculté pour subir le même examen.

192.

Pour l'exécution de cette mesure, les élèves, en consignant pour un examen, sont obligés de déclarer par écrit qu'ils ne se sont pas déjà présentés à la même épreuve devant une autre Faculté et qu'ils n'ont pas été ajournés (2).

193.

Tout élève qui repasse un examen doit acquitter de nouveau le droit de présence des examinateurs.

194.

Si le candidat ne subit pas l'examen pour lequel il a consigné, la somme des droits de présence lui est restituée, à savoir : 30 fr. s'il s'agit de l'un des cinq premiers examens, et 65 fr. si c'est la thèse. Le surplus, qu'il aurait versé comme complément des droits d'inscriptions, ne lui serait pas remboursé, et resterait à la caisse,

---

(1) Arrêté du 27 octobre 1839.
(2) Arrêté du 23 février 1841.

à titre de frais des études qu'il n'avait pas acquittés, et dont il restait redevable (1).

195.

THÈSE.

Depuis le 1er juin 1842, les thèses consistent :

1° En une dissertation imprimée, dont le sujet
a été choisi par le candidat soit sur les propres
observations médicales ou chirurgicales qu'il a
faites, soit dans une série de questions spéciales,
que la Faculté a rédigées à cet effet ;

2° En une argumentation verbale sur le sujet
même de la dissertation précitée, et sur d'autres
sujets, au nombre de quatorze, correspondant
aux diverses matières de l'enseignement de la
Faculté, et qui, après avoir été tirés au sort par
le candidat sur une deuxième série de questions, sont transcrits sans développement à la
suite de la dissertation imprimée (2).

196.

Le sujet de la thèse et les questions orales
qui l'accompagnent doivent être indiqués et
choisis par l'élève après la prise de la douzième
inscription ; le secrétaire de la Faculté, auquel
il en fait la déclaration, inscrit le titre de ce

---

(1) Arrêté du 14 octobre 1826, art. 15.
(2) Arrêté du 22 mars 1842.

sujet, *ne varietur,* sur une feuille que l'élève doit présenter à l'imprimeur avec son manuscrit.

197.

Après avoir témoigné, par la déclaration sur un registre, de l'intention de soutenir sa thèse, le candidat en dépose le manuscrit au secrétariat. D'après le sujet de la dissertation, le doyen désigne l'un des professeurs pour présider cette thèse. Le président examine le manuscrit et devient ainsi garant des opinions émises, en ce qui concerne la religion, l'ordre public et les mœurs (1).

198.

En consignant, pour la thèse, les 65 fr. qui complètent les 1,000 fr., prix total des études, le candidat acquitte également le droit de sceau du diplôme, qui est de 100 fr. (2).

199.

Le professeur chargé de l'examen préalable de la thèse fait un rapport dans lequel il exprime son opinion : si le contexte lui paraît propre à former la matière du 6e examen, le manus-

---

(1) Arrêté du 9 juin 1803, art. 9, et du 12 avril 1823, art. 6.
— Décision de la Faculté de Paris, du 18 mars 1809, art. 1.
(2) Arrêtés du 16 avril et du 23 novembre 1823.

crit est envoyé à l'impression ; dans le cas d'improbation, la Faculté en délibère et prononce (1).

200.

Le président d'une thèse en surveille l'impression, et le tirage ne peut s'en effectuer que d'a-
près son *visa* approbateur (2).

201.

Si une thèse répandue dans le public n'était
pas conforme au manuscrit soumis à l'examen du
président, ou si l'impression en était faite avant
que le manuscrit eût été revêtu de sa signature,
elle serait censée non avenue : l'épreuve, eût-elle
été subie par le candidat, deviendrait nulle par ce
fait seul ; le diplôme ne lui serait pas délivré ou
serait annulé, et il ne serait admis à soutenir une
nouvelle thèse que sur une autre matière, après
un délai fixé par l'Université, sans préjudice des
autres peines académiques qui pourraient être encourues à raison des principes contenus dans la
thèse imprimée ou répandue en contravention aux
règlements (3).

Pour obvier à ces inconvénients, les manuscrits de thèse doivent maintenant être revêtus

---

(1) Règlement du 17 février 1819, art. 11. — Arrêtés du 4
novembre 1815 et du 29 juin 1824.

(2) Arrêté du 9 juin 1803.

(3) Arrêté universitaire du 12 avril 1823, art. 7.

de l'approbation du recteur, indépendamment de celle du président.

202.

Le frontispice de la thèse doit exprimer si le candidat aspire au doctorat en médecine ou en chirurgie (1); il n'y peut prendre le titre de docteur, puisque sa réception n'est pas encore accomplie (2).

203.

La dédicace d'une thèse, si elle n'est faite à un parent, doit être autorisée par la personne à qui elle s'adresse, sous l'approbation de la Faculté (3).

204.

Il n'est point fixé de limites aux dissertations inaugurales.

205.

. Les opinions émises dans les dissertations sont propres aux candidats ; la Faculté n'entend leur donner aucune approbation ni improbation (4).

206.

La Faculté de Paris a réduit à *cent* exemplaires

---

(1) Décision de la Faculté de Paris, du 9 février 1815.
(2) *Idem*, du 30 décembre 1813.
(3) Décision de la Faculté de Paris, du 26 décembre 1818.
(4) Délibération de l'École, du 9 décembre 1798.

le nombre des thèses que doit déposer le candidat, et qui précédemment était fixé à cent quarante.

Voici comment la répartition en est faite :

Université	2
Recteur	1
Professeurs	26
Collections reliées	26
Agrégés en exercice	24
Professeurs examinateurs	2
Agrégés *idem*	2
Faculté de Montpellier	1
Idem de Strasbourg	1
Académie de médecine	1
Bibliothèque nationale	1
Bibliothèque de la Faculté	4
Bibliothèque d'Abou-Zabel (Égypte)	1
Conservateur des cabinets	1
Idem adjoint	1
Bibliothécaire	1
Idem adjoints	2
Chef des travaux anatomiques	1
Premier préparateur de chimie	1
Secrétaire de la Faculté	1
	100

207.

Afin qu'il y ait régularité dans la livraison des exemplaires de thèses qui doivent lui être fournis, et pour s'assurer une garantie contre l'inexécution des règlements, la Faculté de Paris a désigné M. Rignoux, rue Monsieur-le-Prince, 31, pour l'imprimeur avec lequel ses bureaux seront en rapport.

Les thèses s'impriment sur papier carré vergé, format in-4°, grande justification, caractère cicéro (n° 11) interligné, 33 lignes à la page.

Le prix de chaque feuille, *sans notes,* est de 15 fr. le premier cent, composition, tirage et papier compris, et de 3 fr. 75 le second cent.

Le prix de chaque feuille, *avec notes,* est de 15 fr. 50 le premier cent, et de 3 fr. 75 le second cent.

Les changements faits par le candidat ou le président de thèse, et les remaniements qui peuvent en résulter, sont payés à part.

Toutes les corrections typographiques sont à la charge de l'imprimeur.

208.

Depuis le 1er novembre 1837, il y a seulement quatre examinateurs à la thèse, y compris le président, savoir : deux professeurs et deux agrégés. Le président interroge comme les autres juges, et il a voix prépondérante en cas d'égalité des suffrages (1).

(1) Arrêté du 26 septembre 1837.

Lorsqu'un candidat se présente pour soutenir sa thèse, après avoir subi les cinq examens dans l'une des deux autres Facultés, le président de l'acte et les examinateurs reçoivent information de cette circonstance, pour être en mesure de s'assurer, par des questions sur toutes les parties des sciences médicales, même hors des sujets qu'il doit traiter, que l'instruction du récipiendaire le rend apte à exercer salutairement la médecine (1).

209.

Le récipiendaire doit 3 fr. au garçon du vestiaire, pour la location de la robe de réception (2).

210.

Tout certificat d'aptitude délivré par une Faculté doit, avant d'être converti en diplôme, être approuvé par le recteur, et la formule de cette approbation porte sur la conduite de l'impétrant aussi bien que sur sa capacité ; le recteur a donc le droit de la refuser à ceux qui ne la méritent pas (3).

211.

Le diplôme est délivré par le grand-maître de

---

(1) Décision de la Faculté de Paris, du 9 avril 1824.
(2) Décision de la Faculté de Paris, du 18 mars 1849, article 10.
(3) Circulaire de l'Université, du 15 avril 1820.

l'Université; il peut en suspendre la remise, en déférant cet acte au Conseil d'État; il peut aussi faire recommencer les examens (1).

212.

Celui qui a obtenu le grade de docteur en médecine ou en chirurgie, dans l'une des trois Facultés, n'est pas plus admis à doubler son titre dans la même Faculté que dans les deux autres.

213.

Le docteur en médecine qui veut obtenir le grade de *docteur en chirurgie*, ou le docteur en chirurgie qui veut acquérir le titre de *docteur en médecine*, n'est tenu qu'à subir un nouveau cinquième examen, et à soutenir une nouvelle thèse sur un sujet chirurgical ou de médecine (2). Les frais sont de 100 fr. pour le cinquième examen, 120 fr. pour la thèse, et 100 fr. pour le droit de sceau du diplôme : total, 320 fr. (3).

Il n'est pas admis à subir le cinquième examen pour le doctorat en chirurgie, avant d'avoir soutenu sa thèse en médecine, et *vice versa*.

214.

Les examinateurs sont informés de la spécialité, dans la lettre qui les convoque (4).

(1) Décret du 17 mars 1808, art. 56.
(2) Décision universitaire du 30 juin 1809.
(3) Arrêté de l'Université du 14 octobre 1826.
(4) Décision de la Faculté de Paris, du 16 juin 1826.

215.

Le diplôme n'est délivré qu'après que l'impétrant a apposé sa signature sur le titre, et qu'il en a porté le récépissé sur un registre (1).

216.

Le diplôme, s'il n'est pas remis au docteur en personne, est envoyé au ministère de l'instruction publique, pour être transmis à l'autorité académique du lieu, laquelle est chargée de le remettre au récipiendaire.

217.

Bibliothèque.

La bibliothèque de la Faculté de médecine de Paris est ouverte aux élèves, de onze heures du matin à trois heures, tous les jours, le jeudi et le dimanche exceptés, et de sept à dix heures du soir.

On ne peut entrer à la bibliothèque avec des livres ou avec des cahiers reliés.

.:.. ..:un attend en silence son tour de distribution. Personne n'est autorisé à toucher au catalogue, en volume ou mobile.

Il est défendu de monter aux échelles, de parler haut, de se promener dans les salles.

Avant de sortir, l'élève doit avoir le soin de

---

(1) Arrêté de l'Université du 15 septembre 1821, et circulaire du 5 février 1822.

remettre sur la table placée devant le bureau
des bibliothécaires le livre qui lui a été confié (1).

218.

Muséum.

Le muséum consiste en une collection très-
précieuse et très-riche de pièces d'anatomie soigneusement préparées, d'instruments de chirurgie et de physique, et d'objets d'histoire naturelle
médicale.

Le muséum est ouvert, pour les élèves, tous
les jours, excepté le dimanche, de onze heures du
matin à trois.

Le public n'y est plus admis.

Des cartes d'entrée sont délivrées, par le secrétaire de la Faculté, aux personnes de la science
étrangères à la Faculté.

219.

OFFICIERS DE SANTÉ.

Les officiers de santé sont des médecins de second ordre. Leurs droits dans la pratique chirurgicale sont limités par des lois, ainsi qu'on
le verra dans la troisième partie de ce Code;
leur scolarité diffère également beaucoup de celle
des aspirants au doctorat.

---

(1) Décision de la Faculté de Paris, du 15 octobre 1821.

220.

Les jeunes gens qui se destinent à devenir officiers de santé ne sont pas obligés d'étudier dans des Facultés de médecine; ils pourront se faire recevoir après avoir été attachés, pendant six années, comme élèves, à des docteurs, ou après avoir suivi, pendant cinq années consécutives, la pratique des hôpitaux civils ou militaires. Une étude de trois années consécutives dans les Facultés leur tiendra lieu de la résidence de six années sous les docteurs, ou de cinq années dans les hospices (1).

221.

Ils peuvent encore se faire recevoir en justifiant de quatorze trimestres d'études dans une École préparatoire (2).

222.

Les inscriptions prises dans une Faculté, à titre d'officier de santé, ne coûtent que 30 fr. Il faut être bachelier ès lettres pour pouvoir les prendre (3). Ce diplôme sera remplacé par celui

---

(1) Art. 15 de la loi du 19 ventôse an XI.

(2) Art. 29 de l'arrêté du 9 juin 1803, modifié par l'ordonnance royale du 9 avril 1836.

(3) *Idem.*

7

de bachelier ès sciences, à partir du 1er novembre 1854.

223.

Pour prouver la nature et l'authenticité de leurs études, les aspirants au titre d'officier de santé devront faire les justifications suivantes, prescrites par arrêté du ministre de l'instruction publique, du 21 août 1847.

Art. 1er. — Les aspirants au titre d'officier de santé, qui étudient dans les Facultés de médecine ou dans les Écoles préparatoires, justifieront, comme par le passé, de ce temps d'études, par leurs certificats d'inscription.

Art. 2. — A l'égard des autres candidats, les certificats qu'ils ont à produire devront être revêtus de l'attestation du maire de la commune qu'habite le docteur auquel ils sont attachés, ou à laquelle appartient l'hôpital dont ils suivent la pratique.

Art. 3. — A cet effet, il sera ouvert, à dater de ce jour, dans chacune des mairies de Paris et des arrondissements de Sceaux et de Saint-Denis, un registre spécial pour l'inscription de ces candidats âgés de seize ans, dans les quinze premiers jours de chaque trimestre, tant que durera leur stage dans un hôpital ou près d'un docteur. Ce délai est prorogé, pour la première inscription, jusqu'au 30 novembre courant.

Art. 4. — Au moyen de ces inscriptions trimestrielles, MM. les maires auront à déclarer sincères et véritables les certificats délivrés aux candidats, et à constater que pendant la durée du stage ces derniers ont résidé dans la commune.

Art. 5. — Toutefois, en ce qui concerne les années de stage antérieures au 1er octobre 1847, l'attestation de MM. les maires pourra être donnée sur la déclaration de deux témoins.

Art. 6. — Les dispositions ci-dessus énoncées, ne sont pas applicables aux candidats qui ont déjà subi un ou plusieurs examens devant les jurys médicaux pour l'obtention du titre d'officier de santé.

224.

JURYS MÉDICAUX.

Tous les ans, dans les mois de septembre et d'octobre, il s'assemble un jury médical au chef-lieu de chacun des départements où cinq candidats au moins ont manifesté au préfet leur intention de se faire recevoir officiers de santé (1).

225.

A Paris, Montpellier et Strasbourg, départements de la Seine, de l'Hérault et du Bas-Rhin, le jury se compose de trois des professeurs de la Faculté siégeant dans ces villes (2).

226.

Dans les autres chefs-lieux de préfecture, le jury se compose de deux docteurs domiciliés dans le département, présidés par un professeur

---

(1) Arrêté du 9 juin 1803, art. 36 et 37.
(2) *Idem*, art. 25.

de Faculté et deux pharmaciens pour l'examen des candidats à ce titre (1).

227.

Les départements sont répartis en circonscriptions de Facultés, séparés en deux divisions pour chaque Faculté.

228.

Faculté de Paris.

Deux professeurs de la Faculté président alternativement, chaque année, les deux circonscriptions du ressort, réparties ainsi qu'il suit :

1re CIRCONSCRIPTION.	2e CIRCONSCRIPTION.
17 départements.	*15 départements.*
Calvados.	Aisne.
Côtes-du-Nord.	Aube.
Eure.	Cher.
Eure-et-Loir.	Indre.
Finistère.	Indre-et-Loire.
Ille-et-Vilaine.	Loir-et-Cher.
Loire-Inférieure.	Loiret.
Maine-et-Loire.	Marne.
Manche.	Nièvre.
Mayenne.	Nord.
Morbihan.	Pas-de-Calais.
Oise.	Seine-et-Marne.
Orne.	Somme.
Sarthe.	Vienne.
Seine-et-Oise.	Yonne.
Seine-Inférieure.	
Vendée.	

(1) Arrêté du 9 juin 1803, art. 34 et 35.

220.

Circonscription du ressort de la Faculté de Montpellier.

1re DIVISION. 14 départements.	2e DIVISION. 22 départements.
Ariège.	Allier.
Aude.	Alpes (Basses-).
Aveyron.	Alpes (Hautes-).
Charente-Inférieure.	Ardèche.
Gers.	Bouches-du-Rhône.
Gironde.	Cantal.
Landes.	Charente.
Lot.	Corrèze.
Lot-et-Garonne.	Corse.
Pyrénées (Basses-).	Creuse.
Pyrénées (Hautes-).	Dordogne.
Pyrénées-Orientales.	Drôme.
Sèvres (Deux-).	Gard.
Taro.	Garonne (Haute).
	Isère.
	Loire (Haute-).
	Lozère.
	Puy-de-Dôme.
	Tarn-et-Garonne.
	Var.
	Vaucluse.
	Vienne (Haute-).

230.

Circonscription du ressort de la Faculté de Strasbourg.

1re DIVISION. 9 *départements.*	2e DIVISION. 6 *départements.*
Ain.	Ardennes.
Côte-d'Or.	Marne (Haute-).
Doubs.	Meurthe.
Jura.	Meuse.
Loire.	Moselle.
Rhin (Haut-).	Vosges.
Rhône.	
Saône (Haute-).	
Saône-et-Loire.	

231.

Lorsque le nombre des aspirants est de moins de cinq, les préfets font passer aussitôt à ceux qui leur ont témoigné l'intention de se faire recevoir l'autorisation de se présenter au jury le plus voisin, lequel, sur le vu de cette pièce, les admet aux examens (1).

232.

Lorsque le nombre des aspirants permet de convoquer un jury, le préfet annonce, par voie d'affiche, au moins un mois à l'avance, le jour fixé pour son ouverture (2).

---

(1) Arrêté du 9 juin 1803, art. 37.
(2) *Idem.*

233.

L'élève qui se présente pour être admis aux examens est tenu d'exhiber :

1° Un certificat en bonne forme de son temps d'études dans les Écoles, ou de service dans les hospices, ou de pratique sous des docteurs (1) ;

2° Son acte de naissance ;

3° Un certificat de bonne conduite, du maire de la commune ou du chef de l'École (2).

234.

Il y a trois examens :

Le premier, sur l'*anatomie :* l'élève fait sur le squelette la démonstration des objets sur lesquels il est interrogé ;

Le deuxième, sur la *pathologie interne* et sur la *pathologie externe :* l'élève explique aussi l'usage des instruments portatifs, il simule l'application des bandages et appareils ;

Le troisième, sur la *matière médicale* et les *accouchements ;* il est proposé, en outre, une question sur un fait de pratique commune, que l'élève traite par écrit, indépendamment de ses réponses verbales sur le sujet (3).

---

(1) Arrêté du 9 juin 1803, art. 37.

(2) Arrêté du Conseil de l'Université, du 17 novembre 1825, art. 3.

(3) Loi du 10 mars 1803, art. 17. — Arrêté du 9 juin 1803, art. 30 et 39.

235.

Le jury prononce, au scrutin fermé, sur la capacité du candidat; s'il est jugé apte à exercer la profession d'officier de santé, il lui est délivré un diplôme signé par les trois membres du jury, et visé par le doyen et le secrétaire de la Faculté (1).

236.

Les examens ont lieu en français (2).

237.

Les réceptions se font publiquement dans l'enceinte des Facultés, et en province, dans une des salles de la préfecture (3).

238.

Les frais des examens ne peuvent excéder 200 fr., savoir :

Premier examen. 60
Deuxième. 70
Troisième. . . . . 70 (4).

Il n'est payé que les examens subis (5).

---

(1) Arrêtés du 9 juin 1803 et du 7 mars 1814.
(2) Loi du 10 mars 1803, art. 17.
(3) Loi du 10 mars 1803, art 17 et 18. — Arrêté du 9 juin 1803, art. 41.
(4) Loi du 10 mars 1803, art. 19.
(5) Arrêté du 21 mai 1812.

Le droit de sceau du diplôme est de 100 fr.
pour le département de la Seine, et de 50 fr. pour
les autres départements (1) ; il se paye en même
temps que la consignation du troisième examen.

239.

Le produit des examens est appliqué :

1° Aux frais de voyage du professeur président du jury ;

2° A la rétribution extraordinaire qui lui est
allouée ;

3° Au payement du professeur du cours gratuit d'accouchements, théorique et pratique, établi dans l'hospice le plus fréquenté du département ;

4° A une rétribution pour les examinateurs du
jury (2).

L'excédant est versé dans la caisse des hospices du chef-lieu (3).

Le compte de ce produit est rendu par-devant
les membres du jury, le professeur président, le
préfet, et le procureur impérial (4).

240.

Les officiers de santé ne peuvent s'établir que

---

(1) Règlement de l'Université, du 11 novembre 1826, article 145.

(2) Arrêté du 9 juin 1803, art. 50.

(3) *Idem*, art. 49.

(4) *Idem*, art. 51.

dans le département où ils ont été examinés par le jury (1).

241.

Le diplôme d'officier de santé n'est, par lui-même, d'aucune valeur pour tenir lieu d'inscriptions dans une Faculté, si les études qui ont servi pour l'obtenir n'ont pas été faites dans une de ces mêmes Facultés ou dans une École préparatoire.

242.

SAGES-FEMMES.

Dans les trois Facultés de médecine, il est ouvert, chaque année, des cours d'accouchements où sont admises gratuitement toutes les femmes qui témoignent le désir d'apprendre à exercer la profession d'accoucheuses (2).

243.

Indépendamment de cette instruction, il est établi, dans l'hospice le plus fréquenté de chaque département, un cours annuel et gratuit d'accouchements théorique et pratique, destiné particulièrement à l'instruction des sages-femmes (3).

---

(1) Loi du 10 mars 1803, art. 27.
(2) Ordonnance du 2 février 1823, art. 19.
(3) Loi du 10 mars 1803, art. 30.

244.

Avant d'être admises comme élèves sages femmes, les aspirantes à ce titre doivent :

1° Justifier qu'elles savent lire et écrire correctement ;

2° Produire leur acte de naissance, et celui de leur mariage, si elles sont femmes, ou celui du décès de leur mari, si elles sont veuves ;

3° Témoigner de bonnes vie et mœurs par un certificat du maire de la commune où elles résident, énonçant l'état des père et mère et celui du mari (1).

245.

Il y a deux modes de réception pour les sages-femmes :

1° Les Facultés,

2° Les jurys médicaux.

246.

Le prix de la réception par les Facultés est de 120 fr. ; elle donne le droit d'exercer dans toute l'étendue de l'Empire français. La réception par les jurys est gratuite ; elle ne permet d'exercer que dans le département où elle a eu lieu.

---

(1) Arrêtés du ministre de l'intérieur, du 8 novembre 1810, et du ministre de l'instruction publique, de 1847.

247.

Pour être admises aux examens de l'un ou de l'autre de ces deux modes, les élèves sages-femmes doivent présenter dès certificats constatant qu'elles ont suivi très-régulièrement les cours théoriques et pratiques qui leur sont destinés.

DEUXIÈME PARTIE.

ENSEIGNEMENT.

248.

AIDES D'ENSEIGNEMENT.

Les professeurs sont secondés dans leur enseignement par des aides qui reçoivent différents titres, et qui sont appelés à leurs fonctions soit par le concours, soit par la nomination directe de la Faculté.

249.

Prosecteurs et aides d'anatomie de la Faculté.

Trois prosecteurs sont attachés aux cours suivants :
Cours d'anatomie et de physiologie,
Cours de médecine opératoire,
Cours d'accouchements,
Et aux dissections.

250.

Ils sont nommés au concours ; la durée de leurs fonctions est de trois ans.

251.

Indépendamment des soins qu'ils donnent aux professeurs pour la préparation des cours ci-dessus désignés, ils sont chargés de diriger les travaux relatifs à toutes les études anatomiques ; de veiller au bon ordre ; d'user des moyens de prévenir l'insalubrité ; de répéter aux élèves la description des organes ou les opérations qui ont été le sujet des dernières leçons des professeurs.

252.

Quatre aides d'anatomie, également nommés au concours, secondent les prosecteurs dans les différentes fonctions qui leur sont assignées, et les remplacent en cas d'absence ou de maladie ; leurs attributions s'étendent aussi à la surveillance et à la direction des études anatomiques des élèves.

La durée de leurs fonctions est de trois ans.

253.

Le titre de docteur exclut du concours pour les places d'aides d'anatomie et pour celles de prosecteurs.

254.

Le concours pour les places d'aides d'anatomie se compose des opérations suivantes :

1.° Une série de pièces sèches déposées à une époque déterminée, et constituant la dernière épreuve soumise à l'appréciation du jury ;

2° Une composition écrite, dont le sujet porte à la fois sur l'anatomie, la physiologie et la chirurgie ;

3° Une leçon orale sur un sujet d'anatomie ;

4° Une leçon orale sur un sujet de physiologie ;

5° Une leçon orale sur un sujet de chirurgie ;

6° Une dissection extemporanée ;

7° Deux opérations sur le cadavre.

255.

Le concours pour la place de prosecteur se compose des mêmes épreuves, moins la sixième.

256.

Prosecteurs des hôpitaux.

Des prosecteurs sont également attachés aux amphithéâtres d'anatomie des hôpitaux ; leurs fonctions sont les mêmes que celles des prosecteurs des Facultés.

257.

Les élèves en médecine et en chirurgie des hôpitaux, en exercice, et les anciens élèves, sont seuls admis à concourir pour ces places, quels que soient leur âge et leur qualité.

258.

La durée de leurs fonctions est fixée à quatre ans.

259.

Les épreuves du concours se composent des opérations suivantes :

1° Deux leçons orales sur l'anatomie et la physiologie ;

2° Une composition écrite ;

3° Une préparation anatomique ;

4° Une opération (1).

260.

Les fonctions de membre du Bureau central et celles de prosecteur sont incompatibles (2).

261.

Chef des travaux anatomiques.

Le chef des travaux anatomiques dirige les recherches et les travaux de ce genre que les Facultés jugent utiles aux progrès de l'enseignement.

---

(1) Arrêté du conseil des hôpitaux, approuvé par le ministre de l'intérieur, du 26 août 1839.

(2) Arrêté du même conseil, du 15 avril 1851.

262.

Il forme les prosecteurs dans l'art des préparations anatomiques, et fait exécuter sous ses yeux
les préparations anatomiques naturelles pour former des séries aussi complètes que possible dans
chaque système d'organes (1).

263.

La durée de ses fonctions est de six ans ; il est
nommé par voie de concours ,. conformément aux
dispositions maintenues du règlement général du
11 janvier 1842.

CONCOURS POUR LA FONCTION DE CHEF DES TRAVAUX ANATOMIQUES.

Art. 19. — Dans les concours pour la fonction de
chef des travaux anatomiques, le jury sera composé :
1° de sept juges, pris parmi les professeurs de la Faculté ; 2° d'un juge adjoint, qui sera désigné par le
ministre.

Art. 20. — Les juges pris parmi les professeurs de
la Faculté seront :

Dans la Faculté de médecine de Paris.

Les deux professeurs de pathologie externe, les professeurs d'anatomie, de physiologie, d'anatomie pathologique, d'opérations et appareils, et d'accouchements.

---

(1) Art. 11 du titre II, chap. 2, du règlement du 14 messidor an IV.

7.

Dans la Faculté de Montpellier.

Les deux professeurs de clinique externe, les professeurs d'anatomie, de physiologie, de pathologie externe, d'opérations et appareils, d'accouchements.

Dans la Faculté de Strasbourg.

Les professeurs d'anatomie, de physiologie, de pathologie externe, de clinique externe, d'accouchements, de pathologie interne, et de médecine légale.

Épreuves spéciales pour les concours relatifs à cette fonction.

Le concours pour la fonction de chef des travaux anatomiques se composera des épreuves suivantes :

1° Une préparation extemporanée sur un sujet anatomique dont le sujet sera déterminé par le sort.

Il sera accordé cinq heures au plus pour cette préparation.

2° Deux leçons, l'une sur un sujet d'anatomie descriptive, l'autre sur un sujet d'anatomie pathologique, tous deux tirés au sort.

Lesdites leçons auront lieu à des jours différents. Les candidats auront chacun trois heures pour préparer le sujet de leçon qui leur sera échu, mais ne pourront sortir du lieu des séances ni consulter aucun livre.

3° Une opération chirurgicale, dont l'objet est déterminé par le sort, et qui sera pratiquée sur le cadavre.

4° La présentation d'une série de préparations anatomiques sèches, effectuées conformément à l'indication du jury, et dans un délai par lui déterminé.

Aucune condition d'âge n'est exigée pour ce concours.

264.

Chefs de clinique.

Des chefs de clinique sont attachés au service des cliniques internes. Les Facultés nomment à ces places, avec l'approbation du recteur de l'Académie, sur une liste de présentation faite par le professeur de la clinique dans laquelle une place est vacante.

265.

Le chef de clinique est nommé pour deux ans; indépendamment du traitement qui lui est payé par la Faculté, il a droit à un logement dans l'hospice auquel il est attaché, et de plus, il reçoit son déjeuner et son souper, quand il est de service.

266.

Si un chef de clinique prévoyait la nécessité de donner sa démission, il devrait en prévenir le professeur chef de son service six mois à l'avance, afin que son successeur eût le temps d'être mis au courant de ses fonctions.

267.

Dans le cas de départ subit, de renvoi ou de décès d'un chef de clinique, il est pourvu aussitôt à son remplacement ; mais ce n'est qu'à titre provisoire, et jusqu'à preuve suffisante de capacité dans l'exercice de l'emploi.

268.

Le chef de clinique ne peut cumuler l'emploi de prosecteur ni d'aide d'anatomie soit à la Faculté, soit dans un amphithéâtre particulier ; il ne peut ouvrir dans l'hôpital un cours pour son propre compte (1).

269.

AGRÉGÉS.

Les agrégés en exercice attachés aux Facultés de médecine sont appelés à suppléer les professeurs en cas d'empêchement, à les assister pour les appels, et à faire partie des jurys d'examens et de thèses, sans toutefois pouvoir s'y trouver en majorité (2).

270.

Le titre d'agrégé n'est conféré qu'à des docteurs en médecine ou en chirurgie âgés de vingt-cinq ans. Il ne sera donné qu'au concours ; seulement le grand-maître pourra, sur l'avis favorable

(1) Règlement de la Faculté de médecine de Paris, du 6 mai 1813.
(2) Ordonnance royale du 2 février 1823, art. 2.

de la Faculté, du conseil académique et du conseil de l'Université, conférer le titre d'agrégé libre à des docteurs en médecine ou en chirurgie âgés de quarante ans au moins, et qui se seraient distingués par leurs ouvrages ou par des succès dans leur profession.

Leur nombre ne pourra jamais être de plus de dix (1).

271.

Les agrégés pourront être admis, sur l'avis du doyen, et avec l'autorisation du ministre grand maître de l'Université, à ouvrir, dans le local de leur Faculté, s'il y a lieu, ou dans le local annexe de l'École pratique, des cours gratuits destinés à compléter ou à développer l'enseignement ordinaire (2).

Cette autorisation sera accordée pour un an ; elle pourra être renouvelée. Les cours ainsi autorisés seront annoncés à la suite du programme des cours obligatoires de la Faculté.

272.

Le stage imposé par l'ordonnance royale du 2 février 1823 aux agrégés est supprimé (3).

---

(1) Ordonnance royale du 2 février 1823, art. 2 et 5.
(2) Ordonnance royale du 10 avril 1840, art. 5.
(3) *Idem*, art. 6.

273.

La durée de l'exercice est augmentée, et demeure fixée ainsi qu'il suit :

Neuf ans pour la Faculté de médecine de Paris,

Douze ans pour celles de Montpellier et de Strasbourg (1).

274.

Les agrégés ne peuvent être révoqués de leurs fonctions que conformément aux règles établies pour les membres de l'Université (2).

275.

Ceux qui, désignés pour un examen ou une thèse, se seraient dispensés, trois fois dans l'année, d'y assister sans en avoir prévenu le doyen, ou qui, désignés pour remplacer un professeur, s'y seraient refusé, et dont les motifs d'excuse, pour l'un comme pour l'autre cas, n'auraient point été agréés par la Faculté, cesseront de faire partie des agrégés en exercice (3).

276.

Tout agrégé qui, dans ses discours, dans ses

---

(1) Ordonnance du 10 avril 1840, art. 6.
(2) Ordonnance du 2 février 1823, art. 15.
(3) *Idem.*, art. 29.

leçons ou dans ses actes, s'écarterait du respect dû à la religion, aux mœurs, ou au gouvernement, ou qui compromettrait son caractère ou l'honneur de la Faculté par une conduite notoirement scandaleuse, serait déféré par le doyen au conseil académique, qui, selon la nature des faits, provoquera sa suspension ou sa destitution, conformément aux statuts de l'Université (1).

277.

Concours de l'agrégation.

Les conditions des concours pour l'agrégation sont réglées par les dispositions suivantes.

278.

Extrait du règlement général du 11 janvier 1842.

ANNONCE DES CONCOURS.

Art. 1er. — Lorsqu'il y aura lieu de pourvoir à la nomination des agrégés dans une des Facultés de médecine, le ministre grand maître de l'Université déterminera, par un arrêté, l'époque à laquelle le concours devra commencer, soit qu'il ait lieu devant la Faculté où la vacance est ouverte, soit qu'il ait été transféré dans une autre.

Art. 2. — L'arrêté du ministre fixant l'ouverture

(1) Ordonnance du 2 février 1823, art. 30.

d'un concours sera adressé à tous les recteurs des académies, et des affiches conformes seront apposées dans l'étendue de chaque ressort académique.

L'annonce du concours sera en outre insérée au *Moniteur.*

Art. 3. — Le délai entre la publication de l'arrêté du ministre et le jour fixé pour le commencement des épreuves devra être de trois mois au moins.

Pourra être compris dans ce délai le temps des vacances, si le concours a été officiellement annoncé avant l'ouverture desdites vacances.

CONDITIONS D'ADMISSIBILITÉ AUX CONCOURS.

Art. 5. — Nul ne pourra être admis aux divers concours dans les Facultés de médecine :

S'il n'est Français,

S'il ne jouit des droits civils,

S'il ne présente un diplôme de docteur en médecine ou en chirurgie, obtenu devant une des Facultés de l'Empire ;

S'il n'est âgé de vingt-cinq ans accomplis, sauf au ministre grand maître de l'Université à accorder des dispenses d'âge, dans les formes prescrites par l'article 8 du statut du 10 mai 1825.

Art. 6. — Les affiches apposées pour annoncer les concours indiqueront les qualités exigées des aspirants, et la forme dans laquelle ils devront en justifier.

INSCRIPTION DES CANDIDATS.

Art. 7. — Les aspirants se feront inscrire au secrétariat de la Faculté, trente jours au moins avant l'époque qui aura été fixée pour l'ouverture du concours.

Chaque candidat, en se faisant inscrire, produira son acte de naissance.

Art. 8. — Le trentième jour avant l'ouverture du concours, la liste des candidats inscrits sera close. Ladite liste, arrêtée provisoirement en séance de la Faculté, sera immédiatement transmise, avec les pièces à l'appui, au ministre, qui l'arrêtera définitivement en Conseil de l'instruction publique.

Elle sera renvoyée au recteur, de manière que chaque candidat admis à concourir puisse être prévenu *dix jours au moins* avant le commencement des épreuves.

COMPOSITION DES JURYS.

Art. 17. — Dans les concours d'agrégation ouverts devant une des trois Facultés de médecine, le jury sera composé : 1° de sept juges, savoir : cinq professeurs de la Faculté et deux agrégés en exercice ; 2° de trois suppléants, savoir : deux professeurs et un agrégé.

Art. 18. — Les professeurs qui devront siéger comme juges ou comme suppléants seront :

Pour la section de médecine.

A Paris, deux des professeurs de clinique interne, les professeurs de pathologie interne, de pathologie et de thérapeutique générales.

Les deux professeurs suppléants seront les professeurs de médecine légale et d'anatomie pathologique.

A Montpellier, les professeurs de clinique interne, de pathologie interne, de pathologie et de thérapeutique générales, de médecine légale.

Les deux professeurs suppléants seront les professeurs d'hygiène, de thérapeutique et de matière médicale.

8

A Strasbourg, les professeurs de clinique interne, de pathologie interne, d'accouchements, de médecine légale, de matière médicale et pharmaceutique.

Les professeurs suppléants seront les professeurs d'hygiène et de physique médicale, et de physiologie.

Les agrégés seront nommés par le ministre parmi ceux de la section de médecine, et sur une double liste de présentation de la Faculté.

Pour la section de chirurgie.

A Paris, deux des professeurs de clinique externe, les professeurs de pathologie externe, et d'accouchements.

Les deux professeurs suppléants seront les professeurs d'opérations et appareils, et de clinique d'accouchements.

A Montpellier, les professeurs de clinique externe, de pathologie externe, d'opérations et appareils, et d'accouchements.

Les professeurs suppléants seront les professeurs d'anatomie et de physiologie.

A Strasbourg, les professeurs de clinique externe, de pathologie externe, d'anatomie, de physiologie, et d'accouchements.

Les deux suppléants seront les professeurs de médecine légale et de pathologie interne.

Les agrégés seront nommés par le ministre parmi ceux de la section de chirurgie, et sur une double liste de présentation de la Faculté.

Pour la section des sciences anatomiques et chimiques.

A Paris, les professeurs d'anatomie, de physiologie, d'opérations et appareils, de chimie médicale, de chimie organique et de pharmacie.

Les deux professeurs suppléants seront les professeurs de physique médicale et d'hygiène.

A Montpellier, les professeurs d'anatomie, de physiologie, de chimie générale et de toxicologie, de chimie médicale et de pharmacie, de médecine légale.

Les deux suppléants seront les professeurs d'hygiène
et de botanique médicale.

A Strasbourg, les professeurs d'hygiène et de physique
médicale, de chimie médicale et de toxicologie, d'a-
natomie, de physiologie, et de médecine légale.

Les deux suppléants seront les professeurs de matière médicale et pharmaceutique, de botanique et
d'histoire naturelle médicale.

Les agrégés seront nommés par le ministre, parmi
ceux qui appartiennent à la section des sciences accessoires, et qui ont été reçus spécialement pour l'anatomie et la physiologie, et sur une double liste de présentation de la Faculté.

Si le nombre des agrégés de cet ordre, en exercice,
était insuffisant, ce nombre serait complété par les
agrégés des autres séries.

Pour la section des sciences physiques, pharmaceuti-
ques et naturelles.

A Paris, les professeurs de physique médicale, de
chimie médicale, de chimie organique et de pharmacie, d'histoire naturelle médicale, de matière médicale
et de thérapeutique.

Les deux professeurs suppléants seront les professeurs de physiologie et de médecine légale.

A Montpellier, les professeurs de chimie générale et
de toxicologie, de chimie médicale et de pharmacie,
de botanique médicale, de thérapeutique et de matière
médicale, d'hygiène.

Les deux suppléants seront les professeurs de physiologie et de médecine légale.

A Strasbourg, les professeurs d'hygiène et de physique médicale, de chimie médicale et de toxicologie, de botanique et histoire naturelle médicale, de matière médicale et pharmaceutique, et de médecine légale.

Les deux suppléants seront les professeurs d'anatomie et de physiologie.

Les agrégés seront nommés par le ministre, parmi ceux qui appartiennent à la section des sciences accessoires, et qui ont été reçus spécialement pour la physique, l'histoire naturelle, la pharmacie et la chimie, sur une double liste de présentation de la Faculté.

Si le nombre des agrégés de cet ordre en exercice était insuffisant, ce nombre serait complété par des agrégés des autres séries.

DISPOSITIONS COMMUNES A TOUS LES CONCOURS,

Art. 21. — En cas d'empêchement légitime survenu pour un ou plusieurs juges pendant la durée des concours le jugement pourra être rendu par cinq juges.

Art. 22. — Ne pourront siéger dans un même concours deux parents ou alliés, jusqu'au degré de cousin germain inclusivement.

Devra se récuser tout parent ou allié au même degré d'un des candidats.

Art. 23. — Les juges suppléants assisteront à toutes les séances du concours, à l'effet de remplacer immédiatement ceux des professeurs de la Faculté qui se trouveraient obligés de se retirer du jury. Les suppléants seront appelés à ce remplacement dans l'ordre de leur désignation pour la formation du jury.

Art. 24. — Le président du jury sera élu au scrutin, dans la première séance du concours, par tous les juges, titulaires, adjoints et suppléants.

Le secrétaire de la Faculté remplira les fonctions de secrétaire de tous les concours (1).

Art. 25. — Le président a la direction et la police du concours; il prononce sur toutes les difficultés qui peuvent s'élever pendant la tenue du concours.

Le secrétaire rédige les procès-verbaux de chaque séance, en donne lecture au jury, dans la salle intérieure des délibérations, au commencement de la séance suivante, et les fait signer par chacun des juges.

FORMES DU CONCOURS.

Séance d'ouverture.

Art. 26. — Le doyen de la Faculté ordonne toutes les dispositions intérieures nécessaires pour la tenue du concours.

Art. 27. — Aux jour et heure fixés pour la première séance, il sera fait un appel de tous les candidats admis au concours. Chaque candidat écrira lui-même, sur un registre, son nom et son adresse; le registre sera aussitôt clos par le président.

Tout candidat qui ne se serait pas présenté à cette séance sera exclu du concours.

Art. 28. — Dans cette première séance, les candidats proposeront, s'il y a lieu, les récusations motivées

_____

(1) Arrêté du ministre de l'instruction publique, du 25 juin 1844.

qu'ils auraient à exercer, et sur lesquelles il sera statué par les juges non récusés, sauf appel en conseil de l'instruction publique.

Art. 29. — Si, par cause d'incompatibilité ou de récusation, le nombre des juges se trouvait réduit au-dessous du nombre déterminé par l'article 21, il en serait immédiatement référé au ministre, et il serait sursis au commencement des épreuves jusqu'à ce que le jury ait été complété.

Art. 30. — Le président fixera les jour et heure auxquels auront lieu les diverses séances du concours.

ÉPREUVES.

Art. 31. — Dans tout concours pour les places d'agrégé, il y aura trois épreuves distinctives et successives :

1° Les compositions écrites,

2° Les leçons,

3° L'argumentation.

Art. 32. — Le tirage au sort des matières à traiter par chaque candidat dans les trois épreuves aura lieu en présence du président et du secrétaire.

Art. 33. — Le sort déterminera l'ordre dans lequel les candidats subiront chaque épreuve.

Art. 34. — Si un candidat ne pouvait, pour un empêchement légitime et dûment constaté, subir ou achever une épreuve au jour et heure indiqués, les juges pourront accorder un délai.

Ce délai ne pourra, en aucun cas, excéder cinq jours, à moins que celui qui demanderait un plus long ou un second délai ne justifiât en même temps de l'adhésion unanime des autres candidats à sa demande.

Compositions.

Art. 35. — Pour la première épreuve, celle de la composition, chaque candidat traitera par écrit, en français, une question tirée au sort, et qui sera la même pour tous les concurrents.

Il sera rédigé à cet effet, par les juges du concours, trois questions, qui seront placées dans une urne, et le premier candidat tirera au sort celle qui devra être proposée.

Art. 36. — Les questions devront être choisies de manière que les concurrents qui se présentent pour les sections de médecine et de chirugie puissent en même temps faire preuve de connaissances sur les sciences accessoires, et réciproquement.

Art. 37. — Les juges fixeront le temps accordé pour l'épreuve de la composition. Ce temps ne pourra être moindre de cinq heures, ni excéder huit heures.

Pour cette épreuve, les candidats seront renfermés dans une salle, sous la surveillance d'un des juges désigné par le président. Ils ne pourront correspondre avec personne, ni s'aider d'aucun ouvrage imprimé ou manuscrit.

Art. 38. — Chaque candidat déposera sa composition, signée de lui, et visée par le président, dans une boîte qui sera scellée du sceau de la Faculté.

Art. 39. — Les compositions seront lues par chaque candidat, en séance publique, et en présence de tous les juges, avant la deuxième épreuve.

Il devra être lu au moins trois compositions dans chaque séance.

Leçons.

Art. 40. — La deuxième épreuve consistera :

1° En une leçon, faite après vingt-quatre heures de préparation, sur une matière relative à la partie d'enseignement pour laquelle le concours est ouvert ; chaque concurrent tirera au sort le sujet particulier qu'il devra traiter ;

2° En une leçon, faite après trois heures de préparation, sur un sujet tiré au sort, et qui sera le même pour les candidats qui subiront le même jour cette épreuve.

Art. 41. — Les juges choisiront les sujets de leçon en nombre supérieur de moitié à celui des concurrents qui devront subir l'épreuve ; chaque sujet sera mis dans une enveloppe scellée du sceau du président, mais sans désignation extérieure.

Tous les paquets seront placés dans une urne, et tirés par les candidats.

A l'instant même, le secrétaire inscrira sur chaque paquet le nom du concurrent auquel il sera échu, et le concurrent y apposera son cachet ; un autre des concurrents y apposera aussi le sien.

Art. 43. — Dans le concours de l'agrégation, pour la section de chirurgie, les deux leçons prescrites par l'article 36 porteront sur l'art des accouchements pour ceux des candidats qui auront déclaré opter pour cette partie de la science. Il y aura, en outre, une ou plusieurs épreuves pratiques sur les accouchements, dont la nature sera déterminée par le jury.

Si le concours de l'agrégation est ouvert pour les sciences accessoires, les candidats déclareront si leur intention est de concourir particulièrement sur l'anatomie et la physiologie, sur la physique et la chimie, sur la pharmacologie ou sur l'histoire naturelle médicale. La leçon, faite après trois heures de préparation, devra nécessairement avoir pour objet celle de ces branches de l'enseignement pour laquelle les candidats auront opté. Ces candidats seront, en outre, tenus de subir une ou plusieurs épreuves pratiques dont la nature sera fixée par le jury.

Art. 44. — Dans tous les concours, les candidats ne pourront s'aider, pour leurs leçons, que de simples notes.

Chaque leçon devra durer trois quarts d'heure. Il n'en sera fait qu'une par jour par chaque candidat ; mais il devra être fait deux leçons au moins pendant chaque séance ; excepté pour les concours de clinique, où il pourra n'être fait qu'une seule leçon par séance.

Argumentation.

Art. 45. — La troisième épreuve consistera en une thèse, dont le sujet sera choisi conformément aux règles prescrites dans l'article 36.

Art. 46. — Chaque thèse, après avoir été visée par le président du concours, sera imprimée et distribuée à tous les juges et à chacun des concurrents, trois jours francs avant celui où elle devra être soutenue.

Les thèses devront être déposées par tous les candidats, douze jours francs après le tirage des matières.

Ce dépôt pourra avoir lieu par de simples épreuves imprimées. Il sera fait entre les mains du président, qui apposera son visa sur chaque exemplaire reçu. Cinq épreuves au moins devront être remises par chaque candidat.

Les exemplaires définitifs devront avoir été déposés pour le moment de la distribution.

Si le dépôt a eu lieu en épreuves, une desdites épreuves restera entre les mains du président ; les quatre autres seront remises aux quatre candidats qui doivent argumenter sur chaque thèse.

Les exemplaires définitifs devront être en tous points conformes à l'exemplaire déposé en épreuves, sous peine de nullité.

Art. 47. — Le premier candidat soutiendra sa thèse, quinze jours francs après le tirage des matières ; les autres thèses seront soutenues successivement, sans qu'il y ait plus de deux thèses soutenues par jour.

Art. 48. — L'argumentation de chaque thèse durera une heure.

Le soutenant sera argumenté par deux concurrents. Chacun d'eux devra argumenter au moins pendant une demi-heure. Si le nombre des concurrents ne suffisait pas pour remplir la durée de la thèse, le président désignerait ceux des juges du concours qui devraient argumenter le candidat.

Art. 49. — Les candidats seront appelés à prendre part à l'épreuve de l'argumentation d'après des numéros d'ordre tirés au sort. Chaque candidat sera l'argumentateur des deux numéros qui précéderont le sien, et il sera argumenté par ceux qui le suivront (1).

JUGEMENT DU CONCOURS.

Art. 53. — Il sera procédé à la nomination par la voie du scrutin.

Art. 54. — Si les trois premiers tours de scrutin ne donnent pas la majorité absolue, il sera procédé au ballotage entre les candidats qui auront obtenu le plus de voix au troisième tour.

---

(1) Arrêté du 9 avril 1844

Dans le scrutin de ballotage, la voix du président, en cas de partage, est prépondérante.

Art. 55. — Aussitôt que la délibération sera terminée, le jugement sera transmis directement par le président au ministre grand maître de l'Université, qui le fera rendre public par la voie du *Moniteur*.

Seront envoyés au ministre, avec le jugement, les procès-verbaux de toutes les séances du concours signés par tous les juges, cinq exemplaires de chaque thèse imprimée et les compositions faites par les candidats.

Le tout sera communiqué au Conseil de l'instruction publique.

Art. 56. — Tout candidat qui aura pris part aux épreuves pourra se pourvoir contre les résultats du concours, mais seulement pour violation des formes prescrites ; les réclamations seront adressées au ministre et jugées en conseil de l'Université.

Elles ne pourront être formées que dans les dix jours qui suivront l'insertion au *Moniteur,* plus un jour par dix myriamètres de distance de Paris à la ville où le concours aura eu lieu.

Art. 57. — L'institution nécessaire au candidat désigné par le jury pour chaque place mise au concours ne pourra être donnée par le ministre qu'après l'expiration du délai ci-dessus, ou après le rejet des réclamations, s'il en est intervenu.

Art. 58. — Si la nomination est infirmée, il sera procédé à un nouveau concours devant celle des Facultés que désignera le ministre.

La nouvelle épreuve ne pourra avoir lieu qu'entre les candidats qui auront pris part au concours dont les effets seraient annulés.

MODIFICATIONS EN CE QUI CONCERNE CES CONCOURS.

Arrêté du conseil de l'Université, du 23 août 1842.

Art. 1er. — A l'avenir, les épreuves du concours pour l'agrégation dans les Facultés de médecine auront lieu dans l'ordre suivant :

1° La composition écrite ;

2° La leçon après trois heures de préparation ;

3° La leçon après vingt-quatre heures de préparation ;

4° La thèse et l'argumentation.

Art. 2. — Toutes les fois que le nombre des concurrents dépassera le double du nombre des places mises au concours, le jury, après la première leçon faite par tous les concurrents, dressera, d'après le mérite des deux premières épreuves, une liste de candidats par ordre alphabétique, en nombre double au moins du nombre de places mises au concours, lesquels seront seuls admis aux épreuves subséquentes.

Art. 3. — Le jugement définitif portera sur l'ensemble des épreuves, y compris celles qui auront été déjà jugées comme épreuves d'admissibilité.

Art. 4. — Toute disposition contraire des précédents règlements est et demeure abrogée.

Arrêté du Conseil de l'instruction publique, du 25 août 1846.

Art. 1er. — A l'avenir, dans les concours d'agrégation ouverts devant les Facultés de médecine, l'élimination des candidats, prescrite par l'art. 2 de l'arrêté du 23 août 1842, devra être faite de manière à n'en conserver que trois au plus et deux au moins pour chaque place vacante.

Art. 2. — Une épreuve clinique, dont la durée sera de trois quarts d'heure, est ajoutée aux épreuves définitives du concours pour les places d'agrégé dans les sections médicales et chirurgicales.

Art. 3. — Toute disposition contraire des précédents règlements est et demeure abrogée.

279.

PROFESSEURS.

Les professeurs sont chargés de l'enseignement des diverses branches de la médecine et de la chirurgie ; ils sont chargés en outre d'assister, comme juges, aux examens et aux thèses soutenus par les étudiants.

280.

Quand il s'agit de pourvoir à la nomination d'un professeur titulaire dans une Faculté, le ministre propose à l'Empereur un candidat choisi soit parmi les docteurs âgés de trente ans au moins, soit sur une double liste de présentation qui est nécessairement demandée à la Faculté où la vacance se produit et au conseil académique (1).

---

(1) Art. 2 du décret du 9 mars 1852.

281.

Les professeurs qui, désignés pour un examen ou une thèse, se dispenseraient d'y assister sans en avoir prévenu le doyen, qui, dans ce cas, devra les faire remplacer, seront soumis, sur leur traitement, à une retenue égale à leur droit de présence, et double en cas de récidive, à moins qu'ils ne justifient d'une cause absolue et subite d'empêchement, et qu'elle ne soit acceptée par la Faculté (1).

282.

Tout professeur qui, dans ses discours, dans ses leçons ou dans ses actes, s'écarterait du respect dû à la religion, aux mœurs ou au gouvernement, ou qui compromettrait son caractère ou l'honneur de la Faculté par une conduite notoirement scandaleuse, sera déféré par le doyen au conseil académique, qui, selon la nature des faits, provoquera sa suspension ou sa destitution, conformément aux statuts de l'Université (2).

283.

Durée des cours et leur distribution.

A raison de leur durée, les cours sont per

---

(1) Art. 49 du statut du 9 avril 1825.
(2) Art. 48 du même statut.

manents ou de toute l'année, non permanents ou de semestre.

Les cours de clinique externe, interne, et de perfectionnement, sont permanents ; tous les autres sont non permanents (1).

284.

Les cours de clinique se feront tous les jours, excepté le dimanche ; l'heure en est subordonnée au service des hospices, de sorte cependant que les leçons finissent avant le commencement de celles qui se font au chef-lieu de l'École (2).

285.

Chaque année, avant l'ouverture des cours du semestre d'hiver, il sera distribué un programme contenant le plan que chaque professeur se propose de suivre.

286.

Quand il n'y aura rien d'innové au plan d'enseignement, on renverra au programme de l'année précédente, et on en fera une nouvelle distribution, si l'École le juge utile (3).

---

(1) Art. 4 du règlement du Directoire exécutif, du 14 messidor an IV (2 juillet 1796).
(2) Art. 11 dudit règlement.
(3) Art. 13, idem.

287.

Les parties de la journée qui ne seront point occupées par les cours seront destinées aux exercices d'anatomie, de médecine opératoire, et de chimie médicale et pharmaceutique.

Ces exercices seront divisés, comme les cours, en exercices du semestre d'hiver et en exercices du semestre d'été.

288.

En hiver, les élèves seront exercés au manuel de l'anatomie et à la médecine opératoire.

289.

En été, ils seront exercés aux opérations chimiques et pharmaceutiques, à l'application des bandages et appareils, et au manuel des accouchements (1).

290.

Professeurs de clinique.

Les professeurs de clinique exerceront, dans l'hospice qui leur est confié, une surveillance journalière sur les aliments et médicaments, qu'ils se feront représenter aussi souvent qu'ils le croiront utile.

---

(1) Art 11, 15, 16 et 17 du règlement du Directoire exécutif, du 14 messidor an IV (2 juillet 1796).

Outre les visites particulières des pharmacies des hospices, il y en aura au moins deux générales chaque année, qui seront déterminées par l'École; elle nommera ceux des professeurs qui accompagneront les professeurs de clinique dans les visites (1).

291.

Chacun des professeurs de clinique sera libre de dresser pour son hospice un formulaire de médicaments, et d'y faire dans tous les temps les changements et additions qu'il jugera convenables (2).

292.

Ils pourront, quand ils le jugeront avantageux pour le bien des malades et l'instruction des élèves, appeler un ou plusieurs professeurs de l'École pour se concerter avec eux sur les moyens les plus propres à secourir les malades (3).

293.

Quant aux dispositions réglementaires que la disposition de chaque hospice de clinique pourra exiger particulièrement, elles seront arrêtées par l'École, sur la proposition des professeurs respec-

---

(1) Art. 14 du règlement du 14 messidor an IV.
(2) Art. 15 dudit règlement.
(3) Art. 16 du chap. 3 dudit règlement.

8.

tifs des écoles cliniques, et présentées à l'autorité qui doit en connaître (1).

294.

Mutations des chaires.

Lorsque deux ou plusieurs membres d'une Faculté croiront convenable, pour l'utilité publique, d'échanger leurs fonctions respectives, ils en instruiront l'assemblée des professeurs, qui fixera un jour pour délibérer sur leur proposition.

295.

Les membres de l'École, convoqués à cet effet par un billet expositif de l'objet de la délibération, pèseront les motifs de la mutation proposée et prendront une décision pour l'adopter ou la rejeter.

Dans le cas où la mutation serait approuvée par l'assemblée, la décision par elle prise sera envoyée au ministre.

296.

Aussitôt après la confirmation, les professeurs effectueront, dans l'ordre de leurs fonctions, le changement adopté, et le publieront dans l'affiche des cours (2).

_____

(1) Art. 17 du règlement du 14 messidor an IV.
(2) Art. 10, 11, 12 et 13 du chap. 4 dud règlement

297.

Si une place devenue vacante par la mort ou la démission d'un des membres est demandée par un autre membre de l'École, l'assemblée sera convoquée dans la forme ci-après déterminée.

Pour délibérer sur cette demande, et dans le cas où la demande serait accordée, sa décision portera que le vœu de l'assemblée appelle M.   , professeur de   , à la chaire vacante par la mort de M.   , professeur de   , et cette décision sera adressée au ministre (1).

298.

Doyen.

C'est parmi les professeurs seuls qu'est choisi le doyen d'une des Facultés de médecine.

Ce fonctionnaire est nommé directement par le ministre de l'instruction publique. La durée de son mandat est de cinq ans ; ce mandat est toujours révocable, mais il peut être prorogé (2).

299.

Le doyen est le chef de la Faculté. Il est

---

(1) Art. 14 du règlement du 14 messidor an IV.
(2) Ordonnance royale du 2 février 1823, art. 13.

chargé, sous l'autorité du recteur de l'Académie, de diriger l'administration et la police, et d'assurer l'exécution des règlements; il ordonnance les dépenses conformément au budget annuel; il convoque et préside l'assemblée de la Faculté, formée de tous les professeurs titulaires. Dans les Facultés de médecine, la Faculté adjoint, tous les ans, au doyen, deux de ses membres, à l'effet de le seconder dans ses fonctions, de le remplacer en cas d'empêchement, et de lui donner leur avis pour tout ce qui concerne l'administration (1).

300.

Les professeurs, suppléants et agrégés, sont tenus de seconder le doyen pour le maintien ou le rétablissement du bon ordre; les élèves leur doivent respect et obéissance (2).

301.

Dans le cas d'urgence, le doyen peut ordonner la suspension d'un cours, et, sur la notification qui sera faite de cette suspension au professeur par le doyen, soit verbalement, soit par écrit, le professeur est tenu d'y obtempérer sur-le-

(1) Art. 43 du statut du 9 avril 1825.
(2) Art. 44 du même statut.

champ, sous les peines portées par l'art. 66 du décret du 15 novembre 1811 (1).

Dans les vingt-quatre heures qui suivront, le doyen sera tenu de donner avis au recteur de la suspension qu'il aura prononcée et des motifs qui l'auront déterminée ; le recteur en informera sans délai le grand maître (2).

302.

En cas de partage dans les délibérations de la Faculté, le doyen a voix prépondérante (3).

303.

Si un professeur est empêché de faire son cours, le doyen désigne celui des agrégés qu'il juge convenable de lui donner pour remplaçant (4).

304.

Le doyen nomme, sans présentation préalable, les préparateurs et aides de chimie, les employés des bureaux, les appariteurs, surveillants et gens de service.

---

(1) Cet article est ainsi conçu : « Tout membre de l'Université qui manquera à la subordination établie par les décrets et règlements sera réprimandé, censuré, ou suspendu de ses fonctions, selon la gravité des cas. »
(2) Art 45 du statut du 9 avril 1825.
(3) Art. 46, *idem*.
(4) Art. 53, *idem*.

305.

ÉCOLES PRÉPARATOIRES DE MÉDECINE ET DE PHARMACIE.

Ordonnance concernant l'enseignement dans ces Écoles
(13 octobre 1840).

Art. 1. — Les écoles actuellement établies sous le titre d'Écoles secondaires de médecine, et qui seront réorganisées conformément aux dispositions prescrites par la présente ordonnance, prendront le titre d'Écoles préparatoires de médecine et de pharmacie.

Art. 2. — Les objets d'enseignement dans les Écoles préparatoires de médecine et de pharmacie sont :

1° Chimie et pharmacie ;

2° Histoire naturelle médicale et matière médicale ;

3° Anatomie et physiologie ;

4° Clinique interne et pathologie interne ;

5° Clinique externe et pathologie externe ;

6° Accouchements, maladies des femmes et des enfants.

Art. 3. — Il y aura dans chaque École six professeurs titulaires et deux professeurs adjoints.

Art. 4. — Les professeurs titulaires et adjoints seront nommés par le ministre de l'instruction publique, sur une double liste de candidats, présentée, l'une par l'École où la place est vacante, l'autre par la Faculté de médecine dans la circonscription de laquelle ladite École se trouve placée.

Les candidats pour les places de professeurs titulaires ou adjoints doivent être docteurs en médecine ou pharmaciens reçus dans une École de pharmacie, et âgés de trente ans.

Les professeurs de chimie et d'histoire naturelle auront à justifier en outre du baccalauréat ès sciences physiques.

Art. 5. — Il sera attaché à chaque École un chef des travaux anatomiques, un prosecteur, et un préparateur de chimie et d'histoire naturelle.

Art. 6. — Les professeurs recevront un traitement annuel, dont le minimum est fixé à 1500 francs pour les titulaires, et à 1,000 francs pour les adjoints.

Le chef des travaux anatomiques aura un traitement de 500 francs ; le prosecteur et le préparateur, un traitement de 250 francs chacun.

Art. 7. — Les professeurs titulaires et adjoints subiront sur leur traitement la retenue du vingtième, au profit de la caisse des retraites, auxquelles ils auront droit désormais comme tous les autres fonctionnaires de l'Université, et aux mêmes conditions.

Art. 8. — Chaque École aura un ou plusieurs amphithéâtres et sera fournie de collections relatives à l'objet des divers cours.

Art. 9. — L'administration des hospices de chaque ville où une École préparatoire sera établie fournira, pour le service de la clinique médicale et chirurgicale de ladite École, une salle de cinquante lits au moins.

Art. 10. — Les Écoles préparatoires de médecine et de pharmacie sont des établissements communaux.

Les villes où elles sont ouvertes pourvoiront à toutes les dépenses soit du personnel, soit du matériel.

Les hospices et les conseils généraux des départements pourront continuer à voter des subventions pour l'entretien des Écoles préparatoires ; ces subventions viendront en déduction des sommes qui doivent être allouées par les villes.

Le budget annuel de chaque École sera arrêté en Conseil de l'instruction publique.

Art. 11. — Une commission vérifiera chaque année les comptes présentés par le directeur.

Cette commission sera composée :

Du maire de la ville, président ;

D'un membre désigné par le conseil municipal ;

D'un membre désigné par le conseil général ;

De deux membres désignés par la commission des hospices.

Art. 12. — Les droits d'inscriptions trimestrielles qui doivent être acquittés par chaque élève sont fixés à trente-cinq francs.

Art. 13. — Le produit des inscriptions prises dans chaque École sera versé dans la caisse soit de la ville, soit du département, soit des hospices, jusqu'à concurrence des sommes allouées par les conseils municipaux, départementaux, ou des hospices, pour l'entretien de l'établissement.

Art. 14. — A dater de la présente année scolaire, les élèves des Écoles préparatoires dont l'organisation sera conforme aux règles prescrites par cette ordonnance pourront faire compter les huit inscriptions prises pendant deux années, pour toute leur valeur, dans une des Facultés de médecine.

Art. 15. — Les élèves en pharmacie seront admis à faire compter deux ans d'études dans une École préparatoire pour deux années de stage dans une officine.

306.

Directeurs, chefs des travaux anatomiques, professeurs suppléants, des Écoles préparatoires.

Art. 1er. — L'administration de chaque École préparatoire de médecine et de pharmacie est confiée à un directeur.

Art. 2. — Le directeur, nommé par notre ministre de l'instruction publique, ne pourra être choisi que parmi les professeurs en exercice. La durée de ses fonctions, toujours révocables, est fixée à trois ans; il pourra être renommé.

Art. 3. — Le chef des travaux anatomiques sera également nommé pour trois ans par notre ministre de l'instruction publique, sur une liste de deux candidats présentés par les professeurs de l'École. Il ne pourra être renommé que pour une nouvelle période de trois ans.

Art. 4. — Dans les Écoles où, en dehors des chaires mentionnées par l'ordonnance du 13 octobre 1840, et constituant les cours obligatoires, il n'existera pas de professeurs adjoints ou provisoires en nombre suffisant pour assurer les suppléances desdites chaires, en cas d'absence ou d'empêchement momentané des professeurs qui les occupent, il pourra, sur la présentation du directeur, après avis des professeurs de l'École, être nommé par notre ministre de l'instruction publique un ou plusieurs suppléants spéciaux, choisis parmi les docteurs en médecine.

Les fonctions desdits suppléants cesseront de droit, après trois années d'exercice, sauf à être renouvelées.

Art. 5. — Les suppléants spéciaux, ainsi que les professeurs adjoints ou provisoires maintenus sans traitement, en dehors du cadre de l'École, lorsqu'ils seront appelés à remplacer le professeur d'un des cours obligatoires, recevront, à titre d'indemnité, pendant la durée du remplacement, la moitié du traitement du professeur suppléé.

9

307.

RÈGLEMENT RELATIF A L'ADMINISTRATION INTÉRIEURE DES ÉCOLES PRÉPARATOIRES DE MÉDECINE.
(12 mars 1841).

Administration intérieure des Écoles.

Art. 1er. — Le directeur de chaque École est chargé, sous l'autorité du recteur de l'Académie, d'assurer l'exécution des règlements en tout ce qui concerne la discipline et les études.

Il ordonne les dépenses dans les limites du budget annuel de l'École.

Il convoque, quand il y a lieu, et préside la réunion des professeurs titulaires et adjoints.

Il nomme, après avis des professeurs de l'École, et sous l'approbation du recteur, le prosecteur et le préparateur, lesquels sont choisis pour trois ans et ne peuvent être renommés.

Il nomme directement les autres employés et tous les gens de service.

Art. 2. — La réunion des professeurs délibère sur toutes les questions qui intéressent la discipline et les études, ou qui lui ont été spécialement renvoyées. Les délibérations exigent la présence de la moitié, plus un, des professeurs; elles sont prises à la majorité absolue des suffrages; en cas de partage, le directeur a voix prépondérante.

Art. 3. — Un des professeurs, choisi par l'assemblée, remplit les fonctions de secrétaire, rédige les procès-verbaux, tient les archives, et reçoit les inscriptions des élèves.

Art. 4. — Les programmes des cours seront arrêtés, au commencement de chaque année, en l'assemblée des professeurs, qui fixent en même temps les jours et heures des leçons.

L'affiche annonçant les différents cours sera visée par le recteur de l'Académie, et publiée par les soins du directeur.

Un double en sera transmis au ministre de l'instruction publique.

Art. 5. — Tout professeur qui, pour motifs légitimes, se trouverait empêché de faire son cours, doit en informer d'avance le directeur de l'École.

Art. 6. — Le chef des travaux anatomiques est tenu de se conformer, en tout ce qui concerne ce service, aux instructions du directeur.

Art. 7. — Le directeur présentera chaque année, dans les premiers jours de janvier, à la commission instituée par l'article 11 de l'ordonnance du 13 octobre 1840, le compte de gestion pour l'année écoulée.

Après que ledit compte aura été vérifié et arrêté, le directeur adressera au recteur l'état présumé des recettes et des dépenses pour l'année suivante.

Cet état, avec copie du compte de gestion de l'année écoulée, sera présenté au conseil municipal dans sa session du mois d'avril.

Art. 8. — Immédiatement après le vote des allocations nécessaires à l'entretien de l'École, le budget de l'établissement sera présenté au conseil académique, puis transmis au ministre, pour être définitivement arrêté en conseil de l'Université.

308.

Congés.

Aucun professeur ou agrégé ne pourra s'absenter plus d'une semaine, pendant le cours de l'année classique, sans en avoir reçu la permission expresse et par écrit du grand maître de l'Université.

Si l'absence ne doit pas être de plus d'une semaine, le congé pourra être accordé par le recteur, sur la proposition motivée du chef de l'établissement auquel le petitionnaire est attaché, sauf au recteur à en rendre compte au grand maître (1).

309.

Lorsque le congé devra être de plus d'une semaine, les pétitionnaires adresseront d'abord leur demande au chef de l'établissement auquel ils appartiennent. La demande contiendra l'exposé des motifs qui les mettent dans la nécessité de s'absenter ; elle exprimera le temps que doit durer l'absence, et la désignation du lieu où le fonctionnaire se propose de se rendre (2).

(1) Art. 54 du statut du 9 avril 1825.
(2) Art. 55, *idem.*

310.

Si le chef de l'établissement juge les motifs suffisants, il transmettra, avec le rapport signé de lui, la demande au recteur de l'Académie ; il indiquera en même temps les mesures qu'il se propose de prendre pour que le service de l'établissement ne souffre pas de l'absence du pétitionnaire.

311.

Le recteur adressera toutes ces pièces, avec son avis, au grand maître de l'Université, qui statuera définitivement (1).

312.

Si le congé est accordé, le recteur, à qui il sera demandé, le transmettra sur-le-champ au chef de l'établissement, pour être remis par celui-ci au pétitionnaire (2).

313.

Le fonctionnaire qui aura obtenu un congé sera tenu de revenir à son poste pour le jour où son congé expire ; à son arrivée, il se présentera

---

(1) Art. 56 du statut du 9 avril 1825.
(2) Art. 57, *idem*.

au chef de l'établissement. Celui-ci préviendra de suite le recteur du retour du fonctionnaire. Le recteur en donnera avis au grand maître ; il aura soin de rappeler le temps qui avait été accordé, et de faire observer si ce temps a été excédé ou non (1).

314.

Si des circonstances imprévues forçaient un fonctionnaire à s'absenter sur-le-champ, et pour plus d'une semaine, le chef de l'établissement en préviendrait le recteur, qui pourrait donner l'autorisation nécessaire, et il en serait rendu compte au grand maître (2).

315.

Tous les fonctionnaires sont avertis que les congés, pendant le cours de l'année scolaire, ne sont accordés que pour des cas extraordinaires, et par conséquent extrêmement rares.

Ceux qui s'absenteraient sans avoir rempli les conditions prescrites seront privés de la totalité de leur traitement, tant fixe qu'éventuel, pendant la durée de leur absence (3).

---

(1) Art. 58 du statut du 9 avril 1825.
(2) Art. 59, *idem.*
(3) Art. 60, *idem.*

316.

RÉTABLISSEMENT DU VAL-DE-GRACE COMME ÉCOLE
SPÉCIALE DE MÉDECINE ET DE PHARMACIE MILITAIRES

(décret du 13 novembre 1852).

Art. 1er. — Les élèves des Facultés de médecine et
des Écoles supérieures de pharmacie qui se présenteront pour être admis dans le corps de santé de l'armée de terre sont soumis à un stage préalable d'une
année à l'École spéciale de médecine et de pharmacie
militaires, qui est et demeure maintenue à Paris près
l'hôpital militaire du Val-de-Grâce.

Art. 2. — Nul n'est admis au stage ci-dessus spé-
cifié, s'il ne remplit les conditions suivantes :

Être Français,

Être docteur en médecine ou maître en pharmacie
de l'une des Facultés ou Écoles de France, ·

Être exempt de toute infirmité qui rende impropre
au service militaire,

Avoir satisfait à des épreuves déterminées par le ministre de la guerre,

N'avoir pas dépassé l'âge de 28 ans au 1er janvier qui
suivra l'ouverture desdites épreuves.

Art. 3. — L'année de séjour à l'École spéciale de
médecine et de pharmacie militaires étant destinée à
familiariser les docteurs ou maîtres admis comme stagiaires avec les principaux aspects de la médecine
militaire, avec ses conditions particulières d'hygiène,
d'action et de réglementation, les conférences auront, dans l'École spéciale, un caractère essentiellement pratique, que préciseront des programmes sou-

mis à l'approbation du ministre de la guerre par le conseil de santé des armées.

Art. 4. — Ces conférences auront pour objet :

1° La clinique médicale ;

2° La clinique chirurgicale ;

3° L'anatomie des régions, avec applications à la médecine et à la chirurgie pratiques ;

4° La médecine opératoire, les appareils et bandages ;

5° La pharmacie militaire d'après le formulaire de l'armée et la comptabilité pharmaceutique ;

6° L'hygiène et la médecine légale militaires ;

7° La chimie appliquée à l'hygiène et aux expertises dans l'armée.

Art. 5. — Le personnel de santé chargé de l'enseignement à l'École spéciale comprend :

1 professeur de clinique médicale ;

1 — de clinique chirurgicale ;

1 — d'hygiène et de médecine légale ;

1 — d'anatomie des régions ;

1 — de médecine opératoire et d'appareils et bandages ;

1 — de chimie appliquée à l'hygiène et aux expertises dans l'armée.

Le personnel de l'École comprend, en outre, trois agrégés.

L'un, spécialement voué à l'étude des maladies internes, est, en cas d'empêchement, le suppléant des professeurs de clinique médicale, d'hygiène et de médecine légale ; il répète ces cours.

L'autre, plus spécialement chirurgien, remplit les mêmes fonctions à l'égard des professeurs de clinique chirurgicale, d'anatomie descriptive et de médecine opératoire.

Le troisième, pharmacien, supplée, en cas de nécessité, le professeur de chimie, et reste chargé per-
sonnellement des conférences de pharmacie militaire.

Les trois agrégés sont chargés aussi de la surveillance disciplinaire des stagiaires, sous l'autorité du
directeur, en tout ce qui concerne le service de l'instruction et sans préjudice du nombre d'aides-majors
de 1re classe reconnus annuellement nécessaires.

Ce personnel est complété enfin par un bibliothécaire conservateur des musées et collections.

Art. 6.— Les professeurs doivent être au moins en possession du grade de major de 2e classe ; ils ne dépassent
le grade de principal de 2e classe qu'à la condition de
sortir de l'enseignement, à moins qu'ils ne cumulent
avec leur fonction de professeur celle de médecin ou
de pharmacien chef à l'hôpital militaire du Val-de-
Grâce.

Les agrégés et le bibliothécaire conservateur des
collections doivent être au moins du grade d'aide-major de 1re classe, et ne dépassent pas, dans l'École, le
grade de major de 1re classe.

Art. 7. — L'École spéciale de médecine et de pharmacie militaires est placée sous l'autorité d'un directeur, auquel sont particulièrement dévolus la surveillance supérieure et disciplinaire du personnel employé
dans l'École, et le contrôle de toutes les parties de l'enseignement.

Le médecin-chef du Val-de-Grâce peut remplir, dans
l'École, les fonctions de sous-directeur, lorsqu'il y
occupe un emploi de professeur.

Art. 8. — Le directeur est nommé par le chef de
l'État, sur la proposition du ministre de la guerre.

Les professeurs et le conservateur bibliothécaire sont

nommés par le ministre de la guerre, sur une liste de présentation établie par le conseil de santé.

Les agrégés sont nommés au concours.

Art. 9. — Le ministre dispose, suivant les besoins du service, du personnel employé dans l'École, et pourvoit à son remplacement, s'il y a lieu, conformément à la teneur de l'art. 8.

Art. 10. — Les officiers de santé attachés à l'École spéciale de médecine et de pharmacie militaires reçoivent la solde de leur grade, augmentée du supplément proportionnel alloué aux officiers de diverses armes employés dans les autres écoles militaires.

Il est attribué au directeur de l'École une indemnité annuelle de frais de bureau de 1,500 francs.

Art. 11. — Les professeurs et le bibliothécaire-conservateur, aujourd'hui en fonctions, qui remplissent les conditions voulues par le présent décret, sont maintenus dans leurs positions respectives.

Art. 12. — Toutes les dispositions antérieures contraires à la teneur du présent décret sont et demeurent abrogées.

Art. 13. — Le ministre de la guerre est chargé de l'exécution du présent décret.

ÉPREUVES D'ADMISSION DANS LE CORPS DE SANTÉ MILITAIRE.

Il résulte de la législation qui vient d'être résumée que les docteurs en médecine et maîtres en pharmacie n'ayant pas dépassé l'âge de vingt-huit ans peuvent entrer dans le corps de santé de l'armée de terre, en remplissant préalablement certaines épreuves.

Ces épreuves vont s'ouvrir, pour 1852, à Montpellier, Strasbourg et Paris, en présence de jurys locaux composés : 1° d'un médecin inspecteur qui présidera les trois jurys ; 2° d'un médecin principal choisi dans une autre spécialité que l'inspecteur, et qui l'accompagnera dans sa tournée ; 3° d'un médecin principal et d'un pharmacien principal désignés par le ministre dans chaque localité.

Cette composition des jurys a pour but d'assurer l'unité d'appréciation et l'équivalence des épreuves.

Un jury central sera chargé d'opérer le classement définitif des candidats d'après les chiffres qui leur auront été donnés par les jurys locaux.

Le jury formé à Paris pour l'admission des candidats remplira, au terme de cette opération, l'office de jury central, et adressera au ministre, par l'intermédiaire de son président, la liste définitive du classement des candidats des trois concours, avec les procès-verbaux et les compositions.

Nécessité des épreuves.

Les épreuves d'admission ont pour but de constater :
1° L'aptitude physique au service militaire ;
2° Le degré d'intelligence et de capacité ;
3° Le degré d'instruction acquise.

Aptitude physique. Cette condition est indispensable aux médecins militaires, qui sont appelés à partager les fatigues du soldat dans toutes les situations de paix et de guerre.

Intelligence et capacité. La médecine militaire ayant ses degrés hiérarchiques auxquels correspondent des emplois divers et des responsabilités distinctes, l'administration a le devoir de rechercher et de

constater, chez les candidats qui se présentent, les ressources naturelles qu'ils offrent en vue de l'avenir et
de ses exigences progressives.

Instruction acquise. Tout en requérant, pour l'exercice des sciences médicales dans l'armée, la garantie légale du doctorat ou de la maîtrise, on ne
saurait oublier que ce titre n'est pas l'expression d'une
valeur constante et uniforme. Il faut reconnaître même
que la production des notes d'examen ne présente, elle
aussi, que des garanties illusoires, parce qu'alors même
que les candidats auraient invariablement obtenu la
note *satisfait* dans les cinq examens et dans la soute-
nance de la thèse, s'ils sont reçus docteurs depuis plusieurs années et qu'ils aient ralenti ou suspendu le
travail scientifique, ces antécédents, tout honorables
qu'ils soient, ne traduisent plus leur valeur actuelle.
N'arrive-t-il pas d'ailleurs, tous les jours, qu'un candidat admis au doctorat par une série d'épreuves mé-
diocres acquiert un complément d'instruction, et même
une certaine expérience, postérieurement à la sortie
des écoles?

Il est donc nécessaire de constater chez celui-ci la
valeur acquise, et chez ceux-là, la valeur qu'ils ont
conservée.

Nature des épreuves médicales.

1° Une composition sur une question de clinique et
de thérapeutique médicales permet aux candidats de
fournir la mesure de leur savoir en médecine et de
leur manière de penser et d'écrire, et au jury d'apprécier leur maturité de réflexion, leur esprit de méthode,
leurs tendances de naissante pratique.

2° Une épreuve orale d'anatomie des régions, avec
applications à la médecine et à la chirurgie pratiques,

a pour but de faire ressortir le fonds de connaissances positives de chaque candidat, la direction de ses études et l'inclination de son intelligence.

3° Une épreuve orale de chirurgie, suivie de l'application de deux appareils ou bandages, est destinée enfin à éclairer le jury sur les aptitudes spéciales des uns et des autres et aussi sur l'utilité de leur concours immédiat à l'exécution du service.

Mode d'exécution des épreuves médicales.

Composition écrite. Il est accordé quatre heures pour la rédiger, sans livres ni notes, sous la surveillance d'un membre du jury; la question est la même pour tous les candidats de chaque localité; elle est arrêtée à huis clos, par le jury, avant l'entrée des candidats en séance de rédaction.

Épreuve orale d'anatomie des régions. Vingt minutes pour chaque candidat, après vingt minutes de réflexion. Les questions, délibérées et arrêtées par le jury, sont en nombre double de celui des candidats, et mises sous enveloppe dans une urne. Chaque candidat tire, au commencement de la séance, sa question, qui est numérotée par le président dans l'ordre que le sort a fixé pour son audition; elle lui est remise dans le cabinet de réflexion, vingt minutes avant l'épreuve.

Épreuve orale de chirurgie, suivie de l'application d'appareils. Vingt minutes pour la durée totale de cette épreuve mixte; douze à quinze, au gré du candidat, pour l'épreuve orale, et cinq à huit pour l'application des appareils ou bandages.

Même marche que ci-dessus pour le tirage des questions.

Nature et mode des épreuves en pharmacie.

1° Réponse écrite à une question d'histoire naturelle des médicaments et de matière médicale ;

2° Épreuve orale sur une question de chimie ;

3° Épreuve orale sur une question de pharmacie, suivie de l'exécution d'une préparation officinale.

Tous les développements consignés ci-dessus touchant les épreuves en médecine sont applicables aux épreuves en pharmacie.

Appréciation du résultat des épreuves.

L'échelle d'appréciation est comprise entre 0 et 20.

Le chiffre d'admissibilité est, dans chaque épreuve, de 11.

Cette échelle sera multipliée par les coefficients qui suivent :

Composition 10
1re épreuve orale. 6
2e épreuve et bandages ou préparation
officinale ensemble. 7

Le chiffre d'admissibilité pour l'ensemble des épreuves est de 253.

Après la dernière épreuve, le jury local procède, en séance particulière, au classement des candidats par ordre de mérite.

Le classement définitif de tous les candidats des trois Facultés a lieu à Paris ; il est déterminé par les chiffres d'appréciation ainsi qu'il a été dit plus haut ; en cas d'égalité de deux candidats, il est fait une nouvelle lecture de leurs compositions en séance du jury central, qui prononce sur le rang définitif de chacun d'eux.

RÉGIME INTÉRIEUR DE L'ÉCOLE SPÉCIALE DE MÉDECINE ET DE PHARMACIE MILITAIRES.

INSTRUCTION.

§ Ier. — MÉDECINE ET CHIRURGIE.

Limite et but de l'enseignement.

Le point de départ est, pour les médecins stagiaires, le doctorat universitaire; le point d'arrivée est la pratique responsable de l'art dans les corps de troupes, les ambulances et les hôpitaux.

Le doctorat constate la possession des notions théoriques de l'art, mais non la facilité d'exercice.

La pratique dans l'armée, comme dans la vie civile, exige chez le chirurgien le diagnostic assuré des lésions et l'habileté opératoire; chez le médecin, l'habitude des explorations exactes, la pénétration et le tact développés par l'expérience, la prudence dans l'action thérapeutique.

La pratique militaire astreint, en outre, le médecin comme le chirurgien à la connaissance des maladies spéciales à l'armée ou qui prédominent dans ses rangs; à celle des données et des moyens hygiéniques qui lui sont propres; enfin à celle des règlements qui déterminent la marche du service de santé et dirigent le médecin dans un grand nombre d'actes relatifs aux intérêts de l'armée et du Trésor.

L'enseignement applicable aux docteurs en médecine commissionnés aides-majors de 2e classe au Val-de-Grâce doit donc se mouvoir dans ces données.

Un stage d'une année peut être considéré comme indispensable, mais suffisant cependant pour familiariser les docteurs nouvellement admis à l'École avec les principaux aspects de la médecine militaire, avec ses conditions d'hygiène, d'action et de réglementation. Ce stage leur permet de renouveler ou de compléter leur sûreté d'investigation au lit des malades et leur dextérité opératoire; il fournit enfin les moyens de constater la réalité des vocations et de prononcer en complète connaissance de cause, au moment des examens de sortie, sur l'admission définitive du candidat dans l'armée.

Programme de l'enseignement.

Les principes qui viennent d'être posés indiquent l'utilité de deux genres d'enseignements :

1° Ceux qui ont pour but de compléter l'instruction pratique des docteurs de manière qu'ils puissent, au sortir de l'École, faire face à toutes les éventualités de l'exercice professionnel dans les diverses positions de la vie militaire, après avoir subi dans l'École même ce stage auquel sont astreints de fait tous les jeunes docteurs civils par l'attente plus ou moins prolongée de la clientèle civile;

2° Les enseignements qui portent sur les données spéciales de la médecine, de la chirurgie et de l'hygième militaires.

Enseignements pratiques. Les enseignements pratiques doivent embrasser :

Les cliniques,

La médecine opératoire,

L'anatomie des régions appliquée à la médecine et à la chirurgie.

Dans les cliniques, les docteurs stagiaires sont sub-

stitués, autant que possible, au professeur, qui se borne
à guider, à rectifier, à confirmer leurs actes et leurs
prescriptions.

Les professeurs des deux cliniques présentent, en
outre, dans une série de leçons :

L'un, l'exposé des maladies qui se rencontrent le
plus communément dans l'armée, la manière d'inter-
roger et de soigner le soldat malade, le détail des méthodes de traitement les mieux adaptées aux diverses
situations de la médecine militaire ;

L'autre, la description des affections externes et la
pratique des opérations, auxquelles les stagiaires sont
exercés avec continuité sur le cadavre. Dans une série
de leçons sur les affections précitées, ce professeur
insiste sur les méthodes de pansement et de traitement
les plus expéditives et les plus faciles à pratiquer aux
armées.

Le cours de médecine opératoire est conforme aux
indications qui précèdent.

Le cours d'anatomie des régions, avec application à
la médecine et à la chirurgie pratique, étant la base
de toutes les explorations diagnostiques et de toutes
les tentatives opératoires, le professeur fait faire, à
tour de rôle, les préparations par les docteurs stagiaires, et fait répéter les démonstrations en sa présence.

Enseignements spéciaux. Les enseignements spéciaux traitent des matières suivantes :

En médecine :

Nostalgie ;

Fièvres éruptives des adultes, si communes dans
l'armée ;

Typhus des hôpitaux, camps, casernes, etc. ;

9.

Dysenterie épidémique ;

Méningite cérébro-spinale , presque spéciale à l'armée ;

Fièvres de marais , à divers types ou degrés ;

Phthisie aiguë des jeunes-soldats ;

Maladies par intoxication alcoolique ;

Scorbut , etc.

En chirurgie :

Plaies d'armes à feu ;

Ophthalmies épidémiques , presque inconnues dans
la pratique civile ;

Maladies vénériennes ;

Traitement des fractures en campagne ;

Ganglionites cervicales et autres , etc.

§ III. — ENSEIGNEMENTS COMMUNS AUX MÉDECINS ET AUX PHARMACIENS.

Les enseignements suivis simultanément par les médecins et par les pharmaciens aides-majors stagiaires
ont pour objet :

1° L'hygiène et la médecine légale militaires, la
réglementation du service de santé et ses rapports
avec les autres services militaires ou civils ;

2° La chimie appliquée à l'hygiène et aux expertises
de l'armée.

§ IV. — EXAMENS DE SORTIE.

Les médecins et les pharmaciens stagiaires sont soumis à un examen de sortie qui a pour but de mettre le
ministre de la guerre à même de prononcer sur la col-
lation du brevet du grade dont ils sont investis par
commission ministérielle.

Cet examen roule sur les parties enseignées ; il est,

autant que possible, pratique. Le programme en est établi par le conseil de santé, de telle sorte que les stagiaires puissent manifester leur instruction par une visite de malades, par des démonstrations anatomiques, et par la pratique d'opérations sur le cadavre; par des applications d'appareils, par des rapports écrits sur des questions d'hygiène et de médecine légale militaires; par des analyses de farines, pain, vin, eaux, etc.

La conduite et les notes disciplinaires durant le cours de l'année de stage sont cotées comme l'instruction pour régler le classement définitif et le rang de sortie.

Les examens de sortie n'excluent pas ceux qui pourraient être reconnus utiles ou nécessaires à diverses époques du stage.

OBLIGATIONS DES STAGIAIRES.

Les docteurs et maîtres admis comme stagiaires à l'École spéciale de médecine et de pharmacie militaires y sont soumis aux obligations de la discipline militaire.

Le régime intérieur de l'École offre l'analogie la plus rapprochée avec celui des écoles d'application de l'artillerie et du génie, à Metz, et d'application d'état-major, à Paris. Les stagiaires sont casernés s'il y a possibilité; en cas contraire, ils sont astreints à demeurer dans le voisinage de l'École. Ils prennent leurs repas en pension, comme les officiers de l'armée; les journées sont entièrement consacrées aux études. Les stagiaires disposent de leurs soirées dans les limites déterminées par un règlement d'ordre. Le tableau de l'emploi du temps comporte quelques exercices militaires, des leçons d'équitation, des visites dans les établissements manutèntionnaires militaires ou industriels.

Les stagiaires sont astreints, dès leur entrée à l'École, à la possession de la tenue complète de leur grade; des mesures seront prises pour qu'elle leur soit fournie immédiatement dans les conditions les plus favorables et moyennant imputation mensuelle sur leurs appointements.

Les appointements des aides-majors de 2e classe, avec le supplément de Paris, s'élèvent à 2,800 francs environ.

TROISIÈME PARTIE.

EXERCICE.

317.

Enregistrement des diplômes,

Tout individu admis au titre de docteur ou à celui d'officier de santé est tenu de présenter, dans le délai d'un mois après la fixation de son domicile, le diplôme qu'il aura obtenu, au greffe du tribunal de première instance et au bureau de la sous-préfecture de l'arrondissement dans lequel il voudra s'établir (1).

318.

Priviléges des docteurs.

Les fonctions de médecins et chirurgiens jurés appelés par les tribunaux, celles de médecins et chirurgiens en chef dans les hospices civils ou chargés par des autorités administratives de divers objets de salubrité publique, ne pourront

---

(1) Art. 24 de la loi du 19 ventôse an XI.

être remplies que par des médecins et des chirurgiens reçus suivant les formes anciennes, ou par des docteurs reçus suivant celles de la présente loi (1).

319.

Les docteurs reçus dans les Écoles de médecine pourront exercer leur profession dans toutes les communes de l'Empire (2).

320.

Restrictions pour les officiers de santé.

Les officiers de santé ne pourront s'établir que dans le département où ils auront été examinés par le jury, après l'enregistrement de leur diplôme. Ils ne pourront pratiquer les grandes opérations chirurgicales que sous la surveillance et l'inspection d'un docteur, dans les lieux où celui-ci sera établi. Dans les cas d'accidents graves arrivés à la suite d'une opération exécutée hors de la surveillance et de l'inspection prescrites ci-dessus, il y aura recours à indemnité contre l'officier de santé qui s'en sera rendu coupable (3).

---

(1) Art. 27 de la loi du 19 ventôse an XI.
(2) Art. 28, *idem.*
(3) Art. 29, *idem.*

321.

Sages-femmes.

Les sages-femmes ne pourront employer les instruments, dans les cas d'accouchements laborieux, sans appeler un docteur (1).

322.

Elles feront enregistrer leur diplôme au tribunal de première instance et à la sous-préfecture de l'arrondissement où elles s'établiront et où elles auront été reçues (2).

323.

Autorisation d'exercice aux docteurs étrangers.

Le gouvernement pourra, s'il le juge convenable, accorder à un médecin ou à un chirurgien étranger, et gradué dans les universités étrangères, le droit d'exercer la médecine ou la chirurgie sur le territoire de l'Empire (3).

324.

Exercice illégal.

Tout individu qui exercerait la médecine ou la chirurgie, ou qui pratiquerait l'art des ac-

(1) Art. 35 de la loi du 19 ventôse an XI.
(2) Art. 4, *idem.*
(3) Art. 36, *idem.*

couchements, sans diplôme ou sans certificat de réception, serait poursuivi et condamné à une amende pécuniaire envers les hospices (1).

325.

Ce délit sera dénoncé aux tribunaux de police correctionnelle, à la diligence du commissaire du gouvernement près ces tribunaux.

L'amende pourra être portée jusqu'à 1,000 fr. pour ceux qui prendraient le titre et exerceraient la profession de docteur ;

A 500 fr., pour ceux qui se qualifieraient du titre d'officier de santé et verraient des malades en cette qualité ;

A 100 fr., pour les femmes qui pratiqueraient illicitement l'art des accouchements.

L'amende sera double en cas de récidive, et les délinquants pourront, en outre, être condamnés à un emprisonnement qui n'excèdera pas six mois (2).

326.

MÉDECINE LÉGALE.

Naissances et inhumations.

Lorsqu'il y aura des signes ou indices de mort violente, ou d'autres circonstances qui donne-

(1) Art. 35 de la loi du 19 ventôse an XI.
(2) Art. 36, *idem*.

ront lieu de le soupçonner, on ne pourra faire l'inhumation qu'après qu'un officier de police, *assisté d'un docteur en médecine ou en chirurgie*, aura dressé procès-verbal de l'état du cadavre, et des circonstances y relatives, ainsi que des renseignements qu'il aura pu recueillir sur les prénoms, nom, âge, profession, lieu de naissance et domicile de la personne décédée (1).

327.

L'assistance d'un officier de santé est suffisante pour ces sortes de constatation (2), et elles doivent toujours être faites sous la foi du serment.

328.

Un médecin n'est pas tenu d'accepter la mission d'expert ; mais, s'il l'a acceptée et qu'il ne se présente pas pour la remplir, il peut être condamné par le tribunal qui l'a commis à des dommages-intérêts (3).

329.

Les inhumations ne peuvent, dans aucun cas, être faites que sur l'avis des médecins ou chi-

---

(1) Art. 81 du Code Napoléon.
(2) Art. 82 du Code d'instruction criminelle.
(3) Art. 316 du Code de procédure civile.

10

rurgiens qui ont suivi la maladie, ou de ceux qui sont préposés à la visite des décédés ; cet avis est transmis à l'officier de police et à l'officier de l'état civil (1).

330.

Les rapports des médecins chargés de constater les décès doivent contenir avec la plus grande précision les renseignements suivants :

1° Les nom, prénoms de la personne décédée ;

2° Le sexe et l'état civil ;

3° L'âge ;

4° La profession ou celle des parents ;

5° La date du décès, mois, jour et heure ;

6° Le quartier, la rue et le numéro du domicile ;

7° L'étage et l'exposition ;

8° La nature de la maladie ;

9° S'il y a lieu à l'autopsie, les motifs qui peuvent la déterminer ;

10° Les causes antécédentes et les complications survenues ;

11° La durée de la maladie ;

12° Le nom des personnes qui ont donné des soins au malade ;

_____

1) Ordonnance de police, du 3 juillet 1801 (pour Paris).

13° Le nom des personnes qui ont fourni les médicaments nécessaires ;

14° Noter très-exactement la position dans laquelle on aura trouvé le cadavre; faire mention s'il a été dérangé de son lit mortuaire, ou bien s'il a été déjà enseveli ou s'il a subi d'autres opérations, telles que divisions de téguments cutanés, autopsie ou moulage.

331.

Il ne pourra être procédé, même sur la réquisition des particuliers, à l'ouverture d'un cadavre, qu'après la vérification légale du décès et en présence du médecin chargé de constater ledit décès (1).

332.

Aucune autopsie (pour cause de médecine légale) ne peut être faite sans le consentement de la famille et sans que le médecin opérateur en ait préalablement prévenu l'officier de police (2).

333.

La naissance des enfants doit être déclarée, à défaut du père, par les docteurs en médecine ou en chirurgie, officiers de santé, sages-fem-

(1) Arrêté du préfet de la Seine, du 21 décembre 1821.
(2) Ordonnance du 3 juillet 1804.

mes, ou autres personnes qui auront assisté à l'accouchement (1).

334.

La même déclaration doit être faite lorsqu'il s'agit d'un fœtus ou d'un embryon sans apparence de sexe et de forme.

335.

Les fœtus doivent être inhumés, sous les peines portées par le Code pénal pour les infractions aux lois sur les inhumations. Quelquefois cependant il arrive que les médecins désirent conserver, dans l'intérêt de la science, des fœtus qui présentent des singularités, des vices de conformation remarquables ; dans ce cas, ils doivent s'adresser au préfet de police, à Paris, et aux maires, dans les autres localités, à l'effet d'obtenir l'autorisation nécessaire.

336.

EXPERTISES MÉDICO-LÉGALES.

Rapports.

Les rapports des médecins experts chargés de constater un crime doivent contenir les observations que l'expérience leur suggérera, relative-

(1) Art. 56 du Code Napoléon.

ment à la présomption d'intention, de volonté
et de préméditation, qu'on peut tirer de l'arme
ou de l'instrument dont le coupable s'est servi,
de la situation, de la direction, du nombre et de
la gravité des blessures qui ont causé la mort.

Ces rapports doivent être affirmés (1).

---

(1) Nous ne pouvons rien faire de mieux que de citer tex-
tuellement les conseils que, dans son excellent *Traité de
jurisprudence de médecine*, M. Trébuchet donne aux experts, d'après les différentes instructions émanées soit du
ministre de la justice, soit du parquet du procureur impérial près le tribunal de la Seine. (Note de l'auteur.)

L'expert doit se transporter sur les lieux immédiatement après avoir été requis. Calme, impassible, au milieu des
émotions diverses que fait naître l'annonce d'un crime; dé-
gagé des impressions que pourrait produire sur lui l'opinion
publique, qui exagère et dénature souvent les faits sur lesquels
il doit se prononcer, le médecin légiste doit apporter dans
son opération l'impartialité et le sang-froid d'un juge, et se
renfermer surtout rigoureusement dans les circonstances de
l'accusation. Son premier soin doit être d'étudier l'état extérieur du cadavre, les traces ou marques qui se trouvent à la
surface du sol. Il doit examiner ensuite, dans le but de découvrir si les armes ou instruments perçants ou contondants
trouvés soit sur le lieu du crime, soit dans les environs, soit
sur la personne ou au domicile du prévenu, sont ceux qui ont
servi à donner la mort, examiner, disons-nous, le rapport de
ces armes ou instruments tant avec les blessures de l'homi-
cidé qu'avec les trous et coupures de ses vêtements. Quant à
l'autopsie, elle ne doit pas être faite, sauf les cas d'urgence,
sans l'autorisation du procureur impérial. Cette opération importante peut et doit presque toujours être retardée jusqu'au
moment où le procès-verbal est remis au procureur impérial,
qui examine s'il doit la prescrire ou autoriser purement et
simplement l'inhumation; à plus forte raison, l'autopsie ne
doit-elle pas être ordonnée le lendemain par l'officier de police, comme cela a eu lieu quelquefois. Cette marche est on ne

337.

Les rapports doivent toujours être écrits, en totalité ou en partie, sur le lieu même de la

peut plus vicieuse ; car, si les officiers de police peuvent et doivent faire constater les crimes par tous les moyens que la loi met en leur pouvoir, ils n'ont ce droit qu'en cas de flagrant délit, à la charge d'en rendre compte sans délai au procureur impérial, dont ils ne sont que les auxiliaires, et auquel ils doivent transmettre les procès-verbaux qu'ils ont dressés, et les renseignements qu'ils ont recueillis.

Si donc ils doivent, au moment même où le décès leur est annoncé, faire constater l'état du cadavre d'un individu, lorsqu'il y a lieu de soupçonner que sa mort est le résultat d'un crime, ils ne peuvent plus le lendemain ordonner l'autopsie (et dans ce cas, les médecins agiraient prudemment en n'obtempérant pas à la réquisition qui leur serait faite) ; car, de deux choses l'une : ou les premières informations détruisent toute idée de crime, et il n'y a plus lieu de faire ouvrir le cadavre, ou la présomption du crime s'est confirmée, et alors les procès-verbaux doivent être adressés sans délai au procureur impérial, qui devient maître de l'instruction, et auquel il appartient de juger de la nécessité de l'autopsie, et de donner à ce sujet les réquisitions convenables. (*Décision de M. le garde des sceaux, du 23 novembre* 1824.)

Il ne peut être fait d'exception à ces principes que dans des cas urgents, et notamment lorsque le procureur impérial demeure trop loin du lieu où le crime a été commis ; dans ce cas, les officiers de police doivent surveiller l'opération, et éviter surtout que des médecins inhabiles commettent des fautes ou des imprudences qui pourraient détruire les traces du crime.

S'il s'agit d'infanticide, les hommes de l'art ont à examiner si l'enfant est né à terme, s'il a vécu, de quel genre de mort il a péri ; à rechercher si le temps de l'accouchement se rapporte à celui de la naissance et de la mort de l'enfant, et par conséquent quel peut être l'âge de cet enfant ; à observer sur-

visite : en totalité, lorsque l'affaire n'est pas compliquée, et que les conclusions à déduire des faits observés sont d'une évidence frappante.

---

tout les circonstances accessoires propres à accélérer, retarder ou empêcher la putréfaction : ainsi une température chaude et humide hâte singulièrement la décomposition de toutes les substances animales, et elle est retardée par une température sèche et froide ; d'un autre côté, un cadavre s'altère promptement dans une eau stagnante, et se conserve longtemps dans des terrains marneux et argileux. Ces observations sont fort importantes pour les cas où l'on aurait à tirer quelques inductions, pour l'âge de l'enfant, de l'état de conservation du cadavre. Quelques auteurs font remarquer en outre qu'au lieu de se détruire promptement dans les latrines, les cadavres d'enfants qu'on y jette s'y conservent pendant quelque temps dans un état d'intégrité, qui paraît dépendre des fluides gazeux qui s'échappent des matières accumulées. Nous ne savons jusqu'à quel point cette opinion est fondée, mais elle nous paraît digne d'une attention particulière.

Dans les cas d'empoisonnements, les experts ne doivent pas oublier que les matières trouvées soit dans des aliments, soit dans l'estomac et les intestins du cadavre, doivent d'abord être mises sous les scellés par l'officier public, et qu'ils ne doivent procéder à l'analyse de ces substances que devant ces mêmes magistrats. Il importe, en outre, qu'ils conservent autant que possible une partie des matières et des poisons à analyser, afin que l'on puisse au besoin réitérer les expériences, lors de l'instruction ultérieure ou du jugement.

S'il y a présomption de suicide, il s'agit de reconnaître si, d'après le genre de la mort, la nature, le nombre, la situation et la gravité des blessures, la personne décédée a pu se donner elle-même la mort.

Dans les cas de mort purement accidentelle ou subite, les hommes de l'art doivent examiner scrupuleusement si le cadavre ne présente pas quelques lésions extérieures ou autres signes de mort violente, et ne rien négliger pour que leurs rapports puissent éclairer suffisamment l'autorité judiciaire.

Enfin, lorsqu'il y a lieu de constater des blessures dont la

S'il n'en est pas ainsi, ou s'il est nécessaire de se
transporter dans un laboratoire de chimie, pour
analyser des matières suspectes, on doit écrire

---

loi punit les auteurs, les experts ont à s'expliquer principalement sur l'espèce, la gravité, la durée, et les conséquences
des blessures, chose essentielle à constater, soit pour déterminer le caractère du délit, soit pour appliquer la peine. En effet, si les blessures ont causé une maladie ou une incapacité de
travail personnel pendant plus de vingt jours, elles constituent
un crime ; si elles approchent de ce caractère de gravité, le
tribunal correctionnel ne peut appliquer le maximum de la
peine ; si elles sont légères, il appliquera, selon les circonstances, une peine moins forte.

Quant aux constatations de viol, aucune opération n'exige
plus de prudence, plus de discrétion et de délicatesse ; elles
ne doivent d'ailleurs avoir lieu qu'autant qu'elles sont nécessaires pour l'intelligence des faits. Les enfants et jeunes personnes, victimes de ce crime, ne doivent, dans tous les cas, être in-
terpellés qu'avec les plus grands ménagements, et n'être visités que dans les cas d'une rigoureuse et absolue nécessité.
(*Instruction du procureur impérial de la Seine.*)

Et encore hésitons-nous à reconnaître ici aux magistrats
le droit d'ordonner des explorations corporelles, soit dans le
cas dont il s'agit, soit même lorsqu'il y a présomption d'infanticide. Ces explorations nous paraissent constituer des atteintes graves à la pudeur d'une femme, surtout lorsque son
innocence est reconnue, et pourraient, dans certains cas, être
mises au nombre des rigueurs employées dans les arresta-
tions, détentions et exécutions, et que l'art. 82 de l'acte des
constitutions du 13 décembre 1799, confirmé par l'art. 615 du
Code d'instruction criminelle, qualifie crimes, lorsqu'elles ne
sont pas autorisées par la loi. Or, dans ses dispositions relatives au viol et à l'infanticide, la loi ne parle point de recherches à faire sur le corps des plaignantes ou des accusés,
et le soin qu'elle a mis dans l'énumération des détails qui constituent les informations judiciaires ne permet pas de croire
qu'elle eût omis ces recherches, si elle les avait considérées
comme licites.

sur les lieux mêmes tout ce qui est le résultat de l'observation, sauf à tirer plus tard les conséquences qui doivent terminer le rapport (1).

338.

Certificats.

Le certificat est un acte beaucoup plus simple que le rapport. C'est une attestation purement officieuse, qui n'exige ni la prestation de serment ni la présence du magistrat, et qui, dans beaucoup de cas, n'a pas été provoquée par la justice (2).

339.

Quoi qu'il en soit, ces certificats ne doivent jamais contenir que l'expression de la vérité, et les experts qui, sous ce rapport, manqueraient à la rigueur de leur mandat, s'exposeraient à la sévérité des lois.

340.

Lorsqu'il sera constaté, par le certificat d'un médecin, que des témoins se trouvent dans l'impossibilité de comparaître sur la citation qui leur aura été donnée, le juge d'instruction se trans-

(1) Orfila, *Médecine légale.*
(2) *Idem, ibidem.*

portera en leur demeure, quand ils habiteront dans le canton de la justice de paix du domicile du juge d'instruction (1).

341.

Si le témoin auprès duquel le juge se sera transporté n'était pas dans l'impossibilité de comparaître sur la citation qui lui avait été donnée, le juge décernera un mandat de dépôt contre le témoin et contre le médecin qui aura délivré le certificat ci-dessus mentionné (2).

342.

Toute personne qui, pour se rédimer elle-même ou en affranchir une autre d'un service public quelconque, fabriquera, sous le nom d'un médecin, chirurgien ou autre officier de santé, un certificat de maladie ou d'infirmité, sera punie d'un emprisonnement de deux à cinq ans (3).

343.

Tout médecin, chirurgien ou autre officier de santé, qui, pour favoriser quelqu'un, certifiera faussement des maladies ou infirmités propres à dispenser d'un service public, sera puni d'un emprisonnement de deux à cinq ans.

(1) Art. 83 du Code d'instruction criminelle.
(2) Art. 86 du même Code.
(3) Art. 159 du Code pénal.

S'il y a été mû par dons ou promesses, il sera puni du bannissement ; les corrupteurs seront, en ce cas, punis de la même peine (1).

344.

La délivrance d'un faux certificat ayant pour objet de faire obtenir un congé de réforme, et signé sous un vrai nom, mais sous une fausse qualité de chirurgien, est considérée comme un simple délit de police correctionnelle, et non comme un faux caractérisé (2).

345.

La délivrance d'un faux certificat sous le nom d'un médecin, pour faire transporter un prisonnier dans un hospice, est considérée comme un faux en écritures (3).

MODÈLES DE RAPPORTS ET DE CERTIFICATS.

Rapport.

Nous soussigné, docteur en médecine de la Faculté de   demeurant à
rue   n°   , sur la réquisition de M. le procureur impérial (ou de M.
commissaire de police du quartier de   ),

---

(1) Art. 160 du Code pénal.
(2) Arrêt de la Cour de cassation , du 6 août 1807.
(3) Arrêt de la même cour, du 22 mai 1807.

qui nous a été signifiée par M.   huissier,
nous sommes transporté, aujourd'hui
18   à   heure (du soir ou du matin),
accompagné de MM.   juge,
commissaire de police, etc., au domicile de
âgé de   ans, rue   nº , à l'effet de...

Ayant été introduit dans une chambre au
          étage, éclairée par   croisée
sur la rue (ou sur une cour), nous avons trouvé :
1º   2º   etc. (Décrire soigneusement toutes les circonstances propres à amener
des conclusions rigoureuses.)

De ces faits et de ces observations, nous croyons
pouvoir conclure : 1º   2º   etc.

En foi de quoi, nous avons signé le présent
rapport, que nous certifions conforme à la vérité.

Paris, ce   18

Certificat.

Je soussigné, docteur en médecine de la
Faculté de   demeurant à
rue   nº   , certifie que M.
âgé de   ans, demeurant à   est
affecté de...

En foi de quoi, je lui ai délivré le présent,
pour servir et valoir ce que de raison.

Paris, ce   18

N. B. Les certificats doivent être faits sur papier timbré, et légalisés, pour Paris, par le maire de l'arrondissement où demeure le signataire ; dans les départements, par le maire, le préfet et le sous-préfet.

346.

Instruction sur les engagements volontaires.

L'officier devant lequel un engagé volontaire se présentera fera constater par un docteur en médecine ou en chirurgie, et, à leur défaut, par un officier de santé employé pour les actes de l'état civil ou de la police judiciaire, ou attaché à un hospice militaire ou civil, si le sujet n'a aucune infirmité, et s'il est d'une constitution robuste ; cette formalité remplie, il lui délivrera, s'il le reconnaît bon pour le service, un certificat (1).

347.

Instruction sur les appels de la conscription.

Plusieurs médecins ou chirurgiens seront désignés à l'avance par le préfet, pour donner, lorsqu'ils en seront requis, leur avis sur les infirmités des jeunes gens dont le conseil ordonnera la visite.

(1) Loi du 20 mai 1818.

Les médecins que le gouvernement emploie dans les hôpitaux militaires, et, à défaut, ceux des hôpitaux civils, seront choisis de préférence. A l'ouverture de chaque séance, il sera fait entre les médecins désignés par le préfet un tirage pour l'indication de celui d'entre eux qui devra ce jour-là assister à la séance (1).

348.

Le conseil de révision constatera les infirmités que pourraient avoir les jeunes gens destinés à faire partie du contingent, et il fera visiter ces jeunes gens par le médecin présent à la séance (2).

349.

Les jeunes gens seront visités à huis clos, si le conseil estime que la décence l'exige; mais l'avis du médecin sera lu en public.

Les jeunes gens appelés à faire partie du contingent de leur classe qui seront prévenus de s'être rendus impropres au service militaire, soit temporairement, soit d'une manière permanente, dans le but de se soustraire aux obligations imposées par la présente loi, seront déférés aux tribunaux par les conseils de révision, et s'ils

---

(1) Art. 57 de la loi du 10 août 1818.
(2) Art. 69, *idem.*

sont reconnus coupables , ils seront punis d'un emprisonnement d'un mois à un an.

350.

La peine portée au précédent article sera prononcée contre les complices : si les complices sont des médecins, chirurgiens, officiers de santé , ou pharmaciens , la durée de l'emprisonnement sera de deux mois à deux ans, indépendamment d'une amende de 200 fr. à 1,000 fr. , qui pourra être prononcée , et sans préjudice de peines plus graves , dans les cas prévus par le Code pénal (1).

351.

Les médecins, chirurgiens, ou officiers de santé, qui , appelés au conseil de révision à l'effet de donner leur avis, auront reçu des dons ou agréé des promesses pour être favorables aux jeunes gens qu'ils doivent examiner, seront punis d'un emprisonnement de deux mois à deux ans.

Cette peine leur sera appliquée, soit qu'au moment des dons ou promesses ils aient été déjà désignés pour assister au conseil , soit que les dons ou promesses aient été agréés dans la prévoyance des fonctions qu'ils auraient à remplir.

---

(1) Loi du 21 mars 1832 , art. 41.

Il leur est défendu, sous la même peine, de rien recevoir, même pour une réforme justement prononcée (1).

352.

RESPONSABILITÉ.

Les officiers de santé, ne pouvant, ainsi que cela a été dit à l'article 320 de ce Code, pratiquer les grandes opérations chirurgicales que sous la surveillance et l'inspection d'un docteur, sont responsables pécuniairement des accidents graves arrivés à la suite des opérations qu'ils auraient exécutées hors de celte surveillance, sans préjudice des peines portées par les art. 319 et 320 du Code pénal, s'il y a lieu (2).

353.

Les mêmes peines peuvent être appliquées aux sages-femmes qui auraient employé les instruments, dans les accouchements laborieux, sans appeler le secours d'un docteur (3).

354.

Le médecin n'est pas responsable, en principe, des faits de sa pratique médicale; mais sa res-

(1) Art. 45 de la loi du 21 mars 1832.
(2) Art. 29 de la loi du 19 ventôse an XI.
(3) Art. 33 de la même loi.

ponsabilité sera engagée, toutes les fois qu'il s'agira de contraventions ou de délits écrits dans la loi, toutes les fois que le médecin pourra être accusé d'une faute grave, d'une négligence coupable, des accidents occasionnés par le refus de son ministère, etc.

355.

Quiconque, par aliments, breuvages, médicaments, violences, ou par tout autre moyen, aura procuré l'avortement d'une femme enceinte, soit qu'elle y ait consenti ou non, sera puni de la réclusion.

356.

La même peine sera portée contre la femme qui se sera procuré l'avortement à elle-même, ou qui aura consenti à faire usage des moyens à elle indiqués ou administrés à cet effet, si l'avortement s'en est suivi.

357.

Les médecins, chirurgiens, et autres officiers de santé, ainsi que les pharmaciens, qui auront indiqué ou administré les moyens, seront condamnés à la peine des travaux forcés à temps, dans le cas où l'avortement aurait eu lieu (1).

---

(1) Art. 317 du Code pénal.

358.

DU SECRET.

Les médecins, chirurgiens, et autres officiers de santé, ainsi que les pharmaciens, les sages-femmes, et toutes autres personnes dépositaires, par état ou profession, des secrets qu'on leur confie, qui, hors le cas où la loi les oblige à se porter dénonciateurs, auront révélé ces secrets, seront punis d'un emprisonnement d'un mois à six mois, et d'une amende de 100 fr. à 500 fr. (1).

359.

Tout médecin appelé devant les tribunaux pour déposer comme témoin doit le faire, à moins qu'il s'agisse de faits qu'il a été appelé à connaître comme médecin ; dans ce cas, il doit garder le secret, quand bien même celui que ces faits intéressent en demanderait la révélation (2).

_____

(1) Art. 378 du Code pénal.
(2) D'après ces dispositions, les médecins ne sont tenus à garder, aux yeux de la loi, que les secrets qu'on leur confie ; mais la morale leur impose des obligations bien plus étendues : elle veut qu'ils ne dévoilent rien de ce qui concerne la nature de la maladie, quand elle doit rester inconnue, et de ce que leur entrée dans la maison où ils sont appelés leur ferait apprendre ou voir, quand bien même cela serait entièrement étranger à l'exercice de leurs fonctions. Ces principes ne paraissent susceptibles d'aucune objection, et, sous quelque pré-

360.

HONORAIRES.

Les honoraires des médecins pour les frais
quelconques de la dernière maladie sont admis

---

texte que ce soit, on ne doit pas s'écarter de leur rigoureuse
application.

C'est donc au médecin seul qu'il appartient de scruter sa
conscience, de rechercher la limite de ses devoirs, d'examiner jusqu'à quel point, dans certaines circonstances, il est
tenu de garder le secret, et nous devons le dire, un médecin
consciencieux est souvent embarrassé sur la conduite qu'il doit
tenir.

Ainsi M. le Dr Gendrin rapporte (*Journal général de médecine*, t. CXI, p. 331 ; 1830) une question qui s'est présentée
dans un procès criminel, jugé il y a quelques années aux
assises du département de la Seine.

« Un docteur en médecine a cru reconnaître, sur un enfant,
des symptômes d'empoisonnement, que la mort de l'enfant
lui eût permis de vérifier, si la volonté du père, en s'opposant
à l'ouverture du corps, ne l'en eût empêché. La mère de cet
enfant, femme d'une imagination vive, frappée de la mort de
son enfant, et nécessairement aussi de l'impression qu'avaient
laissée dans son esprit les soupçons du docteur sur la nature
du mal de l'enfant, soupçons qui ressortaient de sa conduite
même, tombe aussi malade ; elle est depuis longtemps sujette
à des vomissements, ils sont cette fois très-forts. Cependant le même docteur croit encore reconnaître des symptômes
d'empoisonnement ; un second médecin, qui voit la malade
avec le premier, prévenu par ce dernier de ce qui s'était passé
antérieurement, croit en reconnaître aussi. Enfin la dame
Bouquet vient elle-même corroborer les soupçons de ses médecins, en leur confiant qu'elle est la victime d'une tentative
d'empoisonnement dont son mari serait l'auteur, et dont elle
leur fait connaître toutes les circonstances ; elle remet même à
l'un d'eux une substance vénéneuse qu'elle dit avoir été dé-

comme créances privilégiées sur la généralité
des meubles (1).

---

posée dans sa tisane par son mari. Deux jours après, cette
dame rétracte par écrit, auprès des médecins, toute cette
confidence, et déclare s'en être laissé imposer par les appa-
rences.

« La première pensée des médecins fut qu'ils ne pouvaient
faire connaître à l'autorité le secret dont ils étaient dépositaires, sans s'exposer aux peines portées, par l'art. 378 du
Code pénal, contre les médecins qui révèlent les secrets qui
leur sont confiés dans l'exercice de leur profession ; cependant, sur l'avis des magistrats de police, ils se décidèrent ensuite à faire une révélation, qui a servi de base à l'instruction
d'un procès criminel qui a duré plus d'une année.

« Aux débats publics, ces deux médecins sont venus établir
devant la justice les motifs des soupçons d'empoisonnement
conçus, à l'examen des accidents éprouvés par l'enfant Bouquet, dont le cadavre n'avait pas été ouvert, à cause du refus
de son père ; ils ont ensuite établi comment, d'après les symptômes qu'elle présentait, ils avaient soupçonné que la dame
Bouquet elle-même était empoisonnée. L'énumération peu
méthodique des symptômes par lesquels les médecins ont motivé leurs soupçons n'a pu laisser aucun doute pour les médecins que si l'enfant Bouquet et sa mère n'avaient réellement présenté que les phénomènes que l'on rapportait, il était
impossible que la conviction des hommes de l'art ait pu se
former sur de tels signes, évidemment sans valeur, pour mo-
tiver un soupçon d'empoisonnement ; les médecins de la famille Bouquet, qui avaient certainement réfléchi sur toute la
gravité du soupçon auquel ils s'étaient arrêtés, n'avaient
néanmoins pu le concevoir avec légèreté ; il était donc pro-
bable que leur conviction avait été complétée par des circonstances qui ne se représentaient plus à leur mémoire. Mais, ces
circonstances n'étant pas reproduites, la révélation des médecins ne portait plus réellement aux débats que sur la déclaration de la dame Bouquet elle-même ; cette déclaration, rapprochée de toutes les circonstances dans lesquelles elle avait été

(1) Art. 2101 du Code Napoléon.

361.

. Leurs droits, dans ce cas, priment ceux des propriétaires (1).

---

faite, et surtout du désaveu qui l'a suivi de près, n'avait plus de poids ; aussi l'accusation, qui ne reposait que sur les révélations des médecins, a-t-elle échoué.

« Il reste de cette affaire le fait pénible à exprimer, que la révélation d'une confidence faite à des médecins sous le sceau du secret, et presque annulée d'ailleurs par un désaveu, que des idées refroidies ont amené à faire peu de temps après, a eu, en définitive, pour résultat de faire tenir pendant une année sous les verroux, et dans les horribles anxiétés d'une instruction criminelle, un citoyen dont la culpabilité n'a enfin pas été déclarée constante après les débats publics où l'on a mis au grand jour toutes les circonstances de sa vie publique et privée. C'est donc un devoir bien sacré pour les médecins dépositaires d'un secret d'aussi grande importance, que celui qui a servi de base à ce procès, de le conserver religieusement, s'ils doivent le garder, et plus encore, de le révéler avec courage si cette révélation est obligatoire. »

Aux exemples qui précèdent, nous ajouterons ceux qui suivent :

Un médecin est appelé auprès d'une femme en couches. Arrivé sur les lieux, il reconnaît cette femme, dont le mari est infirme et malade depuis long-temps, et qui, voulant lui cacher la faute qu'elle a commise, a quitté son domicile sous un prétexte spécieux, et a pris un nom supposé. Il y a urgence à faire l'accouchement, le médecin le termine, et comme il ne se trouve là ni père, ni aucune personne en état de faire la déclaration à l'état civil, le médecin, aux termes de l'art. 56 du Code civil, est obligé de s'acquitter lui-même de ce soin. Doit-il, dans ce cas, déclarer à la mairie les noms véritables de la mère, ou bien les noms sous lesquels elle l'a fait appeler ? Cette position nous paraît fort embarrassante. Le médecin sait, il est vrai, le nom de la mère ; mais, d'un autre côté,

(1) Jugement du tribunal de la Seine du 5 juillet 1851.

362.

L'action des médecins, chirurgiens et pharmaciens, pour leurs visites, opérations et médicaments, se prescrit par un an (1).

c'est comme médecin, et non comme homme de la société, qu'il a été appelé auprès d'elle. Il ne doit donc voir dans cette femme qu'une malade qui réclame ses soins ; il doit oublier dans cet instant qu'il la connaît sous d'autres rapports, et il n'a rien à objecter lorsque cette femme lui dit : Je suis, il est vrai, madame Pierre, dans le monde, dans les cercles où je vous rencontre ; mais ici, dans ce domicile qui n'est pas le mien, je ne suis que madame Paul ; le hasard vous a conduit près de moi, et comme votre profession seule vous a mis à même de découvrir mon secret, vous ne pouvez le dévoiler ; vous ne devez connaître ici que la femme Paul, car c'est pour elle que vous êtes venu. Cependant ce médecin sait que cette femme est mariée, que s'il déclare les faux noms qu'elle a pris, il va priver un enfant de sa position d'état, puisqu'il le déclare comme enfant naturel ; tandis qu'aux yeux de la loi, il a pour père le mari de sa mère. Que fera-t-il ? Rien que de très-naturel selon nous. C'est en exerçant son ministère qu'il a surpris ce secret, il ne doit pas le divulguer ; pour lui cette femme est étrangère, et seulement, au lieu de donner purement et simplement les noms qu'elle a pris, il doit faire ainsi sa déclaration à la mairie : Enfant d'une personne qui nous a dit, ou qu'on nous a dit, se nommer Paul.

Encore un exemple. Un médecin traite un homme marié, d'une maladie honteuse ; il le guérit et réclame ses honoraires. Cet homme refuse de les payer. Le médecin peut-il l'actionner devant les tribunaux, et s'exposer ainsi à faire connaître à la femme la maladie dont son mari était atteint, ou doit-il renoncer à ses honoraires ? Aux yeux de la loi, le médecin ne serait certainement pas considéré comme ayant violé un secret ; car, par le fait, il ne déclarerait pas la nature de la ma-

(1) Art. 2272 du Code Napoléon.

363.

S'il arrive qu'au début d'une maladie ou pendant son cours, un malade convienne avec son médecin de lui donner une somme fixée lors-

---

ladie. Mais, suivant sa conscience, ce secret serait divulgué, attendu qu'il serait bien difficile de cacher ce procès à la femme; or, comme elle ignorait que son mari eût été malade, elle en conclurait naturellement qu'il avait intérêt à lui cacher sa maladie, et que cette maladie était honteuse. Nous n'hésitons pas à dire que, dans ce cas, le médecin doit renoncer à ses honoraires.

Ces positions, comme on le voit, sont délicates; mais combien d'autres ne se rencontrent-elles pas dans la pratique. Ainsi un médecin soigne une jeune personne atteinte de maladies cutanées, ou d'autres affections qu'on ne connaît pas; il sait qu'on va la marier, et l'homme qui va l'épouser est son proche parent, son ami intime. Doit-il l'avertir? Non sans aucun doute. D'autres fois, il a accouché une demoiselle dont personne ne connaît la faute, et il la voit à la veille d'épouser un jeune homme, qui la croit sage et vertueuse. Eh bien, encore dans ce cas, même obligation de silence. C'est pour lui, il est vrai, un horrible tourment de ne pouvoir empêcher ce mariage, de ne pouvoir instruire ce jeune homme de la vérité. Il ne peut qu'éclairer la femme sur l'indignité de sa conduite, chercher à la rappeler à des sentiments d'honneur, et lui faire entrevoir surtout l'avenir qui l'attend avec un homme qu'elle aura trompé; mais, hors ces démarches, toute révélation doit expirer sur ses lèvres. C'est qu'en effet, la médecine est comme le sacerdoce; les devoirs qu'elle impose sont sacrés, quelquefois même implacables. D'un mot vous pouvez retirer un ami d'un précipice, et vous ne pouvez le dire, parce qu'il y a deux hommes en vous, l'homme du monde et le médecin: le médecin, auquel on confie toutes les plaies du corps, comme au prêtre toutes les plaies de l'âme; le médecin, auquel on ne songe pas même à demander le secret, tant il est naturel; auquel la mère raconte des choses à déshonorer dix

qu'il sera guéri, le médecin peut-il, dans ce cas, opposer à son client sa promesse ou son titre, et en réclamer l'exécution devant les tribunaux?

---

fois sa fille, et sans crainte, sans hésitation, avec confiance, parce que cet homme peut la guérir, lui rendre la vie, la santé; le médecin enfin, auquel un homme criminel et fugitif vient apporter ses blessures sans prendre le soin de lui en cacher les causes, sans concevoir même la pensée qu'il puisse être trahi. Honneur à la profession qui inspire une telle confiance; mais aussi honte et réprobation et devant Dieu et devant les hommes pour ceux qui la trahissent!

Mais, si un médecin ne doit pas divulguer les maladies des personnes qu'il traite, lorsque leur intérêt exige le silence, il ne peut pas se taire lorsqu'il reconnaît sur elle les traces d'empoisonnement ou de quelque violence qui indiqueraient un crime. Il ne serait obligé à garder le silence que si le malade lui avait confié sous le sceau du secret ou qu'il a été empoisonné ou qu'il s'est empoisonné lui-même.

« Un médecin appelé auprès d'une femme qui est menacée d'une fausse couche explore l'état des parties génitales, il trouve une plaie au museau de tanche; il examine et acquiert la conviction qu'un instrument piquant a été implanté sur cette partie. Une tentative de provocation d'avortement, au moyen d'un instrument piquant, a été faite; il n'en peut douter. Que faire? il n'est pas tenu au secret par la loi, car on ne lui a rien confié. Doit-il révéler?... D'autres intérêts doivent alors le diriger, les intérêts de la société, ceux de la famille au milieu de laquelle il se trouve. Il demande alors formellement une explication sur la blessure profonde qu'il reconnaît. Si le crime a été commis par un médecin, une sage-femme, qui peut avoir souvent occasion de commettre de pareils crimes, et qui peut souvent le faire avec impunité, l'intérêt de la société exigerait qu'on dénonçât, sans hésiter, une pareille tentative. Une seule considération doit arrêter, c'est celle qui se tire de la position de la femme sur qui l'avortement a été tenté sans succès. Si la poursuite du procès doit déshonorer une femme jusque-là considérée, et que le désir d'échapper à la honte des suites d'une séduction soit la seule cause du crime, le médecin ne doit pas hésiter : le se-

Si la législation moderne est muette sur des faits
de cette nature, qui ne se sont pas encore produits
devant elle , la législation ancienne, et notam-

---

cret doit être gardé : l'homme sage ne doit pas porter, à
coup sûr, la honte, le malheur, dans une famille honorable,
pour tâcher d'appeler sur la tête d'un misérable la vengeance
des lois, à laquelle il peut être assez heureux pour échapper
devant le tribunal, lorsque la victime n'échappera pas au
déshonneur qui la suivrait partout. Le médecin qui se con-
duirait ainsi respecterait le secret du malheur, il faudrait le
louer. Mais, s'il s'agissait d'une femme habituée au vice, rien
ne l'arrêterait ; il n'hésiterait plus à obéir au seul intérêt de
la société ; il respecterait le secret qui lui serait confié, si on
lui apprenait les détails du crime, car il n'est pas de puissance humaine qui puisse délier de l'obligation du secret
contracté envers qui que ce soit ; mais il dresserait procès-
verbal des lésions physiques qu'il reconnaîtrait, et il l'enver-
rait à l'autorité, qui en agirait comme elle le jugerait convenable.

« Un médecin, appelé auprès d'un individu dont il a la confiance, et dont il est l'ami, lui trouve les symptômes d'empoisonnement ; il questionne : c'est une femme qui, entraînée
dans le vice par un séducteur, a attenté aux jours de son mari.
Le médecin doit ménager l'honneur d'une famille ; il a à veiller
sur la vie d'un homme qui lui déclare qu'il aime mieux périr
empoisonné de la main de celle qui a tenté plusieurs fois le
crime, que d'envoyer à l'échafaud la mère de ses enfants. Il
ne doit pas violer le secret, mais il obtient de s'en servir pour
effrayer d'un côté, et donner du courage de l'autre. Il décide
une séparation ; il soustrait une victime aux coups d'un as-
sassin, et l'honneur d'une famille est sauvé. » (Extrait du
Journal général de médecine.)

Ces exemples achèvent de prouver ce que nous avons cher-
ché à faire ressortir dans ce chapitre, c'est que hors les cas
où il s'agit de secrets confiés, on ne peut établir aucune règle
positive ; ce n'est que dans sa conscience que le médecin doit
puiser ses inspirations.

(TRÉBUCHET, *Jurisprudence de médecine.*)

Nous ne voyons rien de mieux, pour terminer cet intéres-

ment un arrêt du parlement de Provence en date du 19 novembre 1633, répond à cette question par la négative.

364.

Cette négation ne s'applique pas au médecin requis pour un malade qui demeure dans une localité plus ou moins éloignée ; dans ce cas, le médecin est parfaitement fondé à faire d'avance les conditions d'un déplacement qui lui est dispendieux sous tant de rapports.

365.

Le honoraires et vacations des médecins, chirurgiens, sages-femmes, etc., à raison des opérations qu'ils feront sur la réquisition des officiers de justice ou de police judiciaire, dans les cas prévus par les art. 43, 44, 148, 332 et 333 du Code d'instruction criminelle, sont réglés ainsi qu'il suit.

1° Pour chaque visite et rapport, y compris le premier pansement s'il y a lieu :

Dans notre bonne ville de Paris, *six francs;*

---

sant chapitre, que d rappeler la formule du Serment d'Hippocrate, formule qui résume en peu de mots, et de la manière la plus simple, toute la rigueur du secret.

«Ce que je verrai ou entendrai dans l'exercice de mon art, ou même hors de mon ministère, dans le commerce des hommes, et qui ne devra pas être divulgué, je le regarderai comme quelque chose de secret, et je me tairai.» (*Note de l'auteur.*)

. Dans les villes de quarante mille habitants et au-dessus, *cinq francs* ;

. Dans les autres villes et communes, *trois francs.*

2° Pour les ouvertures de cadavres ou autres opérations plus difficiles que la simple visite, et en sus des droits ci-dessus :

: Dans notre bonne ville de Paris, *neuf francs* ;

Dans les villes de quarante mille habitants et au-dessus, *sept francs ;*

.Dans les autres villes et communes, *cinq francs* (1).

366.

Ces honoraires sont les mêmes pour les médecins, qu'ils aient agi de nuit ou de jour ; il n'y a de distinction dans la fixation de ces honoraires que lorsque les médecins ont agi comme *experts* (2).

367.

Les vacations des experts sont réglées ainsi qu'il suit.

Chaque expert ou interprète recevra pour chaque vacation de trois heures, et pour chaque rapport, lorsqu'il sera fait par écrit, savoir :

. A Paris, *cinq francs ;*

---

(1) Décret du 18 juin 1811 (art. 17).
(2) Décision du ministre de la justice, du 15 juin 1825.

Dans les villes de quarante mille habitants et au-dessus, *quatre francs;*

Dans les autres villes et communes, *trois francs.*

Les vacations de nuit seront payées moitié en sus (1).

368.

Il ne peut être alloué que deux vacations de jour, ni plus d'une vacation de nuit, quel que soit le nombre d'heures employées à ces vacations (2).

369.

Il n'est rien alloué pour soins et traitements administrés soit après le premier pansement (dans les cas de médecine légale), soit après les visites ordonnées d'office (3).

370.

Les dispositions qui précèdent ne s'appliquent qu'au médecin qui agit dans le lieu de sa résidence. Lorsqu'il y a déplacement, notamment dans les cas prévus par les art. 43 et 44 du Code d'instruction criminelle, les honoraires des médecins, chirurgiens, experts, sages-femmes, etc., qui se transportent à plus de deux kilomètres de

(1) Art. 22 du décret du 18 juin 1811.
(2) Décision du ministre de la justice, du 5 janvier 1825.
(3) Art. 21 du décret du 18 juin 1811.

leur résidence, sont fixés pour chaque myriamètre parcouru en allant et revenant, savoir :

1° Pour les médecins et chirurgiens, à *deux francs cinquante centimes ;*

2° Pour les sages-femmes, à *un franc cinquante centimes* (1).

371.

L'indemnité est réglée par myriamètre ou demi myriamètre. Les fractions de huit ou neuf kilomètres sont comptées pour un myriamètre, et celles de trois à sept kilomètres, pour un demi-myriamètre (2).

372.

L'augmentation de taxe qui avait été accordée par le décret précité pour les frais de voyage pendant les mois d'hiver est supprimée.

373.

Lorsque les médecins, chirurgiens, sages-femmes, sont arrêtés dans le cours de leur voyage par force majeure, ils ont droit à une indemnité pour chaque jour de séjour forcé, savoir :

1° Ceux de la première classe, *deux francs;*

2° Ceux de la seconde, *un franc cinquante centimes.*

---

(1) Art. 24 et 90 du décret du 18 juin 1811.
(2) Art. 92 du même décret.

- Mais ils sont tenus de faire constater par le juge de paix ou ses suppléants, par le maire ou par son adjoint, la cause du séjour forcé, et d'en représenter le certificat à l'appui de leur demande (1).

374.

S'ils sont obligés de prolonger leur séjour dans la ville où se fait l'instruction de la procédure, et qui n'est pas celle de leur résidence, il leur est alloué pour chaque jour de séjour une indemnité fixée ainsi qu'il suit :

1° Pour les médecins et chirurgiens, à Paris, *quatre francs ;*

Dans les villes de quarante mille habitants et au-dessus, *deux francs cinquante centimes ;*

Dans les autres villes et communes, *deux francs.*

2° Pour les sages-femmes, à Paris, *trois francs ;*

Dans les villes de quarante mille âmes et au-dessus, *deux francs ;*

Dans les autres villes et communes, *un franc cinquante centimes.*

375.

Les médecins, chirurgiens, etc., ne sont pas toujours appelés pour des opérations ; quelque-

(1) Art. 95 du décret du 18 juin 1811.

fois ils sont cités soit devant le juge d'instruction, soit aux débats, à raison de leurs déclarations, visites ou rapports. Les indemnités dues
pour cette comparution leur sont alors payées
comme à des témoins, et leurs indemnités de
route doivent être les mêmes que celles des témoins, c'est-à-dire *un franc cinquante centimes*
pour chaque myriamètre (1).

376.

Dans les cas de voies de fait, si le plaignant
réclame l'assistance d'un médecin pour constater
ses blessures, les honoraires sont à sa charge. Si
le fait peut amener la présomption d'un crime ou
délit, et que la personne blessée n'ait pas le
moyen de payer le médecin, la police y satisfait (2).

377.

DES DONATIONS ET TESTAMENTS.

Les docteurs en médecine ou en chirurgie, les
officiers de santé et les pharmaciens, qui auront
traité une personne pendant la maladie dont elle
meurt, ne pourront profiter des dispositions entre vifs ou testamentaires qu'elle aurait faites en
leur faveur pendant le cours de cette maladie.

---

(1) Art. 25 du décret du 18 juin 1811.
(2) Arrêté du préfet de police, du 10 juillet 1812.

Sont exceptées : 1° les dispositions rémunéra-
toires faites à titre particulier, eu égard aux facultés du disposant et aux services rendus ;

2° Les dispositions universelles, dans le cas de
parenté, jusqu'au quatrième degré inclusivement,
pourvu toutefois que le décédé n'ait pas d'héritiers en ligne directe ; à moins que celui au profit de qui la disposition a été faite ne soit lui-
même du nombre de ces héritiers (1).

378.

Le legs fait par une personne à la fille de sa
sœur est valable, encore-que le père de la léga-
taire, en qualité de pharmacien, ait donné ses
soins au testateur dans la maladie dont il est
mort (2).

---

(1) Art. 909 du Code Napoléon.
Ces dispositions générales reçoivent dans l'application
des interprétations nombreuses, et font naître journellement
de fréquents procès. Ainsi, d'après la jurisprudence fondée
sur cet article, la donation déguisée sous la forme d'une
rente est nulle, même si elle a été sérieusement consentie
entre les parties. La donation est nulle, si elle a été faite au
profit du père, de la mère, des enfants ou descendants du
médecin qui aurait traité le malade ; l'incapacité de recevoir
ne pourrait être appliquée au cas où il est établi que les soins
donnés par le médecin l'ont été par suite de l'affection qu'il
portait au testateur, et que la libéralité a été déterminée aussi
par l'affection que le testateur portait à ce médecin, bien
avant sa mort (Cour de cassation, 21 juillet 1832).
TRÉBUCHET, *Jurisprudence de médecine.*
(2) Cour de cassation, 21 juillet 1806.

379.

Les médecins et pharmaciens sont incapables de recevoir des dispositions universelles de la part des malades qu'ils traitent, encore bien qu'ils soient alliés du testateur au troisième degré (1).

380.

Un mari peut recevoir toutes sortes de dispositions de sa femme, encore qu'il soit docteur en médecine ou en chirurgie, et qu'il ait traité la testatrice pendant la maladie dont elle est morte (2).

Mais, si un médecin épouse sa malade pendant le cours de la maladie dont elle est morte, peut-il alors profiter de la donation entre vifs faite par cette femme à son profit ?

Non, s'il résulte des circonstances du mariage qu'il n'a été contracté que pour éluder la loi.

Oui, dans le cas contraire (3).

381.

L'officier de santé en chef d'un hospice, assisté du commandant militaire chargé de la police de cet établissement, peut, en quelque pays que ce soit, recevoir les testaments des militaires et des

(1) Cour de cassation, 12 octobre 1812.
(2) Cour de cassation, 30 août 1808.
(3) Trébuchet, *Jurisprudence de médecine.*

individus employés dans les armées, si le testateur est malade ou blessé (1).

382.

Les dispositions de l'article ci-dessus n'auront
lieu qu'en faveur de ceux qui seront en expédition militaire, ou en quartier, ou en garnison
hors du territoire français, ou prisonniers chez
l'ennemi, sans que ceux qui seront en quartier ou
en garnison puissent en profiter, à moins qu'ils
ne se trouvent dans une place assiégée. ou dans
une citadelle et autres lieux dont les portes soient
fermées et les communications interrompues à
cause de la guerre (2).

383.

ALIÉNATION MENTALE.

Tout ce qui concerne cette grave et triste
question a été réglé par les dispositions suivantes, qu'aucun médecin ne doit ignorer, sous
peine d'engager au plus haut degré sa responsabilité.

384.

LOI SUR LES ALIÉNÉS
(30 juin 1838).

Art. 1er. — Chaque département est tenu d'avoir un
établissement public spécialement destiné à recevoir.

(1) Art. 981 et 982 du Code Napoléon.
(2) Art. 983 du même Code.

et soigner les aliénés, ou de traiter, à cet effet, avec un établissement public ou privé soit de ce département, soit d'un autre département.

Art. 2 et 3. — Les établissements publics ou privés consacrés aux aliénés sont placés sous la direction ou la surveillance de l'autorité publique.

Art. 4. — Le préfet et les personnes désignées à cet effet par lui ou le ministre de l'intérieur, le président du tribunal, le procureur impérial, le juge de paix, le maire de la commune, sont chargés de visiter ces établissements publics ou privés, de recevoir les réclamations des personnes qui y sont placées, et de prendre tous les renseignements propres à faire connaître leur position.

SECTION Iʳᵉ.

Placements volontaires.

Art. 8. — Les chefs ou préposés responsables des établissements publics, et les directeurs des établissements privés consacrés aux aliénés, ne pourront recevoir une personne atteinte d'aliénation mentale, s'il ne leur est remis : 1° une demande d'admission contenant les noms, profession, âge et domicile, tant de la personne qui la formera que de celle dont le placement sera réclamé, et l'indication du degré de parenté, ou, à défaut, de la nature des relations qui existent entre elles. Cette demande sera écrite et signée par celui qui la formera; et, s'il ne sait pas écrire, elle sera reçue par le maire ou le commissaire de police, qui en donnera acte. Si la demande est formée par le tuteur d'un interdit, il devra fournir à l'appui un extrait du jugement d'interdiction. 2° Un certificat de médecin constatant l'état mental de la personne à placer, et indiquant les particularités de sa maladie et la nécessité de faire traiter la personne désignée dans un établissement d'aliénés, et de l'y tenir enfermée. Ce certificat ne pourra être admis s'il s'est écoulé plus de quinze jours de sa date, ou s'il est signé d'un médecin attaché à l'établissement, ou si le médecin signataire est parent ou allié au second degré inclusivement des chefs ou propriétaires de l'établissement, ou de la personne qui fera effectuer le placement. En cas d'urgence, les chefs des établissements publics pourront se dispenser d'exiger le certificat du médecin. 3° Le passe-port ou tout autre pièce propre à constater l'individualité de la personne à placer.

Il sera fait mention de toutes les pièces produites, dans un bulletin d'entrée qui sera envoyé dans les vingt-quatre heures, avec un certificat du médecin de l'établissement et la copie de celui ci-dessus mentionné, au préfet de police, à Paris, au préfet ou sous-préfet, dans les communes, chefs-lieux de département ou d'arrondissement, et aux maires dans les autres communes. Le sous-préfet ou le maire en fera immédiatement l'envoi au préfet.

Art. 9. — Si le placement est fait dans un établissement privé, le préfet, dans les trois jours de la réception du bulletin, chargera un ou plusieurs hommes de l'art de visiter la personne désignée dans le bulletin, à l'effet de constater son état mental et d'en faire un rapport sur-le-champ. Il pourra leur adjoindre telle autre personne qu'il désignera.

Art. 10. — Dans le même délai, le préfet notifiera administrativement les noms, profession et domicile, tant de la personne placée que de celle qui aura demandé le placement, et les causes du placement: 1° au procureur impérial de l'arrondissement du domicile de la personne placée; 2° à celui de l'arrondissement de la situation de l'établissement. Ces dispositions seront communes aux établissements publics et privés.

Art. 11. — Quinze jous après le placement d'une personne dans un établissement public ou privé, il sera adressé au préfet, conformément au dernier paragraphe de l'article 8, un nouveau certificat du médecin de l'établissement, qui confirmera ou rectifiera, s'il y a lieu, les observations contenues dans le premier certificat, en indiquant le retour plus ou moins fréquent des accès ou des actes de démence.

Art. 12. — Il y aura, dans chaque établissement, un registre coté et paraphé par le maire, sur lequel seront immédiatement inscrits les noms, profession, âge et domicile des personnes placées dans les établissements, la mention du jugement d'interdiction, si elle a été prononcée, et le nom de leur tuteur ; la date de leur placement, les noms, profession et demeure de la personne, parente ou non parente, qui l'aura demandé. Seront également transcrits sur ce registre : 1° le certificat du médecin, joint à la demande d'admission ; 2° ceux que le médecin de l'établissement devra adresser à l'autorité, conformément aux art. 8 et 11. — Le médecin sera tenu de consigner sur ce registre, au moins tous les mois, les changements survenus dans l'état mental de chaque malade. Ce registre constatera également les sorties et les décès. — Ce registre sera soumis aux personnes qui, d'après l'art. 4, auront le droit de visiter l'établissement, lorsqu'elles se présenteront pour en faire la visite ; après l'avoir faite, elles apposeront sur le registre leur visa, leur signature et leurs observations, s'il y a lieu.

Art. 13. — Toute personne placée dans un établissement d'aliénés cessera d'y être retenue aussitôt que les médecins de l'établissement auront déclaré, sur le registre à ce destiné, que la guérison est obtenue. — S'il s'agit d'un mineur ou d'un interdit, il sera donné avis de cette déclaration aux personnes auxquelles il devra être remis et au procureur impérial.

Art. 14. — Avant même que les médecins aient déclaré la guérison, toute personne placée dans un établissement d'aliénés cessera également d'y être retenue, dès que la sortie sera requise par l'une des personnes ci-après désignées : 1° le curateur nommé en exécution de l'art. 38 de la présente loi ; 2° l'époux ou l'épouse ; 3° à défaut d'époux ou d'épouse, les ascendants ; 4ⁿ à défaut d'ascendants, les descendants ; 5° la personne qui aura signé la demande d'admission (à moins qu'un parent n'ait déclaré s'opposer à ce qu'elle use de cette faculté sans l'assentiment du conseil de famille); 6° toute personne à ce autorisée par le conseil de famille.

S'il résulte, d'une opposition notifiée au chef de l'établissement par un ayant droit, qu'il y a dissentiment soit entre les ascendants, soit entre les descendants, le conseil de famille prononcera.

Néanmoins, si le médecin de l'établissement est d'avis que l'état mental du malade pourrait compromettre l'ordre public ou la sûreté des personnes, il en sera donné préalablement connaissance au maire, qui pourra ordonner immédiatement un sursis provisoire à la sortie, à la charge d'en référer, dans les vingt-quatre heures, au préfet. Ce sursis provisoire cessera de plein droit à l'expiration de la quinzaine, si le préfet n'a pas, dans ce délai, donné d'ordres contraires, conformément à l'art. 21 ci-après.

En cas de minorité ou d'interdiction, le tuteur pourra seul requérir la sortie.

Art. 15. — Dans les vingt-quatre heures de la sortie, les chefs préposés ou directeurs en donneront avis aux fonctionnaires désignés dans le dernier paragraphe de l'art. 8, et leur feront connaître le nom et la résidence des personnes qui auront retiré le malade, son état mental au moment de sa sortie, et, autant que possible, l'indication du lieu où il aura été conduit.

Art. 16. — Le préfet pourra toujours ordonner la sortie immédiate des personnes placées volontairement dans les établissements d'aliénés.

Art. 17. — En aucun cas, l'interdit ne pourra être remis qu'à son tuteur, et le mineur qu'à ceux sous l'autorité desquels il est placé par la loi.

SECTION II.

Placements ordonnés par l'autorité publique.

Art. 18. — A Paris, le préfet de police, et dans les départements, les préfets, ordonneront d'office le placement dans un établissement d'aliénés de toute personne interdite ou non interdite, dont l'état d'aliénation compromettrait l'ordre public ou la sûreté des personnes. — Les ordres des préfets seront motivés et devront énoncer les circonstances qui les auront rendus nécessaires.

Art. 19. — En cas de danger imminent attesté par le certificat d'un médecin ou par la notoriété publique, les commissaires de police, à Paris, et les maires dans les autres communes, ordonneront, à l'égard des personnes atteintes d'aliénation mentale, toutes les mesures nécessaires, à la charge d'en référer dans les vingt-quatre heures au préfet, qui statuera sans délai.

Art. 20. — Les chefs, directeurs ou préposés responsables d'établissements, seront tenus d'adresser aux préfets, dans le premier mois de chaque semestre, un rapport rédigé par le médecin de l'établissement sur l'état de chaque personne qui y sera retenue, sur la nature de la maladie et les résultats du traitement. — Le préfet prononcera sur chacune individuellement, et ordonnera sa maintenue dans l'établissement ou sa sortie.

Art. 21. — A l'égard des personnes dont le placement aura été volontaire, et dans le cas où leur état mental pourrait compromettre l'ordre public ou la sûreté des personnes, le préfet pourra, dans les formes tracées par le deuxième paragraphe de l'article 18, décerner un ordre spécial à l'effet d'empêcher qu'elles ne sortent de l'établissement sans son autorisation, si ce n'est pour être placées dans un autre établissement.

Art. 22. — Les procureurs impériaux seront informés de tous les ordres donnés en vertu des articles 18, 19, 20 et 21. — Ces ordres seront notifiés au maire des personnes soumises au placement, qui en donnera immédiatement avis aux familles. — Il en sera rendu compte au ministre de l'intérieur. — Les diverses notifications prescrites par le présent article seront faites dans les formes et délais énoncés en l'article 10.

Art. 23. — Si, dans l'intervalle qui s'écoulera entre les rapports ordonnés par l'article 20, les médecins déclarent, sur le registre tenu en exécution de l'art. 12, que la sortie peut être ordonnée, les chefs, directeurs ou préposés responsables des établissements, seront tenus, sous peine d'être poursuivis conformément à l'art. 30 ci-après, d'en référer aussitôt au préfet, qui statuera sans délai.

Art. 24. — Les hospices et hôpitaux civils seront tenus de recevoir provisoirement les personnes qui leur seront adressées en vertu des art. 18 et 19, jusqu'à ce qu'elles soient dirigées sur l'établissement spécial destiné à les recevoir, aux termes de l'art. 1er, ou pendant le trajet qu'elles feront pour s'y rendre. — Dans toutes les communes où il-existe des hospices ou hôpitaux, les aliénés ne pourront être déposés ailleurs que dans les hospices ou hôpitaux. Dans les lieux où il n'en existe pas, les maires devront pourvoir à leur logement soit dans une hôtellerie, soit dans un local loué à cet effet. Dans aucun cas, les aliénés ne pourront être ni conduits avec les condamnés ou les prévenus, ni déposés dans une prison.

SECTION III.

Dépenses.

Art. 25. — Les aliénés dont le placement aura été ordonné par le préfet, et dont les familles n'auront pas demandé l'admission dans un établissement privé, seront conduits dans l'établissement appartenant au département ou avec lequel il aura traité. — Les aliénés dont l'état mental ne compromettrait pas l'ordre public ou la sûreté des personnes y seront également admis, dans les formes, dans les circonstances, et aux conditions qui seront réglées par le conseil général, sur la proposition du préfet, et approuvées par le ministre.

Art. 26. — La dépense du transport des personnes dirigées par l'administration sur les établissements d'aliénés sera arrêtée par le préfet, sur le mémoire des agents préposés à ce transport. — La dépense de l'entretien, du séjour et du traitement des personnes placées dans les hospices ou établissements publics d'a-

liénés, sera réglée d'après un tarif arrêté par le préfet.
— La dépense de l'entretien, du séjour et du traitement
des personnes placées par les départements dans les
établissements privés sera fixée par des traités passés
par le département, conformément à l'art. 1er.

Art. 27. — Les dépenses énoncées en l'article précédent seront à la charge des personnes placées ; à défaut, à la charge de ceux auxquels il peut être demandé des aliments, aux termes des art. 205 et suivants du Code Napoléon.

Art. 28. — A défaut ou en cas d'insuffisance des ressources énoncées en l'article précédent, il y sera
pourvu sur les centimes affectés par la loi des finances
aux dépenses ordinaires du département auquel l'a-
liéné appartient, sans préjudice du concours de la
commune du domicile de l'aliéné, d'après les bases
proposées par le conseil général, sur l'avis du préfet,
et approuvées par le gouvernement. — Les hospices
seront tenus à une indemnité proportionnée au nombre
des aliénés dont le traitement ou l'entretien était à
leur charge, et qui seraient placés dans un établissement spécial d'aliénés.

SECTION IV.

Dispositions communes.

Art. 29. — Toute personne placée ou retenue dans
un établissement d'aliénés, son tuteur (si elle est mineure), son curateur, tout parent ou ami, pourront, à
quelque époque que ce soit, se pourvoir devant le tribunal du lieu de la situation de l'établissement, qui,
après les vérifications nécessaires, ordonnera, s'il y a
lieu, la sortie immédiate. — Les personnes qui auront
demandé le placement, et le procureur impérial,

d'office, pourront se pourvoir aux mêmes fins. — Dans le cas d'interdiction, cette demande ne pourra être formée que par le tuteur de l'interdit. — La décision sera rendue, sur simple requête, en chambre du conseil et sans délai ; elle ne sera point motivée. — Aucunes requêtes, aucunes réclamations, adressées soit à l'autorité judiciaire, soit à l'autorité administrative, ne pourront être supprimées ou retenues par les chefs d'établissements, sous les peines portées ci-après.

Art. 30. — Les chefs, directeurs ou préposés responsables, ne pourront, sous les peines portées par l'art. 120 du Code pénal (six mois à deux ans de prison, 16 fr. à 200 fr. d'amende), retenir une personne placée dans un établissement d'aliénés, dès que sa sortie aura été ordonnée par le préfet (art. 16, 20 et 23 ci-dessus) ou par le tribunal (art. 29 ci-dessus), ni lorsque cette personne se trouvera dans les cas énoncés aux art. 13 et 14.

Art. 31. — Les commissions administratives ou de surveillance des hospices ou établissements publics d'aliénés exerceront, à l'égard des personnes non interdites qui y seront placées, les fonctions d'administrateurs provisoires ; elles désigneront un de leurs membres pour les remplir. L'administrateur ainsi désigné procédera au recouvrement des sommes dues à la personne placée dans l'établissement et à l'acquittement de ses dettes, passera des baux qui ne pourront excéder trois ans, et pourra même, en vertu d'une autorisation spéciale accordée par le président du tribunal civil, faire vendre le mobilier. — Les sommes provenant soit de la vente, soit des autres recouvrements, seront versées directement dans la caisse de l'établissement, et seront employées, s'il y a lieu, au profit de la personne placée dans l'établissement.

Art. 32. — Néanmoins, sur la demande des parents, de l'époux ou de l'épouse, sur celle de la commission administrative, ou sur la provocation d'office du procureur impérial, le tribunal civil du lieu du domicile pourra toujours, conformément à l'art. 497 du Code Napoléon, nommer, en chambre du conseil, un administrateur provisoire aux biens de toute personne non interdite placée dans un établissement d'aliénés.

Art. 33. — Le tribunal, sur la demande de l'administrateur provisoire, ou à la diligence du procureur impérial, désignera un mandataire spécial à l'effet de représenter en justice tout individu non interdit placé ou retenu dans un établissement d'aliénés, qui serait engagé dans une contestation judiciaire ou contre lequel une action serait intentée postérieurement. — Le tribunal pourra aussi, en cas d'urgence, désigner un mandataire spécial à l'effet d'intenter une action mobilière ou immobilière. — L'administrateur provisoire pourra, dans les deux cas, être désigné pour mandataire spécial.

Art. 34. — Les dispositions du Code civil, sur les causes qui dispensent de la tutelle, sur les incapacités, les exclusions ou les destitutions des tuteurs, sont applicables aux administrateurs provisoires nommés par le tribunal. — Sur la demande des parties intéressées ou sur celle du procureur impérial, le jugement qui nommera l'administrateur provisoire pourra en même temps constituer sur ses biens un hypothèque générale ou spéciale, jusqu'à la concurrence d'une somme déterminée par ledit jugement. — Le procureur impérial devra, dans le délai de quinzaine, faire inscrire cette hypothèque au bureau de la conservation; elle ne datera que du jour de l'inscription.

Art. 35. — Dans le cas où un administrateur provisoire aura été nommé par jugement, les significations à faire à la personne placée dans un établissement d'aliénés seront faites à cet administrateur. — Les significations faites au domicile pourront, suivant les circonstances, être annulées par les tribunaux. — Il n'est point dérogé aux dispositions de l'article 173 du Code de commerce.

Art. 36. — A défaut d'administrateur provisoire, le président, à la requête de la partie la plus diligente, commettra un notaire pour représenter les personnes non interdites placées dans les établissements d'aliénés, dans les inventaires, comptes, partages et liquidations dans lesquels elles seraient intéressées.

Art. 37. — Les pouvoirs conférés en vertu des articles précédents cesseront de plein droit dès que la personne placée dans un établissement d'aliénés n'y sera plus retenue. — Les pouvoirs conférés par le tribunal en vertu de l'art. 32 cesseront de plein droit à l'expiration d'un délai de trois ans ; ils pourront être renouvelés. — Cette disposition n'est pas applicable aux administrateurs provisoires qui seront donnés aux personnes entretenues par l'administration dans des établissements privés.

Art. 38. — Les actes faits par une personne placée dans un établissement d'aliénés, pendant le temps qu'elle y aura été retenue, sans que son interdiction ait été prononcée ni provoquée, pourront être attaqués pour cause de démence, conformément à l'article 1304 du Code Napoléon. — Les dix ans de l'action en nullité courront, à l'égard de la personne retenue qui aura souscrit les actes, à dater de la signification qui lui en aura été faite, ou de la connaissance qu'elle en aura eue après sa sortie définitive de la maison d'aliénés ; — et à l'égard de ses héritiers, à dater de la signification qui leur en aura été faite, ou de la connaissance qu'ils en auront eue, depuis la mort de leur auteur. — Lorsque les dix ans auront commencé de courir contre celui-ci, ils continueront de courir contre lés héritiers.

Art. 39. — Le ministère public sera entendu dans toutes les affaires qui intéresseront les personnes placées dans un établissement d'aliénés, lors même qu'elles ne seraient pas interdites.

Art. 40. — Sur la demande de l'intéressé, de l'un de ses parents, de l'époux ou de l'épouse, d'un ami, ou sur la provocation d'office du procureur impérial, le tribunal pourra nommer en chambre du conseil, par jugement non susceptible d'appel, en outre de l'administrateur provisoire, un curateur à la personne de tout individu non interdit, placé dans un établissement d'aliénés, lequel devra veiller : 1° à ce que ses revenus soient employés à adoucir son sort et à accélérer sa guérison ; 2° à ce que ledit individu soit rendu au libre exercice de ses droits aussitôt que sa situation le permettra. — Ce curateur ne pourra être choisi parmi ses héritiers présomptifs.

Art. 41. — Les contraventions aux dispositions des articles ci-dessus, commises par les chefs, directeurs ou préposés responsables des établissements publics ou privés d'aliénés, et par les médecins employés dans ces établissements, seront punies d'un emprisonnement de cinq jours à un an, et d'une amende de 5 fr. à 3,000 fr., ou de l'une ou de l'autre de ces peines. — Il pourra être fait application de l'art. 463 du Code pénal.

Ordonnance royale relative aux établissements publics et privés concernant les aliénés

(18 décembre 1839).

Titre Ier. — *Des établissements publics consacrés aux aliénés.*

Art. 1er. — Les établissements publics consacrés au service des aliénés seront administrés sous l'autorité de notre ministre secrétaire d'État au département de l'intérieur, et des préfets des départements, et sous la surveillance de commissions gratuites, par un directeur responsable, dont les attributions seront ci-après déterminées.

Art. 2. — Les commissions de surveillance seront composées de cinq membres nommés par les préfets et renouvelés chaque année par cinquième.

Les membres des commissions de surveillance ne pourront être révoqués que par notre ministre de l'intérieur, sur le rapport du préfet.

Chaque année, après le renouvellement, les commissions nommeront leur président et leur secrétaire.

Art. 3. — Les directeurs et les médecins en chef et adjoints seront nommés par notre ministre secrétaire d'État au département de l'intérieur, directement pour la première fois, et, pour les vacances suivantes, sur une liste de trois candidats présentés par les préfets.

Pourront aussi être appelés aux places vacantes, concurremment avec les candidats présentés par les préfets, les directeurs et les médecins en chef ou adjoints qui auront exercé leurs fonctions pendant trois ans dans d'autres établissements d'aliénés.

Les élèves attachés aux établissements d'aliénés seront nommés pour un temps limité, selon le mode déterminé par le règlement sur le service intérieur de chaque établissement.

Les directeurs, les médecins en chef et les médecins adjoints, ne pourront être révoqués que par notre ministre de l'intérieur, sur le rapport des préfets.

Art. 4. — Les commissions instituées par l'art. 1er, chargées de la surveillance générale de toutes les parties du service des établissements, sont appelées à donner leur avis sur le régime intérieur, sur les budgets et les comptes, sur les actes relatifs à l'administration, tels que le mode de gestion des biens, les projets des travaux, les procès à intenter ou à soutenir, les transactions, les emplois des capitaux, les acquisitions, les emprunts, les ventes ou échanges d'immeubles, les acceptations de legs, de donations, les pensions à accorder, s'il y a lieu, les traités à conclure pour le service des malades.

Art. 5. — Les commissions de surveillance se réuniront tous les mois; elles seront, en outre, convoquées par les préfets ou les sous-préfets, toutes les fois que les besoins du service l'exigeront.

Le directeur de l'établissement et le médecin chargé en chef du service médical assisteront aux séances de la commission; leur voix sera seulement consultative.

Néanmoins le directeur et le médecin en chef devront se retirer de la séance, au moment où la commission délibérera sur les comptes d'administration et sur les rapports qu'elle pourrait avoir à adresser directement au préfet.

Art. 6. — Le directeur est chargé de l'administration intérieure de l'établissement et de la gestion de ses biens et revenus.

Il pourvoit, sous les conditions prescrites par la loi, à l'admission et à la sortie des personnes placées dans l'établissement.

Il nomme les préposés de tous les services de l'établissement ; il les révoque, s'il y a lieu. Toutefois les surveillants, les infirmiers et les gardiens, devront être agréés par le médecin en chef ; celui-ci pourra demander leur révocation au directeur. En cas de dissentiment, le préfet prononcera.

Art. 7. — Le directeur est exclusivement chargé de pourvoir à tout ce qui concerne le bon ordre et la police de l'établissement, dans les limites du règlement du service intérieur, qui sera arrêté, en exécution de l'art. 7 de la loi du 30 juin 1838, par notre ministre de l'intérieur.

Il résidera dans l'établissement.

Art. 8. — Le service médical, en tout ce qui concerne le régime physique et moral, ainsi que la police médicale et personnelle des aliénés, est placé sous l'autorité du médecin, dans les limites du règlement du service intérieur mentionné à l'article précédent.

Les médecins adjoints, dans les maisons où le règlement intérieur en établira, les élèves, les surveillants, les infirmiers et les gardiens, sont, pour le service médical, sous l'autorité du médecin en chef.

Art. 9. — Le médecin en chef remplira les obligations imposées aux médecins par la loi du 30 juin 1838, et délivrera tous certificats relatifs à ses fonctions.

Des certificats ne pourront être délivrés par le médecin adjoint qu'en cas d'empêchement constaté du médecin en chef.

En cas d'empêchement constaté du médecin en chef et du médecin adjoint, le préfet est autorisé à pourvoir provisoirement à leur remplacement.

12

Art. 10. — Le médecin en chef sera tenu de résider dans l'établissement.

Il pourra toutefois être dispensé de cette obligation par une décision spéciale de notre ministre de l'intérieur, pourvu qu'il fasse chaque jour au moins une visite générale des aliénés confiés à ses soins, et qu'en cas d'empêchement il puisse être suppléé par un médecin résidant.

Art. 11. — Les commissions administratives des hospices civils, qui ont formé ou qui formeront à l'avenir, dans ces établissements, des quartiers affectés aux aliénés, seront tenues de faire agréer par le préfet un préposé responsable qui sera soumis à toutes les obligations imposées par la loi du 30 juin 1838.

Dans ce cas, il ne sera pas créé de commission de surveillance.

Le règlement intérieur des quartiers consacrés au service des aliénés sera soumis à l'approbation de notre ministre de l'intérieur, conformément à l'art. 7 de cette loi.

Art. 12. — Il ne pourra être créé, dans les hospices civils, des quartiers affectés aux aliénés, qu'autant qu'il sera justifié que l'organisation de ces quartiers permet de recevoir et de traiter cinquante aliénés au moins.

Quant aux quartiers actuellement existants, où il ne pourrait être traité qu'un nombre moindre d'aliénés, il sera statué sur leur maintien par notre ministre de l'intérieur.

Art. 13. — Notre ministre de l'intérieur pourra toujours autoriser, ou même ordonner d'office, la réunion des fonctions de directeur et de médecin.

Art. 14. — Le traitement du directeur et du médecin sera déterminé par un arrêté de notre ministre de l'intérieur.

Art. 15. — Dans tous les établissements publics où le travail des aliénés sera introduit comme moyen curatif, l'emploi du produit de ce travail sera déterminé par le règlement intérieur de cet établissement.

Art. 16. — Les lois et règlements, relatifs à l'administration générale des hospices et établissements de bienfaisance, en ce qui concerne notamment l'ordre de leurs services financiers, la surveillance de la gestion du receveur, les formes de la comptabilité, sont applicables aux établissements publics d'aliénés en tout ce qui n'est pas contraire aux dispositions qui précèdent.

TITRE II. — *Des établissements privés consacrés aux aliénés.*

Art. 17. — Quiconque voudra former ou diriger un établissement privé destiné au traitement des aliénés devra en adresser la demande au préfet du département où l'établissement devra être situé.

Art. 18. — Il justifiera :

1° Qu'il est majeur et exerçant ses droits civils;

2° Qu'il est de bonnes vie et mœurs; il produira, à cet effet, un certificat délivré par le maire de la commune ou de chacune des communes où il aura résidé depuis trois ans;

3° Qu'il est docteur en médecine.

Art. 19. — Si le requérant n'est pas docteur en médecine, il produira l'engagement d'un médecin qui se chargera du service médical de la maison, et déclarera se soumettre aux obligations spécialement imposées, sous ce rapport, par les lois et règlements.

Ce médecin devra être agréé par le préfet, qui pourra toujours le révoquer; toutefois cette révocation ne sera définitive qu'autant qu'elle aura été approuvée par notre ministre de l'intérieur.

Art. 20. — Le requérant indiquera, dans sa demande, le nombre et le sexe des pensionnaires que l'établissement pourra contenir; il en sera fait mention dans l'autorisation.

Art. 21. — Il déclarera si l'établissement doit être uniquement affecté aux aliénés, ou s'il recevra d'autres malades. Dans ce dernier cas, il justifiera, par la production du plan de l'établissement, que le local consacré aux aliénés est entièrement séparé de celui qui est affecté au traitement des autres malades.

Art. 22. — Il justifiera :

1° Que l'établissement n'offre aucune cause d'insalubrité, tant au dedans qu'au dehors, et qu'il est situé de manière que les aliénés ne soient pas incommodés par un voisinage bruyant ou capable de les agiter ;

2° Qu'il peut être alimenté, en tout temps, d'eau de bonne qualité et en quantité suffisante;

3° Que par la disposition des localités, il permet de séparer complétement les sexes, l'enfance et l'âge mûr; d'établir un classement régulier entre les convalescents, les malades paisibles et ceux qui sont agités; de séparer également les aliénés épileptiques ;

4° Que l'établissement contient des locaux particuliers pour les aliénés atteints de maladies accidentelles et pour ceux qui ont des habitudes de malpropreté.

5° Que toutes les précautions ont été prises, soit dans les constructions, soit dans la fixation du nombre des gardiens, pour assurer le service et la surveillance de l'établissement.

Art. 23. — Il justifiera également, par la production du règlement intérieur de la maison, que le régime de l'établissement offrira toutes les garanties convenables sous le rapport des bonnes mœurs et de la sûreté des personnes.

Art. 24. — Tout directeur d'un établissement privé consacré au traitement des aliénés devra, avant d'entrer en fonctions, fournir un cautionnement dont le montant sera déterminé par l'ordonnance d'autorisation.

Art. 25. — Le cautionnement sera versé, en espèces, à la caisse des dépôts et consignations, et sera exclusivement destiné à pourvoir, dans les formes et pour les cas déterminés dans l'article suivant, aux besoins des aliénés pensionnaires.

Art. 26. — Dans tous les cas où, par une cause quelconque, le service d'un établissement privé consacré aux aliénés se trouverait suspendu, le préfet pourra constituer, à l'effet de remplir les fonctions de directeur responsable, un régisseur provisoire entre les mains duquel la caisse des dépôts et consignations, sur les mandats du préfet, versera ce cautionnement, en tout ou en partie, pour l'appliquer au service des aliénés.

Art. 27. — Tout directeur d'un établissement privé consacré aux aliénés pourra, à l'avance, faire agréer par l'administration une personne qui se chargera de le remplacer, dans le cas où il viendrait à cesser ses fonctions, par suite de suspension, d'interdiction judiciaire, d'absence, de faillite, de décès, ou pour toute autre cause.

La personne ainsi agréée sera de droit, dans ces divers cas, investie de la gestion provisoire de l'établissement, et soumise, à ce titre, à toutes les obligations du directeur lui-même.

Cette gestion provisoire ne pourra jamais se prolonger au delà d'un mois sans une autorisation spéciale du préfet.

Art. 28. — Dans le cas où le directeur cesserait ses fonctions par une cause quelconque, sans avoir usé de la faculté ci-dessus, ses héritiers ou ayants cause seront tenus de désigner, dans les vingt-quatre heures, la personne qui sera chargée de la régie provisoire de l'établissement, et soumise, à ce titre, à toutes les obligations du directeur.

A défaut, le préfet fera lui-même cette désignation.

Les héritiers ou ayants cause du directeur devront, en outre, dans le délai d'un mois, présenter un nouveau directeur pour en remplir définitivement les fonctions.

Si la présentation n'est pas faite dans ce délai, l'ordonnance d'autorisation sera rapportée de plein droit, et l'établissement sera fermé.

Art. 29. — Lorsque le directeur d'un établissement privé consacré aux aliénés voudra augmenter le nombre des pensionnaires qu'il aura été autorisé à recevoir dans cet établissement, il devra former une demande en autorisation à cet effet, et justifier que les bâtiments primitifs ou ceux additionnels qu'il aura fait construire sont, ainsi que leurs dépendances, convenables et suffisants pour recevoir le nombre déterminé de nouveaux pensionnaires.

L'ordonnance qui statuera sur cette demande déterminera l'augmentation proportionnelle que le cautionnement pourra recevoir.

Art. 30. — Le directeur de tout établissement privé consacré aux aliénés devra résider dans l'établissement.

Le médecin attaché à l'établissement, dans le cas

prévu par l'article 19 de la présente ordonnance, sera soumis à la même obligation.

Art. 31. — Le retrait de l'autorisation pourra être prononcé, suivant la gravité des circonstances, dans tous les cas d'infraction aux lois et règlements sur la matière, et notamment dans les cas ci-après :

1° Si le directeur est privé de l'exercice de ses droits civils;

2° S'il reçoit un nombre de pensionnaires supérieur à celui fixé par l'ordonnance d'autorisation;

3° S'il reçoit des aliénés d'un autre sexe que celui indiqué par cette ordonnance;

4° S'il reçoit des personnes atteintes de maladies autres que celles qu'il a déclaré vouloir traiter dans l'établissement ;

5° Si les dispositions des lieux sont changées ou modifiées de manière qu'ils cessent d'être propres à leur destination, ou si les précautions prescrites pour la sûreté des personnes ne sont pas constamment observées ;

6° S'il est commis quelque infraction aux dispositions du règlement du service intérieur en ce qui concerne les mœurs;

7° S'il a été employé à l'égard des aliénés des traitements contraires à l'humanité;

8° Si le médecin agréé par l'administration est remplacé par un autre médecin, sans qu'elle en ait approuvé le choix;

9° Si le directeur contrevient aux dispositions de l'article 8 de la loi du 30 juin 1838.

10° S'il est frappé d'une condamnation prononcée en exécution de l'article 41 de la même loi.

Art. 32. — Pendant l'instruction relative au retrait de l'ordonnance d'autorisation, le préfet pourra prononcer la suspension provisoire du directeur, et instituera un régisseur provisoire, conformément à l'article 26.

Art. 33. — Il sera statué pour le retrait des autorisations par une ordonnance impériale.

Dispositions générales.

Art. 34. — Les établissements publics ou privés consacrés aux aliénés du sexe masculin ne pourront employer que des hommes pour le service personnel des aliénés.

Des femmes seules seront chargées du service personnel des aliénés dans les établissements destinés aux individus du sexe féminin.

385.

CONSEILS D'HYGIÈNE ET DE SALUBRITÉ PUBLIQUE.

Décret du 18 décembre 1840, portant création des conseils d'hygiène publique et de salubrité.

TITRE Iᵉʳ. — *Des institutions d'hygiène publique et de leur organisation.*

Art. 1ᵉʳ. — Dans chaque arrondissement, il y aura un conseil d'hygiène publique et de salubrité.

Le nombre des membres de ce conseil sera de sept au moins et de quinze au plus.

Un tableau, dressé par le ministre de l'agriculture et du commerce, règlera le nombre des membres et le mode de composition de chaque conseil.

Art. 2. — Les membres du conseil d'hygiène d'arrondissement seront nommés pour quatre ans par le préfet, et renouvelés par moitié tous les deux ans.

Art. 3. — Des commissions d'hygiène publique pour- ront être instituées dans les chefs-lieux de canton par un arrêté spécial du préfet, après avoir consulté le conseil d'arrondissement.

Art. 4. — Il y aura au chef-lieu de la préfecture un conseil d'hygiène publique et de salubrité de dépar- tement.

Les membres de ce conseil seront nommés pour quatre ans par le préfet, et renouvelés par moitié tous les deux ans.

Un tableau, dressé par le ministre de l'agriculture et du commerce, réglera le nombre des membres et le mode de composition de chaque conseil.

Ce nombre sera de sept au moins et de quinze au plus.

Il réunira les attributions des conseils d'hygiène d'arrondissement aux attributions particulières qui sont énumérées à l'art. 12.

Art. 5. — Les conseils d'hygiène seront présidés par le préfet ou le sous-préfet, et les commissions de canton par le maire du chef-lieu.

Chaque conseil élira un vice-président et un secré- taire, qui seront renouvelés tous les deux ans.

Art. 6. — Les conseils d'hygiène et les commis- sions se réuniront au moins une fois tous les trois mois, et chaque fois qu'ils seront convoqués par l'au- torité.

Art. 7. — Les membres des commissions d'hygiène de canton pourront être appelés aux séances du conseil d'hygiène d'arrondissement; ils ont voix consultative.

Art. 8. — Tout membre des conseils ou des com- missions de canton qui, sans motifs d'excuses approu- vés par le préfet, aura manqué de se rendre à trois

convocations consécutives, sera considéré comme démissionnaire.

TITRE II. — *Attributions des conseils et des commissions d'hygiène publique.*

Art. 9. — Les conseils d'hygiène d'arrondissement
sont chargés de l'examen des questions relatives à
l'hygiène publique de l'arrondissement qui leur seront
renvoyées par le préfet ou le sous-préfet. Ils peuvent
être spécialement consultés sur les objets suivants :

1° L'assainissement des localités et des habitations ;

2° Les mesures à prendre pour prévenir et combattre
les maladies endémiques, épidémiques et transmis-
sibles ;

3° Les épizooties et les maladies des animaux ;

4° La propagation de la vaccine ;

5° L'organisation et la distribution des secours médicaux aux malades indigents ;

6° Les moyens d'améliorer les conditions sanitaires des populations industrielles et agricoles ;

7° La salubrité des ateliers, écoles, hôpitaux, maisons d'aliénés, établissements de bienfaisance, casernes, arsenaux, prisons, dépôts de mendicité, asi-
les, etc. ;

8° Les questions relatives aux enfants trouvés ;

9° La qualité des aliments, boissons, condiments
et médicaments, livrés au commerce ;

10° L'amélioration des établissements d'eaux minérales appartenant à l'État, aux départements, aux
communes et aux particuliers, et les moyens d'en
rendre l'usage accessible aux malades pauvres ;

11° Les demandes en autorisation, translation ou

révocation des établissemonts dangereux, insalubres ou incommodes ;

12° Les grands travaux d'utilité publique, constructions d'édifices, écoles, prisons, casernes, ports, canaux, réservoirs, fontaines, halles, établissements des marchés, routoirs, égoûts, cimetières, la voirie, etc., sous le rapport de l'hygiène publique.

Art. 10. — Les conseils d'hygiène publique d'arrondissement réuniront et coordonneront les documents relatifs à la mortalité et à ses causes, à la topographie et à la statistique de l'arrondissement, en ce qui touche la salubrité publique.

Ils adresseront régulièrement ces pièces au préfet, qui en transmettra une copie au ministre du commerce.

Art. 11. — Les travaux des conseils d'arrondissement seront envoyés au préfet.

Art. 12. — Le conseil d'hygiène publique et de salubrité du département aura pour mission de donner son avis :

1° Sur toutes les questions d'hygiène publique qui lui seront renvoyées par le préfet;

2° Sur les questions communes à plusieurs arrondissements ou relatives au département tout entier.

Il sera chargé de centraliser et coordonner, sur le renvoi du préfet, les travaux des conseils d'arrondissement.

Il fera chaque année au préfet un rapport général sur les travaux des conseils d'arrondissement.

Ce rapport sera immédiatement transmis par le préfet, avec les pièces à l'appui, au ministre du commerce.

Art. 13. — La ville de Paris sera l'objet de dispositions spéciales.

Arrêté du 15 février 1849, qui détermine la composition des conseils d'hygiène publique et de salubrité. —

Art. 1er. — Le nombre des membres des conseils d'hygiène et de salubrité, tant de département que d'arrondissement, ainsi que celui des médecins, pharmaciens ou chimistes, et vétérinaires, est fixé, pour chaque conseil, dans la proportion suivante :

Pour 10 membres, 4 docteurs, 2 pharmaciens, 1 vétérinaire.

Pour 12 membres, 5 docteurs, 3 pharmaciens, 1 vétérinaire.

Pour 15 membres, 6 docteurs, 4 pharmaciens, 2 vétérinaires.

Les autres membres seront pris soit parmi les notables agriculteurs, commerçants ou industriels, soit parmi les hommes qui, à raison de leurs fonctions ou de leurs travaux habituels, sont appelés à s'occuper des questions d'hygiène.

Art. 3. — L'ingénieur des mines, l'ingénieur des ponts et chaussées, l'officier du génie chargé du casernement, ou, à son défaut, l'intendant ou le sous-intendant militaire, l'architecte du département, les chefs de division ou de bureau de la préfecture dans les attributions desquels se trouveront la salubrité, la voirie et les hôpitaux, pourront, dans le cas où ils ne feraient pas partie du conseil d'hygiène publique et de salubrité de leur résidence, être appelés à assister aux délibérations de ce conseil avec voix consultative.

Art. 4. — Dans les cantons où il n'aura pas été établi de commissions d'hygiène publique, des correspondants pourront être nommés par le préfet, sur la proposition du conseil d'arrondissement.

Décret du 15 décembre 1851, sur l'organisation du conseil d'hygiène du département de la Seine.

Art. 1er. — Le conseil de salubrité établi près la préfecture de police conserve son organisation actuelle; il prendra le titre de conseil d'hygiène publique et de salubrité du département de la Seine.

Art. 2. — Il sera chargé, en cette qualité, et dans tout le ressort de la préfecture de police, des attributions déterminées par les articles 9, 10 et 12 de l'arrêté du 18 décembre 1848.

Art. 3. — Il sera établi dans chacun des arrondissements de la ville de Paris, et dans chacun des arrondissements de Sceaux et Saint-Denis, une commission d'hygiène et de salubrité composée de neuf membres, et présidée à Paris par le maire de l'arrondissement, et dans chacun des arrondissements ruraux par le sous-préfet.

Les membres de ces commissions seront nommés par le préfet de police sur une liste de trois candidats présentés pour chaque place par le maire de l'arrondissement, à Paris; par les sous-préfets de Sceaux et de Saint-Denis, dans les arrondissements ruraux.

Les candidats seront choisis parmi les habitants notables de l'arrondissement. Dans chaque commission, il y aura toujours deux médecins au moins, un pharmacien, un vétérinaire reçu dans les écoles spéciales, un architecte, un ingénieur. S'il n'y a pas de candidats dans ces trois dernières professions, les choix devront porter de préférence sur les mécaniciens, directeurs d'usines ou de manufactures.

Les membres des commissions d'hygiène publique

du département de la Seine sont nommés pour six ans, et renouvelés par tiers tous les deux ans. Les membres sortants peuvent être réélus.

Il sera établi pour les trois communes de Saint-Cloud, Sèvres et Meudon, annexées au ressort de la préfecture de police par l'arrêté du 3 brumaire an IX, une commission centrale d'hygiène et de salubrité, qui sera présidée par le plus âgé des maires de ces communes, et dont le siége sera au lieu de la résidence du président. Toutes les dispositions qui précèdent seront du reste applicables à cette commission.

Art. 4. — La commission dont il est question au dernier paragraphe de l'article précédent, et chacune des commissions d'hygiène d'arrondissement, éliront un vice-président et secrétaire, qui seront renouvelés tous les deux ans.

Le préfet de police pourra, lorsqu'il le jugera utile, déléguer un des membres du conseil d'hygiène publique du département auprès de chacune desdites commissions, pour prendre part à ses délibérations avec voix consultative.

Art. 5. — Les commissions d'hygiène publique et de salubrité se réuniront au moins une fois par mois à la mairie ou au chef-lieu de la sous-préfecture, ou, pour ce qui concerne la commission centrale des communes de Saint-Cloud, Sèvres et Meudon, à la mairie de la résidence de son président, et elles seront convoquées extraordinairement toutes les fois que l'exigeront les besoins du service.

Art. 6. — Les commissions d'hygiène recueillent toutes les informations qui peuvent intéresser la santé publique dans l'étendue de leur circonscription.

Elles appellent l'attention du préfet de police sur les

causes d'insalubrité qui peuvent existe dans leurs arrondissements respectifs, et elles donnent leur avis sur les moyens de les faire disparaître.

Elles peuvent être consultées, d'après l'avis du conseil d'hygiène publique et de salubrité du département, sur les mesures ét dans les cas déterminés par l'art. 9 de l'arrêté du gouvernement du 18 décembre 1848.

Elles concourent à l'exécution de la loi du 13 avril 1850, relative à l'assainissement des logements insalubres, soit en provoquant, lorsqu'il y a lieu, dans les arrondissements ruraux, la nomination des commissions spéciales qui peuvent être créées par les conseils municipaux en vertu de l'article 1er de ladite loi, soit en signalant aux commissions déjà instituées les logements dont elles auraient reconnu l'insalubrité.

En cas de maladies épidémiques, elles seront appelées à prendre part à l'exécution des mesures extraordinaires qui peuvent être ordonnées pour combattre ces maladies ou pour procurer de prompts secours aux personnes qui en seraient atteintes.

Art. 7. — Les commissions d'hygiène publique et de salubrité réuniront les documents relatifs à la mortalité et à ses causes, à la topographie et la statistique de l'arrondissement, en ce qui concerne la salubrité.

Ces documents seront transmis au préfet de police et communiqués au conseil d'hygiène publique, qui est chargé de les coordonner, de les faire compléter, s'il y a lieu, et de les résumer dans des rapports dont la forme et le mode de publication seront ultérieurement déterminés.

Art. 8. — Le conseil d'hygiène et de salubrité du département de la Seine fera, chaque mois, sur l'ensemble de ses travaux et sur l'ensemble des travaux des commissions d'arrondissement, un rapport général qui sera transmis par le préfet de police au ministre de l'agriculture et du commerce.

386.

COMITÉ CONSULTATIF D'HYGIÈNE PUBLIQUE.

Ce système d'institution est complété par l'établissement, au siège de l'administration centrale, d'un comité auquel viennent aboutir tous les travaux des conseils locaux., et qui a pour mission d'éclairer l'autorité dans toutes les questions sanitaires. Les décrets suivants, dont nous reproduisons le texte, suffiront pour faire bien connaître son organisation, et termineront cet exposé fidèle de l'ensemble des institutions d'hygiène publique de la France.

Décret qui établit près du ministère de l'agriculture et du commerce un comité consultatif d'hygiène publique

(10 août 1848).

Art. 1er. — Il est établi près du ministère de l'agriculture et du commerce un comité consultatif d'hygiène publique. Ce comité est chargé de l'étude et de l'examen de toutes les questions qui lui sont renvoyées par le ministre en ce qui concerne :

Les quarantaines et les services qui s'y rattachent (1);

---

(1) Notamment la correspondance avec les médecins sanitaires établis en Orient, dont les rapports mensuels présentent le plus constant et le plus haut intérêt.

Les mesures à prendre pour prévenir et combattre les épidémies, et pour améliorer les conditions sanitaires des populations manufacturières et agricoles;

La propagation de la vaccine;

L'amélioration des établissements thermaux, et les moyens d'en rendre l'usage de plus en plus accessible aux malades pauvres ou peu aisés;

Les titres des candidats aux places de médecins inspecteurs des eaux minérales;

L'institution et l'organisation des conseils et des commissions de salubrité (1);

La police médicale et pharmaceutique;

La salubrité des ateliers.

Le comité d'hygiène publique indique au ministre de l'agriculture et du commerce les questions à soumettre à l'Académie de médecine.

Art. 2. — Le comité consultatif d'hygiène publique est composé de sept membres, dont quatre docteurs en médecine, et d'un secrétaire ayant voix consultative. Ils sont nommés par le ministre de l'agriculture et du commerce.

En cas de vacance, la nomination sera faite sur une liste de trois candidats présentée par le comité.

Art. 3. — Les membres du comité se réuniront une fois au moins par semaine, sous la présidence de l'un d'entre eux, désigné par le ministre. Ils auront droit à des jetons de présence d'une valeur de 15 francs.

Pourront assister avec voix délibérative aux séances du comité, pour l'examen des questions relatives

---

(1) Les rapports annuels des conseils départementaux d'hygiène publique et de salubrité sont soumis au comité et examinés par lui dans leur ensemble; ils font l'objet de rapports spéciaux adressés au ministre.

aux mesures à prendre contre les maladies pestilen-
tiélles :

1° Le chef de la direction commerciale au département des affaires étrangères ;

2° Un des membres du conseil de santé de la
guerre ;

3° L'inspecteur général du service de santé de la
marine ;

4° Un des membres du conseil d'administration des
douanes ;

5° Le chef de service de l'administration des postes chargé de la direction des paquebots.

Art. 4. — Dans tous les cas, le chef de la division
du commerce intérieur, et le chef de bureau de la police sanitaire et industrielle, sont autorisés à assister
aux délibérations du comité.

Art. 5. — Le conseil supérieur de santé, institué
par l'article 55 de l'ordonnance du 7 août 1832, est
supprimé.

*Décret qui modifie l'organisation du comité consultatif
d'hygiène publique*

(1er février 1851).

Le comité consultatif d'hygiène publique sera composé à l'avenir de neuf membres, dont quatre docteurs
en médecine, un ingénieur civil, et un architecte. Ils
sont nommés par le ministre de l'agriculture et du
commerce.

Un secrétaire, ayant voix consultative, sera attaché
audit conseil.

En cas de vacance, la nomination des nouveaux
membres sera faite sur une liste de trois candidats
rése ntés par le comité.

Le président et le secrétaire sont nommés directement par le ministre.

Pourront assister avec voix délibérative aux séances du comité :

1° Le chef de la direction commerciale au département des affaires étrangères ;

2° Un des membres du conseil de santé des armées ;

3° L'inspecteur général du service de santé de la marine ;

4° Un des membres du conseil d'administration des douanes ;

5° Le chef de service de l'administration des postes chargé de la direction des paquebots ;

6° Le directeur général de l'administration de l'assistance publique (1).

L'article 2 et le deuxième paragraphe de l'article 3 de l'arrêté du 10 août 1848 sont rapportés.

387.

REMÈDES SECRETS.

Des remèdes dont la vente a déjà été autorisée.

Les permissions accordées par le décret du 25 prairial an XIII aux inventeurs ou propriétaires de remèdes ou compositions dont ils ont seuls la recette, pour vendre et débiter ces remèdes, ont cessé d'avoir leur effet à compter du 1ᵉʳ janvier 1811 (2).

---

(1) A cette liste, ont été ajoutés ultérieurement : 1° le secrétaire perpétuel de l'Académie de médecine, 2° l'architecte des écoles d'arts et métiers.

(2) Art. 1ᵉʳ du décret du 18 août 1810.

388.

Jusqu'à cette époque, lesdits inventeurs ou propriétaires remettront, s'ils le jugent convenable, au ministre de l'intérieur, qui ne la communiquera qu'aux commissions dont il sera parlé ci-après, la recette de leurs remèdes ou compositions, avec une notice des maladies auxquelles on peut les appliquer, et des expériences qui en ont déjà été faites (1).

389.

Le ministre nommera une commission composée de cinq personnes, dont trois seront prises parmi les professeurs des Écoles de médecine, à l'effet : 1° d'examiner la composition du remède, et de reconnaître si son administration ne peut être dangereuse ou nuisible en certains cas ; 2° si ce remède est bon en soi, s'il a produit et produit encore des effets utiles à l'humanité ; 3° quel est le prix qu'il convient de payer, pour son secret, à l'inventeur du remède reconnu utile, en proportionnant ce prix : 1° au mérite de la découverte ; 2° aux avantages qu'on en a obtenus ou qu'on peut en espérer pour le soulagement de l'humanité ; 3° aux avantages personnels que

---

(1) Art. 2 du décret du 18 août 1810

l'inventeur en a retirés ou pourrait en attendre
encore (1).

390.

En cas de réclamation de la part des inventeurs, il sera nommé, par le ministre de l'intérieur, une commission de révision, à l'effet de
faire l'examen du travail de la première, d'entendre les parties, et de donner un nouvel avis (2).

391.

Le ministre de l'intérieur fera, d'après le
compte qui lui sera rendu par chaque commission, et après avoir entendu les inventeurs,
un rapport sur chacun de ces remèdes secrets, et
prendra des ordres sur la somme à accorder à
chaque inventeur ou propriétaire (3).

392.

Le ministre de l'intérieur fera ensuite un traité
avec les inventeurs. Le traité sera homologué en
Conseil d'État, et le secret publié sans délai (4).

393.

*Des remèdes dont le débit n'a pas encore été
autorisé.*

Tout individu qui aura découvert un remède
et voudra qu'il en soit fait usage en remettra la

---

(1) Art. 3 du décret du 18 août 1810.
(2) Art. 4 du même décret.
(3) Art. 5, *idem.*
(4) Art. 6, *idem.*

recette au ministre de l'intérieur, comme il est dit ci-dessus.

Il sera ensuite procédé à son égard comme il est dit ci-dessus (1).

394.

PROROGATION DE LA VENTE DES REMÈDES SECRETS.

Le délai fixé au 1er janvier 1811, par l'article 1er du décret du 18 août 1810, concernant les remèdes secrets, a été prorogé jusqu'au 1er avril 1811 (2).

395.

Si, antérieurement au décret du 18 août, des inventeurs ou propriétaires de remèdes secrets en ont remis la composition au gouvernement, qu'elle ait été déjà examinée par une commission, aux termes du § 1er de l'article 3 dudit décret, et qu'il ait été reconnu qu'elle ne contient rien de nuisible ou de dangereux, lesdits inventeurs ou propriétaires seront dispensés de donner et de faire examiner de nouveau leur recette, et il ne sera statué que sur les dispositions des paragraphes 2 et 3 dudit article 3 du décret du 18 août (3).

---

(1) Art. 7 du décret du 18 août 1810.
(2) Art. 1er du décret du 16 décembre 1810.
(3) Art. 2 du même décret.

396.

Avis du Conseil d'État du 9 avril 1811.

Le Conseil d'État..... est d'avis.....

3° Enfin, que le 1er avril, terme de la proro-gation portée au décret du 26 décembre, étant expiré, sans que le travail soit fini et sans que la commission de la première commission de révi-sion soit en activité ni même nommée, il n'a pas été possible aux intéressés de se mettre en règle, et qu'il est juste de leur en donner le temps, en prolongeant le délai jusqu'au 1er juillet.

397.

Extrait de l'ordonnance de police du 21 juin 1828, concernant les remèdes secrets.

Les pharmaciens ne devant, aux termes de l'article 32 de la loi du 21 germinal an XI, livrer ni débiter des préparations médicinales que d'après la prescription et sur la signature des personnes ayant qualité pour exercer l'art de guérir, il leur est expressément défendu, ainsi qu'aux herboristes, marchands droguistes et au-tres, de vendre ni d'annoncer au moyen d'écri-teaux, affiches, prospectus ou avis insérés dans les journaux, aucun remède secret dont le débit n'aurait point été autorisé dans les formes lé-gales.

Il leur est également défendu de vendre ou d'annoncer aucune préparation pharmaceutique indiquée comme préservatif de maladies ou affections quelconques, et qu'ils déguiseraient sous la dénomination de *cosmétiques*.

Ces dispositions sont applicables aux docteurs en médecine et en chirurgie, officiers de santé et sages-femmes, qui annonceraient ou feraient annoncer des remèdes non autorisés.

398.

L'annonce des remèdes secrets autorisés devra contenir le titre tel qu'il est décrit dans l'autorisation, et ne renfermera aucun détail inutile et susceptible de porter atteinte à la morale publique. Ces annonces devront en outre faire connaître la date de l'autorisation et l'autorité qui l'a délivrée ; elles ne pourront du reste être placardées qu'après les formalités voulues pour le placardage des affiches en général.

399.

Les publications faites dans les carrefours, places publiques, foires et marchés, de remèdes et préparations pharmaceutiques, sont sévèrement prohibées.

400.

Extrait de la loi du 5 juillet 1844 sur les brevets d'invention.

Ne sont pas susceptibles d'être brevetés les compositions pharmaceutiques ou remèdes de toute espèce, lesdits objets demeurant soumis aux lois et réglements spéciaux sur la matière, et notamment au décret du 18 août 1810, relatif aux remèdes secrets.

401.

Les remèdes qui auront été reconnus nouveaux et utiles par l'Académie de médecine, et dont les formules, approuvées par le ministre de l'agriculture et du commerce, conformément à l'avis de cette compagnie savante, auront été publiées dans son Bulletin, avec l'assentiment des inventeurs ou possesseurs, cesseront d'être considérés comme remèdes secrets.

Ils pourront être, en conséquence, vendus librement par les pharmaciens, en attendant que la recette en soit insérée dans une nouvelle édition du Codex.

Circulaire ministérielle du 2 novembre 1850, relative à l'exécution du décret précédent.

Monsieur le Préfet, la législation et la jurisprudence concernant l'exercice de la pharmacie, en ce qui touche l'annonce et la vente des remèdes secrets, sont depuis longtemps une cause d'embarras pour l'administration, d'hésitation et de doute pour les jurys médicaux, de décisions opposées et contradictoires pour les tribunaux.

Cependant la haute jurisprudence de la Cour de cassation semblait avoir fixé sur ce point les idées et les principes. Suivant cette jurisprudence, on doit entendre par REMÈDE SECRET *toute préparation qui n'est point inscrite au* Codex, *ou qui n'a pas été composée par un pharmacien sur l'ordonnance d'un médecin pour un cas particulier ; ou enfin qui n'a pas été spécialement autorisée par le gouvernement.* La même jurisprudence a établi, en outre, qu'on ne doit considérer ni comme remède, ni comme médicaments, les préparations simplement hygiéniques, qui sont parfois tout aussi bien du domaine du confiseur ou du parfumeur que du pharmacien : telles sont les pâtes pectorales de guimauve, de jujube, de *Regnauld* et autres du même genre ; les eaux de Cologne et de Portugal, l'eau de mélisse des Carmes, etc.

Les jurys médicaux, en présence de la jurisprudence de la Cour de cassation, se sont trouvés dans l'obligation de sévir contre plusieurs préparations médicinales dont l'utilité avait été consacrée déjà par l'expérience chimique, et dont les avantages avaient été reconnus par l'Académie de médecine.

Les inventeurs ou les possesseurs de ces préparations invoquaient en vain leur bonne foi, l'approbation des corps scientifiques, la publicité donnée à la composition de ces médicaments et l'usage général qui en était fait par les hommes de l'art ; les jurys médicaux et même les parquets trouvaient une contravention dans l'annonce et la vente des médicaments : de là des poursuites contre lesquelles on invoquait l'appui de l'administration.

L'administration, de son côté, a dû se préoccuper, dans l'intérêt des inventeurs sérieux, et de la santé publique, des difficultés sans cesse renaissantes, et qui toutes prenaient leur source dans l'application rigoureuse de la jurisprudence ; elle s'est demandé si les remèdes qui avaient été accueillis par l'Académie de médecine, dans l'intervalle écoulé entre leur approbation et leur insertion au Codex, devaient et pouvaient être assimilés à des remèdes secrets, et si, par suite, on devait en poursuivre et l'annonce et la vente.

L'Académie de médecine, consultée, a émis un avis par suite duquel j'ai été amené à proposer à la signature du président de la République, le décret ci-joint, qui décide que les remèdès reconnus comme nouveaux et utiles, par l'Académie de médeciné, cesseront d'être considérés comme remèdes secrets, et pourront être, en conséquence, vendus librement par les pharmaciens, en attendant que la recette en soit insérée dans une nouvelle édition du Codex, lorsque les formules approuvées par mon ministère, conformément à l'avis de l'Académie, auront été publiées dans le Bulletin de cette compagnie savante.

Vous le voyez, monsieur le Préfet, le décret a pour but de concilier les exigences salutaires de la loi avec les intérêts des inventeurs sérieux de choses utiles, les garanties précieuses données à la santé publique avec les progrès non moins précieux de l'art.

Si ce décret ne change rien à la législation, l'esprit dans lequel il a été conçu doit à l'avenir éclairer les jurys médicaux dans la conduite qu'ils auront à tenir, et prévenir les difficultés et les divergences d'opinion qui s'étaient produites.

Il est bien entendu, monsieur le Préfet, que l'annonce et la vente des remèdes secrets, continueront à être poursuivies par les jurys médicaux, auxquels vous devez même recommander de redoubler de surveillance et de sévérité pour réprimer les dangereux abus qui sont journellement signalés à cet égard.

Mais le décret du 3 mai 1850, ayant eu pour but de modifier la jurisprudence de la Cour de cassation, en ce qui concerne les remèdes reconnus utiles, les jurys médicaux seront, par les soins de mon département, tenus au courant des remèdes qui, autorisés en vertu du décret du 3 mai 1850, pourront être annoncés et vendus légalement.

Quant à ceux qui ont été, dans ces derniers temps, et antérieurement au décret, l'objet de rapports favorables de l'Académie de médecine, et qui sont, on peut le dire, passés dans la pratique, tels que :

1º. Les pilules de carbonate ferreux de Vallet ;

2º Les pains ferrugineux de Derouet-Boissière ;

3º Le lactate de fer de Gelis et Conté ;

4º Le citrate de magnésie de Rogé ;

5º Le cousso, remède contre le tœnia, apporté d'Abyssinie par M. Rochet d'Héricourt.

6º La poudre et les pastilles de charbon végétal du docteur Belloc ;

. Ceux-là, dis-je, me semblent aujourd'hui à l'abri de toute poursuite et ne pouvoir être assimilés à des remèdes secrets.

En conséquence des explications qui précèdent, vous devez, monsieur le Préfet, recommander aux jurys médicaux de n'apporter aucune entrave à l'annonce et à la vente des médicaments qui, depuis la promulgation du Codex, auront été, ainsi que ceux dont l'énumération est ci-dessus faite, approuvés par l'Académie de médecine, soit avant, soit après le décret du 5 mai 1850, et dont les formules ou procédés de la fabrication, insérés dans son Bulletin, auront été, conformément audit décret, soumises à mon approbation.

402.

DES SUBSTANCES VÉNÉNEUSES.

Les contraventions aux ordonnances royales portant règlement d'administration publique, sur la vente, l'achat et l'emploi des substances vénéneuses, seront punies d'une amende de cent francs à trois mille francs, et d'un emprisonnement de six jours à deux mois, sauf l'application, s'il y a lieu, de l'article 463 du Code pénal.

Dans tous les cas, les tribunaux pourront prononcer la confiscation des substances saisies en contravention (1).

403.

Les articles 34 et 35 de la loi du 21 germinal an XI seront abrogés à partir de la promulgation de l'ordonnance qui aura statué sur la vente des substances vénéneuses.

---

(1) Art. 1er de la loi du 19 juillet 1845.

404.

Du commerce des substances vénéneuses.

Quiconque voudra faire le commerce d'une ou de plusieurs des substances comprises dans le tableau annexé à la présente ordonnance sera tenu d'en faire préalablement la déclaration devant le maire de la commune, en indiquant le lieu où est situé son établissement.

Les chimistes, fabricants ou manufacturiers, employant une ou plusieurs desdites substances, seront également tenus d'en faire la déclaration dans la même forme.

Ladite déclaration sera inscrite sur un registre à ce destiné, et dont un extrait sera remis au déclarant : elle devra être renouvelée, dans le cas de déplacement de l'établissement (1).

405.

Les substances auxquelles s'applique la présente ordonnance ne pourront être vendues ou livrées qu'aux commerçants, chimistes, fabricants ou manufacturiers qui auront fait la déclaration prescrite par l'article précédent, ou aux pharmaciens.

Lesdites substances ne devront être livrées que sur la demande écrite et signée de l'acheteur (2).

---

(1) Art. 1er de l'ordonnance du 29 octobre 1846.
(2) Art. 2 de la même ordonnance.

406.

Tous achats ou ventes de substances vénéneuses seront inscrits sur un registre spécial,
coté et paraphé par le maire ou par le commissaire de police.

Les inscriptions seront faites de suite et sans
aucun blanc, au moment même de l'achat ou de
la vente ; elles indiqueront l'espèce et la quantité
des substances achetées ou vendues, ainsi que
les noms, professions et domicile des vendeurs
ou des acheteurs (1).

407.

Les fabricants et manufacturiers, employant
des substances vénéneuses, en surveilleront l'emploi dans leur établissement, et constateront cet
emploi sur un registre établi, ainsi qu'il a été dit
ci-dessus (2).

408.

*De la vente des substances vénéneuses par les
pharmaciens.*

La vente des substances vénéneuses ne peut
être faite, *pour l'usage de la médecine,* que par
les pharmaciens et sur la prescription d'un méde-

---

(1) Art. 3 de l'ordonnance du 29 octobre 1846.
(2) Art. 4 de la même ordonnance.

cin, chirurgien, officier de santé, ou d'un vétérinaire breveté.

Cette prescription doit être signée, datée, et
énoncer en toutes lettres la dose desdites substances, ainsi que le mode d'administration du médicament (1).

409.

Les pharmaciens transcriront lesdites prescriptions, avec les indications qui précèdent, sur un
registre établi dans la forme déterminée.

Ces transcriptions devront être faites de suite
et sans aucun blanc.

Les pharmaciens ne rendront les prescriptions
que revêtues de leur cachet et après y avoir indiqué le jour où les substances auront été livrées,
ainsi que le numéro d'ordre de la transcription
sur le registre.

Ledit registre sera conservé pendant vingt
ans au moins, et devra être représenté à chaque
réquisition de l'autorité (2).

410.

Avant de délivrer la préparation médicale, le
pharmacien y apposera une étiquette indiquant
son nom et son domicile, et rappelant la destination interne ou externe du médicament.

---

(1) Art. 5 de l'ordonnance du 29 octobre 1826.
(2) Art. 6, idem.

411.

L'arsenic et ses composés ne pourront être vendus, pour d'autres usages que la médecine, que combinés avec d'autrés substances.

Les formules de ces préparations seront arrêtées sous l'approbation du ministre secrétaire d'État de l'agriculture et du commerce, savoir :

Pour le traitement des animaux domestiques, par le conseil des professeurs de l'École impériale vétérinaire d'Alfort ;

Pour la destruction des animaux nuisibles et pour la conservation des peaux et objets d'histoire naturelle, par l'École de pharmacie (1).

412.

Les préparations mentionnées dans l'article précédent ne pourront être vendues ou délivrées que par les pharmaciens, et seulement à des personnes connues et domiciliées.

Les quantités livrées, ainsi que le nom et le domicile des acheteurs, seront inscrits sur le registre spécial, dont la tenue est prescrite par l'art. 404 (2).

---

(1) Art. 8 de l'ordonnance du 29 octobre 1826.
(2) Art. 9, *idem*.

413.

La vente et l'emploi de l'arsenic et de ses composés sont interdits pour le chaulage des grains, l'embaumement des corps et la destruction des insectes (1).

414.

Dispositions générales.

Les substances vénéneuses doivent toujours être tenues, par les commerçants, fabricants, manufacturiers et pharmaciens, dans un endroit sûr et fermé à clef (2).

415.

L'expédition, l'emballage, le transport, l'emmagasinage et l'emploi, doivent être effectués par les expéditeurs, voituriers, commerçants et manufacturiers, avec les précautions nécessaires pour prévenir tout accident.

Les fûts, récipients ou enveloppes ayant servi directement à contenir les substances vénéneuses ne pourront recevoir aucune autre destination (3).

---

(1) Art. 10 de l'ordonnance du 29 octobre 1826.
(2) Art. 11, *idem*.
(3) Art. 12, *idem*.

416.

A Paris et dans l'étendue du ressort de la préfecture de police, les déclarations prescrites par l'art. 404 seront faites devant le préfet de police (1).

417.

Indépendamment des visites qui doivent être faites en vertu de la loi du 21 germinal an XI, les maires ou les commissaires de police, assistés, s'il y a lieu, d'un docteur en médecine désigné par le préfet, s'assureront de l'exécution des dispositions de la présente ordonnance.

Ils visiteront, à cet effet, les officines des pharmaciens, les boutiques et magasins des commerçants et manufacturiers vendant ou employant lesdites substances. Ils se feront représenter les registres mentionnés dans les art. 404, 406, 407 et 409, et constateront les contraventions.

Leurs procès-verbaux seront transmis au procureur impérial, pour l'application des peines prononcées par l'art 1er de la loi du 19 juillet 1845 (2).

---

(1) Art. 13 de l'ordonnance du 29 octobre 1826.
(2) Art. 14, *idem*.

Tableau des substances vénéneuses annexé à l'ordonnance du 29 octobre 1846.

Acétate de mercure.
— de morphine.
— de zinc.
Arsenic (acide arsénieux); composés et préparations qui en dérivent.
Acide cyanhydrique.
Aconit et ses composés.
Alcool sulfurique (eau de Rabel).
Anémone pulsatille et ses préparations.
Angusture fausse et ses préparations.
Atropine.
Belladone et ses préparations.
Brucine et ses préparations.
Bryone et ses préparations.
Cantharidés et leurs préparations.
Carbonate de cuivre et d'ammoniaque.
Cévadille et ses préparations.
Chlorure d'antimoine.
— de morphine.
— ammoniaco- mercuriel.
Chlorures de mercure.
Ciguës et leurs préparations.
Codéine et ses préparations.
Coloquinte et ses préparations.
Conicine et ses préparations.
Coque du Levant et ses préparations.
Colchique et ses préparations.
Cyanure de mercure.
Daturine.
Digitale et ses préparations.
Elaterium et ses préparations.
Ellébore blanc et noir, et leurs préparations.
Émétine.
Émétique (tartrate de potasse et d'antimoine).

Épurge et ses préparations.
Euphorbe et ses préparations.
Fèves de Saint-Ignace; préparations qui en dérivent.
Huile de cantharides.
— de ciguë.
— de croton tiglium.
— d'épurge.
Iodure d'ammoniaque.
— d'arsenic.
— de potassium.
— de mercure.
Laurier-cerise et ses préparations.
Kermès minéral.
Laudanum; composés et mélanges.
Liqueur arsenicale de Pearson.
— — de Fowler.
Morphine et ses composés.
Narcéine.
Narcisse des prés.
Narcotine.
Nicotianine.
Nicotine.
Nitrate ammoniaco-mercuriel.
Nitrates de mercure.
Opium.
Oxyde de mercure.
Picrotoxine.
Pignon d'Inde.
Rhus radicans.
Sabine.
Seigle ergoté; préparations qui en dérivent.
Solanine.
Soufre doré d'antimoine.
Staphisaigre.
Sulfate de mercure.
Strychnine et ses composés.
Tartrate de mercure.
Turbith minéral.
Vératrine.

418.

Le tableau des substances vénéneuses, annexé à l'ordonnance du 29 octobre 1846, est remplacé par le tableau joint au décret du 8 juillet 1850 (1).

Tableau des substances vénéneuses annexé au décret du 8 juillet 1850.

Acide cyanhydrique.
Alcaloïdes végétaux vénéneux et leurs sels.
Arsenic et ses préparations.
Belladone, extrait et teinture.
Cantharides entières, poudre et extrait.
Chloroforme.
Ciguë, extrait de teinture.
Cyanure de mercure.
Cyanure de potassium.
Digitale, extrait et teinture.

Émétique.
Jusquiame, extrait et teinture.
Nicotine.
Nitrate de mercure.
Opium et son extrait.
Phosphore.
Seigle ergoté.
Stramonium, extrait et teinture.
Sublimé corrosif.

419.

Dans les visites spéciales, prescrites par l'art. 14 de l'ordonnance du 29 octobre 1846, les maires ou commissaires de police seront assistés, s'il y a lieu, soit d'un docteur en médecine, soit de deux professeurs d'une École de pharmacie, soit d'un membre du jury médical et d'un des pharmaciens adjoints à ce jury, désignés par le préfet (2).

---

(1) Art. 1er du décret du 8 juillet 1850.
(2) Art. 2, *idem.*

420.

INSPECTIONS DES PHARMACIES.

A Paris et dans les villes où seront placées les nouvelles Écoles de pharmacie, deux docteurs et professeurs des Écoles de médecine, accompagnés des membres des Écoles de pharmacie, et assistés d'un commissaire de police, visiteront, au moins une fois l'an, les officines et magasins des pharmaciens et droguistes, pour vérifier la bonne qualité des drogues et médicaments simples et composés. Les pharmaciens et droguistes seront tenus de représenter les drogues et compositions qu'ils auront dans leurs magasins, officines et laboratoires. Les drogues mal préparées ou détériorées seront saisies à l'instant par le commissaire de police, et il sera ensuite procédé conformément aux lois et règlements actuellement existants (1).

421.

Les mêmes professeurs en médecine et membres des Écoles en pharmacie pourront, avec l'autorisation des préfets, sous-préfets ou maires, et assistés d'un commissaire de police, visiter et inspecter les magasins de drogues, laboratoires et

---

(1) Art. 29 de la loi du 21 germinal an XI.

officines des villes placées dans le rayon de dix lieues de celles où sont établies des Écoles , et se transporter dans tous les lieux où l'on fabriquera et débitera , sans autorisation légale , des préparations ou compositions médicinales. Les maires et adjoints , ou , à leur défaut , les commissaires de police , dresseront procès-verbal de ces visites, pour, en cas de contravention , être procédé contre les délinquants conformément aux lois antérieures (1).

422.

Dans les autres villes ou communes , les visites indiquées ci-dessus seront faites par les membres des jurys de médecine réunis aux quatre pharmaciens qui leur sont adjoints (2).

423.

Les pharmaciens ne pourront livrer et débiter de préparations médicinales ou drogues composées quelconques , que d'après la prescription qui en sera faite par des docteurs en médecine ou en chirurgie , ou par des officiers de santé et sur leur signature (3).

---

(1) Art. 30 de la loi du 21 germinal an XI.
(2) Art. 31 de la même loi.
(3) Art. 32 de la même loi

424.

Les officiers de santé établis dans des bourgs, villages ou communes, où il n'y aurait pas de pharmacien ayant officine ouverte, pourront, nonobstant l'article 25, fournir des médicaments simples ou composés aux personnes près desquelles ils seront appelés, mais sans avoir le droit de tenir une officine ouverte (1).

---

(1) Art. 27 de la loi du 21 germinal an XI.

Cet article a donné lieu à bien des contestations entre les médecins des communes rurales et les pharmaciens de leur voisinage. Nous pensons qu'il doit être interprété comme il suit :

1° Il doit être entendu que la faculté accordée aux officiers de santé s'étend aux docteurs en médecine placés dans les mêmes circonstances.

2° Les médecins (officiers de santé ou docteurs) établis dans une commune où il n'y a pas de pharmacien exerçant peuvent fournir des médicaments à toute personne qui vient les consulter chez eux; ils ne peuvent cependant avoir de pharmacie ouverte sur la rue, et leurs médicaments doivent être déposés dans une pièce intérieure de leur domicile.

3° Ces mêmes médecins peuvent porter et fournir des médicaments dans d'autres communes où il n'y a pas de pharmacie ouverte; mais ils ne peuvent en porter à des malades domiciliés dans une commune où il y a un pharmacien établi; car l'exception faite en leur faveur n'étant motivée que sur l'utilité d'empêcher que des malades ne soient obligés d'aller chercher au loin des médicaments, ce motif n'existe plus lorsqu'il y a un pharmacien domicilié dans la commune du malade.

4° Un médecin établi dans une commune où il y a un pharmacien exerçant n'a pas le droit d'avoir chez lui un dépôt de médicaments pour l'usage de ses malades, et il ne doit ni

425.

INSPECTIONS DES EAUX MINÉRALES.

Dispositions générales.

Toute entreprise ayant pour effet de livrer ou d'administrer au public des eaux minérales, naturelles ou artificielles, demeure soumise à une autorisation préalable et à l'inspection d'hommes de l'art, ainsi qu'il sera réglé ci-après.

Sont exceptés de ces conditions les débits desdites eaux qui ont lieu dans des pharmacies (1).

426.

Les autorisations exigées par l'article précédent continueront à être délivrées par le ministre secrétaire d'État de l'intérieur, sur l'avis des autorités locales, accompagné, pour les eaux minérales naturelles, de leur analyse, et pour les eaux minérales artificielles, des formules de leur préparation.

Elles ne pourront être révoquées qu'en cas de résistance aux règles prescrites ou d'abus qui

---

en fournir ni en porter à des malades domiciliés dans une autre commune où il n'y a pas de pharmacien, à moins que ces médicaments ne soient pris chez le pharmacien et livrés pour son compte, sous son cachet et son étiquette.

(1) Art. 1er de l'ordonnance du 18 juin 1823.

seraient de nature à compromettre la santé publique (1).

427.

- L'inspection ordonnée par l'article 425 continuera à être confiée à des docteurs en médecine
ou en chirurgie ; la nomination sera faite par
le ministre secrétaire d'État de l'intérieur, de
manière à ce qu'il n'y ait qu'un inspecteur
par établissement, et à ce qu'un même inspecteur
en inspecte plusieurs, lorsque le service le permettra.

- Il pourra néanmoins, là où ce sera jugé nécessaire, être nommé des inspecteurs adjoints à
l'effet de remplacer les inspecteurs titulaires en
cas d'absence, de maladie ou de tout autre empêchement (2).

428.

L'inspection a pour objet tout ce qui, dans
chaque établissement, importe à la santé publique.

Les inspecteurs font dans ce but aux propriétaires, régisseurs ou fermiers, les propositions et
observations qu'ils jugent nécessaires ; ils portent
au besoin leurs plaintes à l'autorité et sont tenus

(1) Art. 2 de l'ordonnance du 18 juin 1823.
(2) Art. 3, *idem.*

13.

de lui signaler les abus venus à leur connaissance (1).

429.

Ils veillent particulièrement à la conservation
des sources, à leur amélioration ; à ce que les
eaux minérales artificielles soient toujours conformes aux formules approuvées, et à ce que les
unes et les autres eaux ne soient ni falsifiées ni
altérées. Lorsqu'ils s'aperçoivent qu'elles le sont,
ils prennent ou requièrent les précautions nécessaires pour empêcher qu'elles ne puissent être
livrées au public, et provoquent, s'il y a lieu,
telles poursuites que de droit (2).

430.

Ils surveillent, dans l'intérieur des établissements, la distribution des eaux, l'usage qui en
est fait par les malades, sans néanmoins pouvoir
mettre obstacle à la liberté qu'ont ces derniers de
suivre les prescriptions de leurs propres médecins ou chirurgiens, et même d'être accompagnés
par eux, s'ils le demandent (3).

431.

Les traitements des inspecteurs étant une charge des établissements inspectés, les propriétaires,

(1) Art. 4 de l'ordonnance du 18 juin 1823.
(2) Art. 5, idem.
(3) Art. 6, idem.

régisseurs ou fermiers seront nécessairement entendus pour leur fixation, laquelle continuera à
être faite par les préfets et confirmée par le ministre secrétaire d'État de l'intérieur.

Il n'est point dû de traitement aux inspecteurs
adjoints (1).

432.

Partout où l'affluence du public l'exigera, les
préfets, après avoir entendu les propriétaires et
les inspecteurs, feront des règlements particuliers, qui auront en vue l'ordre intérieur, la salubrité des eaux, leur libre usage, l'exclusion de
toute préférence dans les heures à assigner aux
malades pour les bains ou douches, et la protection particulière due à ces derniers dans tout établissement placé sous la surveillance spéciale de
l'autorité.

Lorsque l'établissement appartiendra à l'État,
à un département, une commune, ou une institution charitable, le règlement aura aussi en vue
les autres branches de son administration (2).

433.

Les règlements prescrits par l'article précédent
seront transmis au ministre secrétaire d'État

(1) Art. 7 de l'ordonnance du 18 juin 1823.
(2) Art. 8, *idem*.

de l'intérieur, qui pourra y faire telles modifications qu'il jugera nécessaires.

Ils resteront affichés dans les établissements, et seront obligatoires pour les personnes qui les fréquenteront, comme pour les individus attachés à leur service. Les inspecteurs pourront requérir le renvoi de ceux de ces derniers qui refuseraient de s'y conformer (1).

434.

Resteront pareillement affichés dans ces établissements et dans tous les bureaux destinés à la vente d'eaux minérales, les tarifs ordonnés par l'article 10 de l'arrêté du gouvernement, du 27 décembre 1802.

Lorsque ces tarifs concerneront des entreprises particulières, l'approbation des préfets ne pourra porter aucune modification dans les prix, et servira seulement à les constater (2).

435.

Il ne sera, sous aucun prétexte, exigé ni perçu des prix supérieurs à ces tarifs.

Les inspecteurs ne pourront également rien exiger des malades dont ils ne dirigeront pas le

(1) Art. 9 de l'ordonnance du 18 juin 1823.
(2) Art. 10, *idem.*

traitement, et auxquels ils ne donneront pas des soins particuliers.

Ils continueront à soigner gratuitement les indigents admis dans les hospices dépendants des établissements thermaux, et seront tenus de les visiter au moins une fois par jour (1).

436.

' Les divers inspecteurs rempliront et adresseront chaque année au ministre de l'intérieur des tableaux dont il sera fourni des modèles ; ils y joindront les observations qu'ils auront recueillies, et les mémoires qu'ils auront rédigés sur la nature, la composition et l'efficacité des eaux, ainsi que sur le mode de leur application (2).

437.

Dispositions particulières à la fabrication des eaux minérales artificielles, aux dépôts et à la vente de ces eaux et des eaux minérales naturelles.

Tous individus fabricant des eaux minérales artificielles ne pourront obtenir ou conserver l'autorisation exigées par l'article 425 ; qu'à la condition de se soumettre aux dispositions qui

_____

(1) Art. 11 de l'ordonnance du 18 juin 1823.
(2) Art. 12, *idem.*

les concernent dans la présente ordonnance, de subvenir aux frais d'inspection ; *de justifier des connaissances nécessaires pour de telles entreprises, ou de présenter pour garant un pharmacien légalement reçu* (1).

438.

Ils ne pourront s'écarter, dans leurs préparations, des formules approuvées par le ministre-secrétaire d'État de l'intérieur, et dont copie restera dans les mains des inspecteurs chargés de veiller à ce qu'elles soient exactement suivies.

Ils auront néanmoins, pour des cas particuliers, la faculté d'exécuter des formules magistrales sur la prescription écrite ou signée d'un *docteur en médecine ou en chirurgie.*

Ces prescriptions seront conservées pour être représentées à l'inspecteur, s'il le requiert (2).

439.

Les autorisations nécessaires pour tous dépôts d'eaux minérales naturelles ou artificielles, ailleurs que dans *des pharmacies* ou dans les lieux où elles sont puisées ou fabriquées, ne seront

(1) Art. 13 de l'ordonnance du 18 juin 1823.
(2) Art. 14, *idem.*

pareillement accordées qu'à la condition expresse de se soumettre aux présentes règles, et de subvenir aux frais d'inspection.

Il n'est néanmoins rien innové à la faculté que les précédents règlements donnent à tout particulier de faire venir des eaux minérales pour son usage et pour celui de sa famille (1).

440.

Il ne peut être fait d'expédition d'eaux minérales naturelles hors de la commune où elles sont puisées que sous la surveillance de l'inspecteur ; les convois doivent être accompagnés d'un certificat d'origine par lui délivré, constatant les quantités expédiées, la date de l'expédition, et la manière dont les vases ou bouteilles ont été scellés au moment même où l'eau a été puisée à la source (2).

Les expéditions d'eaux minérales artificielles seront pareillement surveillées par l'inspecteur, et accompagnées d'un certificat d'origine délivré par lui (3).

___

(1) Art. 15 de l'ordonnance du 18 juin 1823.

(2) Art. 16, idem.

(3) Les fabricants d'eaux minérales peuvent établir deux dépôts de leurs eaux sans payer de nouveaux droits (instruction ministérielle). Les restaurateurs qui vendent de l'eau de Seltz aux personnes qui fréquentent leurs établissements ne sont point considérés comme dépositaires ; cela n'empêche pas que les inspecteurs n'aient le droit de constater la qualité des eaux de Seltz qu'ils vendent au public.

441.

Lors de l'arrivée desdites eaux aux lieux de leur destination, ailleurs que dans des pharmacies ou chez des particuliers, les vérifications nécessaires pour s'assurer que les précautions prescrites ont été observées, et qu'elles peuvent être livrées au public, seront faites par les inspecteurs. Les caisses ne seront ouvertes qu'en leur présence; et les débitants devront tenir registre des quantités reçues, ainsi que des ventes (1).

442.

Là où il n'aura point été nommé d'inspecteur, tous établissements d'eaux minérales naturelles ou artificielles seront soumis aux visites ordonnées par les articles 29, 30 et 31 de la loi du 11 avril 1803 (21 germinal an XI) (2).

443.

De l'administration des sources minérales appartenant à l'État, aux communes ou établissements charitables.

Les établissements d'eaux minérales qui appartiennent à des départements, à des communes

(1) Art. 17 de l'ordonnance du 18 juin 1823.
(2) Art. 18, *idem*.

ou à des institutions charitables, seront gérés pour leur compte. Toutefois les produits ne seront point confondus avec leurs autres revenus, et continueront à être spécialement employés aux dépenses ordinaires et extraordinaires desdits établissements, sauf les excédants disponibles après qu'il aura été satisfait à ces dépenses.

Les budgets et les comptes seront aussi présentés et arrêtés séparément, conformément aux règles prescrites pour ces trois ordres de services publics (1).

444.

Ceux qui appartiennent à l'État continueront à être administrés par les préfets, sous l'autorité du ministre secrétaire d'État de l'intérieur, qui en arrêtera les budgets et les comptes, et fera imprimer tous les ans, pour être distribué aux Chambres, un tableau général et sommaire de leurs recettes et de leurs dépenses ; sera aussi imprimé à la suite dudit tableau le compte sommaire des subventions portées au budget de l'État pour les établissements thermaux (2).

445.

Les établissements, objet du présent titre, seront mis en ferme, à moins que, sur la demande

---

(1) Art. 19 de l'ordonnance du 18 juin 1823.
(2) Art. 20, *idem.*

14

des autorités locales et des administrations propriétaires , le ministre de l'intérieur n'ait autorisé leur mise en régie (1).

446.

Les cahiers des charges, dont feront nécessairement partie les tarifs exigés par l'article 434,
devront être approuvés par les préfets, après
avoir entendu les inspecteurs. Les adjudications
seront faites publiquement et aux enchères.

Les clauses des baux stipuleront toujours que
la résiliation pourra être prononcée immédiatement par le conseil de préfecture, en cas de vio-
tion du cahier des charges (2).

447.

Les membres des administrations propriétaires
ou surveillantes, ni les inspecteurs, ne pourront se rendre adjudicataires desdites fermes
ni y être intéressés (3).

448.

En cas de mise en régie, le régisseur sera
nommé par le préfet. Si l'établissement appartient à une commune ou à une administration

(1) Art. 21 de l'ordonnance du 18 juin 1823.
(2) Art. 22, *idem.*
(3) Art. 23, *idem.*

charitable, la nomination ne sera faite que sur la présentation du maire ou de cette administration.

Seront nommés de la même manière les employés et servants attachés au service des eaux minérales, dans les établissements objet du présent titre.

Toutefois ces dernières nominations ne pourront avoir lieu que de l'avis de l'inspecteur.

Si l'établissement appartient à plusieurs communes, les présentations seront faites par le maire de la commune où il sera situé.

Les mêmes formes seront observées pour la fixation du traitement des uns et des autres employés, ainsi que pour leur révocation (1).

449.

Il sera procédé pour les réparations, constructions, reconstructions et autres travaux, conformément aux règles prescrites pour la branche de service public à laquelle l'établissement appartiendra, et aux ordonnances des 8 août, 31 octobre 1821, et 22 mai 1822.

Toutefois ceux de ces travaux qui ne seront point demandés par l'inspecteur ne pourront être ordonnés qu'après avoir pris son avis (2).

---

(1) Art. 24 de l'ordonnance du 18 juin 1823.
(2) Art. 25, *idem.*

450.

INSPECTION DES EAUX MINÉRALES A PARIS ET DANS LE DÉPARTEMENT DE LA SEINE.

Aucun établissement ayant pour effet de livrer ou d'administrer au public des eaux minérales, naturelles ou artificielles, ne peut être formé dans le département de la Seine, ni dans les communes de Saint-Cloud, Sèvres et Meudon, sans une autorisation particulière délivrée dans la forme déterminée par l'ordonnance royale du 18 juin 1823 (1).

451.

Tous les propriétaires d'établissements de cette nature, actuellement en activité dans le département de la Seine et dans l'une des trois communes ci-dessus, devront faire leur déclaration à la préfecture de police.

Il est ouvert à la préfecture de police un registre destiné à recevoir ces déclarations et sur lequel chaque entrepreneur souscrira l'engagement de se conformer aux dispositions de l'ordonnance du roi, et notamment à celles énoncées

_____

(1) Art. 1er de l'ordonnance du 21 novembre 1823.

aux articles 431 et 437, concernant les frais d'inspection (1).

452.

Tout entrepreneur, fabricant d'eaux minérales artificielles,

Toute personne tenant un dépôt d'eaux minérales, naturelles ou artificielles,

Tout directeur d'établissement de bains où l'on administre des bains dans lesquels il entre des substances minérales quelconques, qui aura obtenu l'autorisation prescrite pour avoir désormais le droit d'exercer ces divers genres d'industrie, devra faire placer au-dessus de la porte extérieure de l'établissement un tableau indiquant le nom de l'entrepreneur et la nature de l'entreprise (2).

453.

Tout entrepreneur fabricant d'eaux minérales artificielles, ou dépositaire d'eaux minérales quelconques, sera tenu de mettre sur chaque bouteille sortant de son établissement une étiquette indiquant :

1° L'espèce d'eau renfermée dans la bouteille, et le prix ;

(1) Art. 2 de l'ordonnance du 21 novembre 1823.
(2) Art. 3, idem.

2° Le nóm de l'entrepreneur ;

3° La date de l'autorisation en vertu de laquelle l'établissement est en activité ;

4° Et s'il s'agit d'eaux minérales naturelles, l'époque de l'arrivée à Paris desdites eaux (1).

454.

Il est expressément défendu à tout directeur d'établissement de bains de s'immiscer à l'avenir, sous aucun prétexte, dans la préparation des eaux ou substances minérales dont les baigneurs seraient dans le cas de faire usage.

Les entrepreneurs de bains devront veiller, sous leur responsabilité personnelle, à ce qu'il ne soit employé dans leurs établissements que des préparations faites par un pharmacien ayant officine, ou par tel autre individu ayant une autorisation spéciale pour ces préparations (2).

455.

Inspection des fabriques d'eaux minérales artificielles.

Les fonctions des inspecteurs sont de veiller particulièrement à ce que les eaux soient fabriquées conformément aux formules approuvées.

---

(1) Art. 4 de l'ordonnance du 21 novembre 1823.
(2) Art. 5, *idem.*

A cet effet, indépendamment des visites régulières à faire dans chaque fabrique, et dont le
le nombre demeure fixé à deux par mois, ils
pourront assister à la confection des eaux lorsqu'ils le jugeront convenable, et se faire remettre
inopinément une bouteille de chaque espèce d'eau
pour en faire l'analyse

Dans le cas où cette vérification ferait connaître que les eaux sont mal préparées, ils en rendraient compte par un rapport particulier au ministre de l'intérieur (1).

456.

Indépendamment des feuilles de visite, dont il
sera ci-après parlé, il sera tenu dans chaque fabrique un registre coté et paraphé par le commissaire de police du quartier, et dans les communes rurales par le maire.

Ce registre servira à inscrire : 1° la date des visites de l'inspecteur, ainsi que ses observations ;

2° La date des expéditions d'eaux minérales,
ainsi que le nombre de bouteilles composant lesdites expéditions, pour lesquelles l'inspecteur délivrera des certificats d'origine, conformément à
l'art. 13 de l'ordonnance du 18 juin 1823 (2).

---

(1) Art. 1er de l'arrêté du ministre de l'intérieur, du 27
décembre 1823.

(2) Art. 2, *idem*.

457.

Les inspecteurs devront délivrer ces certificats
dans les vingt-quatre heures qui suivront l'invitation qui leur en aura été adressée par le fabricant (1).

458.

Chaque bouteille ou vase sortant de la fabrique
doit être pourvu de l'étiquette prescrite par l'art.
4 de l'ordonnance de police du 21 juin et afin
que cette étiquette ne puisse par servir après que
l'eau aura été employée, elle sera appliquée de
la manière suivante :

« Une ficelle sera croisée et nouée sur le bou-
« chon ; les bouts en seront ramenés, tournant en
« spirale, vers le milieu du vase, et recouverts
« par l'étiquette, qui sera collée dessus en même
« temps que sur le vase » (2).

459.

Chaque fabricant devra remettre à la préfecture de police, et aux époques qui seront fixées
ultérieurement, une feuille signée de lui et de
l'inspecteur.

Cette feuille devra annoncer la date et som-

_____

(1) Art. 3 de l'arrêté du ministre de l'intérieur, du 27 décembre 1823.
(2) Art. 4, idem.

mairement le motif des visites de toute nature faites dans l'établissement par l'inspecteur (1).

460.

Dépôts d'eaux minérales naturelles ou factices.

Les inspecteurs s'assureront que les eaux mises en dépôt proviennent des sources indiquées ou sont le produit d'une fabrication autorisée, et qu'elles sont confectionnées conformément aux formules approuvées.

A cet effet, ils pourront, indépendamment des visites régulières, fixées à deux par mois, vérifier l'état du dépôt, lorsqu'ils le jugeront convenable, et se faire remettre inopinément une bouteille de chaque espèce d'eaux pour l'analyser.

S'ils reconnaissent que les eaux sont avariées, ils en préviendront le ministre de l'intérieur par un rapport particulier (2).

461.

Il sera tenu, dans chaque dépôt, deux registres cotés et paraphés par le commissaire de police du quartier.

L'un servira à inscrire les quantités d'eaux reçues des différentes sources ou fabriques ;

---

(1) Art. 5 de l'arrêté du ministre de l'intérieur, du 27 décembre 1823.
(2) Art. 6, *idem.*

L'autre, les quantités vendues dans le dépôt même ou expédiées au dehors (1).

462.

Le dépositaire est tenu d'informer l'inspecteur de l'arrivée des eaux, pour que ce dernier vienne, dans les vingt-quatre heures, vérifier la date du puisement à la source et de l'arrivée des eaux, leur quantité et leur qualité, et inscrire ses observations sur le registre n° 1 , destiné à constater les arrivages (2).

463.

En cas d'expédition au dehors, le dépositaire devra en prévenir l'inspecteur, qui, dans les vingt-quatre heures, se rendra au dépôt pour délivrer les certificats d'origine (3).

464.

Aucune bouteille ou vase quelconque concernant les eaux minérales naturelles ou artificielles né doit sortir d'un dépôt sans être revêtu de l'étiquette prescrite par l'ordonnance de police du 21 novembre précité, et appliquée ainsi que le porte l'article 458 ci-dessus (4).

---

(1) Art. 7 de l'arrêté du ministre de l'intérieur, du 27 décembre 1823.
(2) Art. 8, *idem.*
(3) Art. 9, *idem.*
(4) Art. 10, *idem.*

465.

Chaque dépositaire remettra à la préfecture de police, et aux époques qui seront fixées ultérieurement, *une feuille signée de lui et de l'inspecteur.*

Cette feuille énoncera la date et sommairement le motif des visites de toute nature faites dans le dépôt par l'inspecteur (1).

466.

Établissements dans lesquels on administre des bains où il entre des substances minérales.

Les entrepreneurs de bains ne devant, sous aucun prétexte, s'immiscer dans la préparation des substances minérales, ceux qui obtiendront l'autorisation d'administrer des bains minéraux devront s'approvisionner chez un pharmacien ayant officine ou dans une fabrique autorisée, et se procurer, suivant l'importance de leur établissement, le nombre de bouteilles présumé nécessaire pour quinze jours.

Ils tiendront un registre destiné à inscrire jour par jour le nombre de bains minéraux qu'ils auront fournis et en justifieront à l'inspecteur, qui pourra inscrire ses observations sur ce registre.

(1) Art. 11 de l'arrêté du ministre de l'intérieur, du 27 décembre 1823.

Dans le cas où un baigneur apporterait la composition, le directeur de l'établissement exigera la présentation et la remise de l'ordonnance du médecin, et s'assurera que la préparation a été faite par un pharmacien, ou qu'elle provient d'une fabrique autorisée.

L'entrepreneur inscrira ces bains sur son registre, et conservera les ordonnances pour les représenter à l'inspecteur (1).

467.

Indépendamment du nombre de visites qui devront être faites régulièrement, et qui demeureront fixées à deux par mois par chaque établissement autorisé, les inspecteurs pourront visiter inopinément lesdits établissements.

Ils transmettront au ministre de l'intérieur des rapports particuliers sur chaque établissement, dans le cas où ils y découvriraient des abus susceptibles de nuire à la santé et à la salubrité publique (2).

468.

Chaque entrepreneur de bains autorisés devra remettre à la préfecture de police, et aux épo-

(1) Art. 12 de l'arrêté du ministre de l'intérieur, du 27 décembre 1823.
(2) Art. 13, *idem.*

ques qui seront fixées ultérieurement, une feuille signée de lui et de l'inspecteur.

Cette feuille énoncera la date et sommairement le motif des visites de toute nature faites dans l'établissement par l'inspecteur (1).

469.

Lorsque les inspecteurs auront lieu de présumer que l'on administre des bains minéraux dans un établissement non autorisé, ils pourront se présenter auprès de l'entrepreneur pour visiter l'établissement.

Dans le cas où l'entrepreneur s'y refuserait, l'inspecteur se retirera par-devant le commissaire de police de quartier, et dans les communes *extra muros*, auprès du maire, pour requérir leur assistance, et visiter l'établissement conjointement avec ces fonctionnaires.

Le résultat de ces examens sera consigné dans des procès-verbaux qui seront transmis immédiatement au ministre de l'intérieur (2).

Instruction nouvelle donnée par l'Académie de médecine sur la manière de recueillir et de présenter les observations fournies par l'emploi médical des eaux minérales et des eaux de mer.

L'Académie de médecine, en cherchant à se rendre compte des avantages que l'art de guérir avait pu retirer jusqu'à

---

(1) Art. 14 de l'arrêté du ministre de l'intérieur, du 27 décembre 1823.

(2) Art. 15, *idem.*

présent des relations établies entre elle et les médecins inspecteurs des eaux minérales, a reconnu que ces avantages étaient restés fort au-dessous des espérances dont elle s'était flattée, ce qu'elle a généralement attribué aux bornes étroites dans lesquelles se trouve enfermée cette communication scientifique. Réduit en effet à la rédaction et à l'envoi de quelques tableaux synoptiques, ce mode de communication est non-seulement insuffisant, mais encore entaché d'un vice capital qui a dû rendre ces sortes de statistiques médicales à peu près infructueuses. Ce défaut consiste à nous laisser ignorer les éléments des faits qui remplissent ces cadres, à nous les présenter comme identiques lorsqu'ils sont naturellement dissemblables, et à nous cacher ces dissemblances, qui sont si nombreuses dans les maladies chroniques, sous des résumés généraux, composés selon la manière de voir et l'exactitude relative de chaque observateur. A la vérité, quelques-uns des médecins inspecteurs ont soin de joindre à ces relevés numériques un certain nombre de ces mêmes faits présentés en détail sous forme d'observations individuelles ; mais, outre que cet utile supplément n'est pas généralement fourni, rarement se trouve-t-il proportionné à la masse totale des faits. Dès lors les observations dont il se compose ne peuvent servir de base à des données exactes, parce que, choisies sur un grand nombre d'autres, ces observations doivent cette préférence à des motifs ignorés ou fort difficiles à apprécier; parce qu'elles sont présentées sous des points de vue très-variables, et d'après le système médical propre à chaque médecin, et parce qu'enfin, faute de renseignements ultérieurs, elles nous donnent, comme résultats définitifs des traitements opérés aux eaux, des guérisons ou des soulagements d'une durée tout à fait indéterminée. Or, dans l'incertitude où nous sommes sur les qualités respectives des eaux, sur leurs variations accidentelles, et particulièrement sur le mode et la durée des guérisons qu'elles opèrent, de pareils résumés, des observations aussi tronquées, ne lèveront aucun doute, ne feront luire aucune vérité sur cette partie stationnaire de la science.

Si nous voulons méthodiquement l'approfondir, il faut, de toute nécessité, suivre la marche qu'une saine philosophie nous a depuis longtemps indiquée comme la seule qui mène à la vérité, surtout en médecine pratique. On n'atteint pas ce but en s'entourant de tableaux synoptiques, d'aperçus généraux, mais en consultant, si l'on peut le faire soi-même, de grandes collections de faits individuels et complets. C'est précisément le contraire de ce qui a été fait jusqu'à présent, et de ce que nous continuerions de faire sans avantage pour la science, si nous ne renoncions pas enfin à ces stériles additions de faits présentés en masse, abstraction faite des différences individuelles qui appartiennent à chaque maladie, et d'une autre différence bien plus importante encore, qui appartient à chaque traitement, et sur laquelle nous devons nous arrêter un moment. Nous voulons parler du défaut de renseignements sur la persistance de la guérison.

Pour bien se pénétrer de la nécessité d'en constater la durée, il faut d'abord se représenter qu'un des caractères les plus constants des maladies chroniques est d'être intermittentes, d'affecter, à des intervalles plus ou moins éloignés, une disparition quelquefois si complète et si durable de leurs symptômes, qu'elle peut être prise pour guérison par les praticiens les plus consommés, comme par le malade, qui puise, dans ces variations, toutes les illusions de l'espérance. Remarquons encore que ces fausses guérisons sont d'autant plus ordinaires que la maladie est moins avancée, et qu'il suffit alors, pour qu'elles se produisent, d'un changement total ou de remèdes, ou de médications, ou de manière de vivre, ou de séjour. Le malade qui arrive aux eaux se trouve placé tout à coup sous l'action réunie de ces puissantes causes d'amélioration. D'autres non moins favorables viennent s'y joindre: ce sont les bénéfices du voyage, l'influence des beaux jours et des beaux lieux, les distractions qu'on trouve dans une société nouvelle et variée, enfin la contagion de l'espérance, qui gagne tous les malades, à l'aspect, et plus encore au récit, des guérisons merveilleuses opérées sur les bords de ces sources bienfaisantes.

Au milieu de ces nombreux agents de guérison ou de soulagement, la maladie disparaît ou s'amende. Jusqu'à quel point cette disparition ou cet amendement peuvent-ils être considérés comme guérison ou acheminement à la guérison? C'est ce qui ne peut être décidé que par le temps, c'est-à-dire par quelques mois, par l'épreuve d'un hiver, par le cours même d'une année; et cependant tous ces résultats incertains vont figurer comme positifs et définitifs dans le tableau hâtif exigé du médecin inspecteur. Ce n'est pas tout encore; d'après les observations des médecins livrés à l'étude ou attachés à l'administration des eaux minérales, leur action serait de nature à se prolonger de plusieurs semaines , et même de quelques mois , au delà du temps de leur administration; quelquefois même elle ne se manifesterait d'une manière sensible qu'après cet intervalle de temps. Il résulterait de là que des guérisons, qu'on n'aurait point obtenues ou qu'incomplétement obtenues dans l'établissement thermal , s'effectueraient ou se compléteraient quelque temps après par l'action latente et prolongée des eaux précédemment employées. Ce phénomène thérapeutique n'a rien d'impossible, et n'appartient pas exclusivement à cette espèce de médication ; mais on en a beaucoup trop généralisé l'influence en l'attribuant indistinctement à toutes les eaux., et en supposant que tous les malades en sont également susceptibles. Il n'en est pas moins vrai cependant que ce point de la thérapeutique thermale a besoin d'être soigneusement étudié, et que les tableaux synoptiques, tels qu'ils ont été conçus jusqu'à présent, ne peuvent recevoir aucune observation qui s'y rapporte, ni présenter, par la même raison , une évaluation juste du nombre total des maladies guéries, soulagées ou exaspérées par l'administration des eaux.

On pensera sans doute, et l'on est probablement tout prêt à nous objecter, que ces inconvénients, reconnus par tous les bons esprits , sont inhérents aux tableaux synoptiques , aux résumés généraux , et que nous sommes forcés de nous en contenter, dans l'impossibilité où se trouveraient les médecins inspecteurs de recueillir et de transmettre à l'Académie l'histoire particulière de tous les individus traités dans les établissements thermaux. Sans doute il faudrait y renoncer si , pour être valables , ces observations privées devaient être présentées dans tous leurs détails et avec toutes les circonstances qui ont précédé, accompagné et suivi la maladie et son traitement; mais il n'en est pas besoin pour le but que nous nous proposons. Ce qu'il nous faut ici, c'est une exposition analytique de chaque fait, des sommaires d'observations , tels qu'on a l'habitude à présent, et pour le soulagement de notre mémoire, et pour l'économie de notre temps, d'en tracer à la tête des histoires particulières de maladies. Au moyen de cette exposition analytique , rendue plus courte encore par quelques formules abréviatives, une collection entière de tous les faits observés dans un établissement thermal exigera, de la part du médecin inspecteur, moins de temps et de peine que n'en eût demandé la confection des deux tableaux synoptiques ; car, pour les composer, ces tableaux , et s'en acquitter, en conscience, nos confrères étaient nécessairement obligés de recueillir, d'assembler et d'évaluer des matériaux qu'il leur suffira de nous envoyer tout bruts. Ce que nous demandons, en un mot, n'est qu'une copie d'un registre qu'ils ont dû tenir de leurs soins et de leurs observations. Il ne faut, dans ce registre, s'il est convenablement divisé, qu'une seule ligne pour chaque malade, laquelle indiquera tout ce qu'il est important de connaître : son nom, s'il y consent, ou ses initiales ; son numéro d'inscription, son âge, sa profession, le pays qu'il habite ; la nature de sa maladie, les moyens thérapeutiques, y compris surtout les eaux minérales, déjà employés ; enfin les eaux qui lui ont été administrées dans l'établissement, les effets immédiats du traitement et *ses effets subséquents*. Ce dernier point, qui comprendra les renseignements relatifs à l'état du malade dans le cours de l'année qui a suivi celle de son séjour aux eaux, et qui nous fera connaître si la guérison ou l'amendement de sa maladie est ou n'est point survenu, s'est ou ne s'est point maintenu, ce dernier document, disons-nous, présentera quelques difficultés ; elles consisteront dans de nouvelles et nombreuses informations ; mais ces informations, il s'agira bien plus souvent de les recevoir que de les prendre ! Il suffira, pour le médecin, d'une lettre à lui écrite par le malade, sur l'état de sa santé, neuf ou dix mois après le traitement qu'il a subi aux eaux. L'on peut croire que tous s'empresseront de satisfaire à l'invitation qui leur sera faite à ce sujet, au moment de leur départ ; on en a pour garant la propension naturelle à tous les hommes de nous entretenir de leurs maux non-seulement quand ils en souffrent, mais encore quand ils en ont heureusement triomphé ! Ajoutons que, pour le plus grand nombre d'entre eux, leur état pourra être connu du médecin sans aucun embarras de correspondance ; car le plus grand nombre ne manque pas de retourner aux eaux l'année suivante, soit dans le cas de guérison pour la consolider, soit en cas de soulagement momentané, dans l'espoir d'en obtenir un plus durable. Si le malade n'y reparaît pas, ce sera, parmi ceux qui y retournent, quelque ami, quelque connaissance qui pourra donner de ses nouvelles au médecin inspecteur. Aucun de ces moyens de communication n'a-t-il pu les fournir, les cahiers adressés à l'Académie pourront y suppléer. C'est là qu'on pourra voir souvent les mêmes malades promener à

14.

différentes eaux leurs mêmes souffrances, et constater l'impuissance des eaux contre certaines maladies, ou leur efficacité comparative en cas de guérison, ce qui ne sera pas un des moindres avantages de nos cahiers d'observations.

On a déjà compris que pour compléter, par les renseignements subséquents, cette série de documents demandés pour chaque malade, il devenait impossible que cette collection de faits individuels pût être envoyée à la commission des eaux minérales dans la même année, comme cela s'est pratiqué jusqu'à présent.

Par suite donc de l'extension nouvelle donnée au travail de MM. les médecins inspecteurs, il est indispensable de prolonger d'une année entière le temps qui leur était donné pour la rédaction et l'envoi de leurs observations. Ainsi ce ne sera qu'après la saison suivante, qu'ils auront à communiquer au gouvernement les histoires de traitement et toutes les observations individuelles et générales faites l'année précédente. Ce retard n'aura aucun inconvénient qu'on puisse mettre en balance avec l'avantage d'avoir des histoires de traitement complètes, et dont les résultats aient passé par l'épreuve du temps.

Ainsi, pour nous résumer, et d'après les motifs ci-dessus exposés, le compte rendu de leurs observations annuelles par MM. les médecins inspecteurs des eaux différera de celui qui était usité jusqu'à présent par la forme, par le fonds et par le temps. Au lieu de deux tableaux synoptiques, ce sera un cahier composé de plus ou moins de feuilles, selon le plus ou moins d'importance de l'établissement, mais dont le nombre, d'après le calcul approximatif qui en a été fait, ne s'élèvera jamais au-dessus de quinze. Au lieu de présenter un résumé des faits, une addition des hommes, des femmes, du genre des maladies traitées à l'établissement thermal, des moyens thérapeutiques et hygiéniques composant ces traitements évalués en masse, le registre contiendra l'ensemble de tous les faits qui ont servi de base à ces résumés, c'est-à-dire l'énumération de toutes les maladies et indispositions traitées aux eaux, avec les résultats immédiats et consécutifs de chaque traitement. Tout cela sera exposé dans une série de documents individuels renfermés, pour chaque malade, dans une seule ligne, qui, à la vérité, s'étendrait du verso au recto du cahier. Toutefois, comme cette collection de faits particuliers ne représente qu'une partie des observations et

des recherches que doit embrasser tout plan d'étude, des eaux
minérales, méthodique et complet, on a dû s'arranger pour
que l'autre partie, indépendante de ces mêmes faits, pût
trouver sa place dans le même cahier. Cette partie en occupera les deux dernières pages, qui seront divisées en cinq
colonnes : la première comprendra la description de la constitution atmosphérique qui a régné avant, pendant et après
la saison des eaux ; la deuxième, la constitution médicale du
pays dans le même temps ; la troisième, les effets produits
par les eaux qu'on aura pu expérimenter sur l'homme sain et
sur les animaux dans l'état de santé et de maladie ; la quatrième, les changements accidentels qui surviennent quelquefois dans la quantité et les propriétés des eaux ; et la cinquième, l'évaluation de l'argent reçu par la ferme des eaux
ou laissé dans le pays.

Ces innovations ne sont pas les seules que l'Académie
de médecine ait jugé nécessaire d'introduire dans l'étude des
eaux minérales, et dans l'appréciation de leurs effets curatifs.
Elle a pensé que ce travail serait plus complet et plus profitable à la science s'il était appliqué en même temps, et de la
même manière, à l'étude médicale des eaux de mer. A en
juger seulement par la nature comme par la quantité de ses
composés, et par ce qu'on connaît déjà de ses propriétés émi-
nemment excitantes, si favorables à la guérison des affections
scrofuleuses, cette eau mérite toute l'attention des praticiens,
et doit figurer à côté des eaux minérales les plus énergiques
et les plus salutaires.

Il est inutile de faire ressortir tous les avantages que doit
retirer la science de cette nouvelle branche d'observations,
non-seulement pour acquérir des idées nettes sur les propriétés médicales des eaux de mer, mais encore pour établir des
rapports comparatifs d'action entre ces mêmes eaux et celles
que fournissent les différentes sources thermales de la France.
Messieurs les inspecteurs des thermes maritimes sentiront
donc toute l'importance du travail qui leur est imposé, dans
l'intérêt réuni de la science et de leur établissement. L'Aca-
midée de médecine, qui a proposé de les assimiler en tout
point à messieurs leurs confrères attachés à l'administration
médicale des eaux minérales, n'aura pas conçu une vaine
espérance en attendant de ce concours de leur talent et de
leur zèle, une abondante rétribution de faits exacts et complets. L'Académie, en les recevant, n'oubliera pas qu'elle en

doit compte à la science, et que sa mission n'est pas seulement
d'en être la dépositaire, mais encore de les rapprocher, de
les comparer et de les élaborer, afin d'en déduire par la suite
un corps complet de doctrine sur l'usage médical des eaux
minérales et des eaux de mer. En attendant, et au moyen de
ces observations, il sera facile à la commission que cet objet
concerne de soumettre chaque année à l'Académie et au public médical, un rapport substantiel sur cette branche importante de la thérapeutique, et d'y traiter quelqu'une des questions capitales qui s'y rattachent.

Nous pourrons alors, avec connaissance de cause, établir
la spécificité comparée des différentes sources minérales, leurs
rapports, s'il y en a, entre les propriétés chimiques que l'analyse y découvre, et les effets curatifs que la médecine en re-
tire ; la différence proportionnelle de ces guérisons comparées
(sous le rapport de leur nombre et de leur stabilité) à celles
que nous devons aux autres agents médicamenteux et hygiéniques ; la part de succès qu'ont eue à ces guérisons, d'après
les quantités variables de bains et de boissons employés, les
moyens accessoires du traitement, et surtout les changements
de lieux et d'habitudes. Nous pourrons encore peser les avantages et les inconvénients des différentes méthodes empiri-
ques suivies dans les divers établissements thermaux pour
l'administration des eaux ; enfin, sous le rapport général des
maladies chroniques, qui s'y présentent en si grand nombre,
et sous des formes si diverses, ces acquisitions scientifiques
viendront ajouter beaucoup au riche héritage des trois Bordeu,
qui ne répandirent tant de jour sur cette classe de maladies
que parce qu'ils les avaient étudiées sur ces grands théâtres
d'observations.

Nous dirons à présent quelques mots sur la confection ma-
térielle des cahiers d'observation.

Celles de ces observations qui en forment la seconde partie
sous le titre d'*Observations générales* (*), représentant à

(*) Ces *observations générales* portent : 1° sur la constitution atmosphérique, avant, pendant et après la saison des eaux ; 2° sur
la constitution médicale du pays dans la même période ; 3° sur l'action des eaux sur l'homme dans son état de santé et dans son état
de maladie ; 4° sur l'action des eaux expérimentée sur les animaux
sains et malades ; 5° sur le changement survenu dans les propriétés

peu de chose près les anciens tableaux fournis annuellement par MM. les médecins inspecteurs, pourront être rédigées à peu près de même, et n'exigent par conséquent aucune explication. Mais il n'en est pas de même des observations individuelles qui composent la première et la plus grande partie de ces cahiers. En raison du grand nombre de documents exigés pour chacune de ces observations, la place marquée pour ces divers documents dans leurs colonnes respectives serait insuffisante, si on ne convenait d'avance d'employer à la rédaction des faits un style aphoristique des plus laconiques, et de soumettre les mots eux-mêmes à un système général d'abréviation. Ces abréviations peuvent, dans quelques colonnes, se réduire à une seule lettre ou à une seule syllabe. Par exemple, dans la colonne des tempéraments, attendu que ceux-ci se trouvent représentés par cinq à six mots dont l'initiale diffère, il suffira de ces lettres initiales : *S.*, *L.*, *B.*, *N.*, *M.*, pour indiquer le tempérament, sanguin ou lymphatique, ou bilieux, ou nerveux ou musculaire, dont se trouve doué l'individu qui fait le sujet de l'observation, et de la réunion de deux ou trois de ces initiales séparées par un trait pour noter la réunion de deux ou trois de ces tempéraments chez un même sujet. Ainsi *L.-N.*, *B.-S.*, expriment les tempéraments lymphatico-nerveux, bilioso-sanguin, etc. L'énoncé des différentes constitutions individuelles ne pouvant se faire au moyen de termes spéciaux et convenus, comme pour le tempérament, l'initiale seule du mot employé pour désigner cette différence de l'organisation deviendrait insuffisante ; aussi a-t-on donné un peu plus d'espace à la colonne relative à la constitution, pour que celle-ci pût y être clairement désignée, au moyen d'une abréviation plus claire et

des lieux ; 6° enfin sur le produit de la ferme des eaux et sur l'argent laissé dans le pays.

Les *observations individuelles* comprennent : 1° les noms, domicile, âge, tempérament, constitution, profession ou genre de vie de celui qui prend les eaux ; 2° la désignation de la maladie, ou, si elle n'est pas caractérisée, l'exposition des principaux symptômes ; 3° les années ou mois de durée ; 4° les eaux minérales et autres moyens déjà employés ; 5° le traitement fait dans l'établissement thermal par les boissons, les bains, les douches, les étuves et les moyens accessoires ; 6° l'état du malade à son départ de l'établissement ; 7° l'état du malade dans le cours de l'année suivante.

plus généralement usitée. Cette abréviation consiste à présenter la première syllabe du mot abrégé, plus la première consonne de la syllabe suivante, par exemple *rob.* pour constitution robuste, *faib.* pour faible, etc.; cette abréviation monosyllabe sera employée dans les autres colonnes pour les mots à deux syllabes. Quant à ceux qui se composent d'un plus grand nombre, l'abréviation s'augmentera dans la même proportion, de manière à figurer plus de la moitié du mot, et de produire en outre une ou deux consonnes appartenant aux syllabes supprimées, comme dans ces deux exemples : *digest. labor., expect. purif.;* digestion laborieuse, expectoration puriforme. Ceci devient surtout nécessaire pour un grand nombre de termes de médecine qui, tirés des mêmes racines grecques, ne diffèrent que par leur terminaison, comme hémorrhagie, hémorrhoïdes, dyspepsie, dyspnée, qu'on pourra abréger sans crainte d'équivoque, en les écrivant ainsi : *hémorg., hémord., dysp., dysn.*

Comme chaque mot abrégé doit être terminé par un point, il sera nécessaire de remplacer ce signe par quelque autre qui puisse marquer distinctement la fin de la phrase. L'on emploiera à cet usage un trait perpendiculaire un peu allongé, comme dans cet exemple : *Chaq. jour, 3 ver. d'eau en bsson. | Bain à 34°, suivi d'une dch. sur le point doul. | ½ h. d'équit. av. le dîner.*

Il est inutile d'ajouter que lorsque les détails exigés par l'exposition des histoires particulières pourront être contenus dans la place qui leur est réservée, sans recourir à ces formules abréviatives, il sera préférable de s'en abstenir. On sent, d'un autre côté, la nécessité de suppléer au défaut d'espace dans le cas contraire, c'est-à-dire quand les documents, quoique soumis à cette abréviation, ne pourraient être renfermés dans l'étendue d'une seule ligne. On empiéterait alors sur les suivantes autant qu'il serait nécessaire, et il suffirait, pour éviter toute confusion, de reculer d'autant de lignes l'observation subséquente.

470.

ORGANISATION DU CORPS DES OFFICIERS DE SANTÉ
DE L'ARMÉE DE TERRE
☒ (Décret du 23 mars 1852).

—

Iʳᵉ SECTION.

INSTITUTION DU CORPS ET DU CONSEIL DE SANTÉ DE L'ARMÉE DE TERRE.

1. — *Institution du corps de santé de l'armée de terre.*

Institution des officiers de santé militaires. Il est institué un corps d'officiers de santé militaires comprenant :

1° Les médecins chargés, sans distinction de profession, de l'exercice de la médecine et de la chirurgie dans les corps de troupe, dans les hôpitaux et dans les ambulances ;

2° Les pharmaciens chargés de l'exercice de la pharmacie dans les dépôts de médicaments, dans les hôpitaux et dans les ambulances.

L'action de ce corps s'accomplit aux armées et dans l'intérieur, sous l'autorité du ministre de la guerre, déléguée, suivant le cas, soit aux officiers chargés du commandement, soit aux fonctionnaires de l'intendance militaire.

Institution des officiers de santé auxiliaires. Lorsque les ressources du cadre normal des officiers de santé militaires ne suffisent pas pour assurer l'exécution du service sanitaire dans les corps de troupe et dans les établissements hospitaliers, il peut être nommé des officiers de santé auxiliaires qui sont commissionnés par le ministre ou requis par les intendants militaires.

2. — *Institution du conseil de l'armée de terre.*

Il est institué un conseil de santé, composé de trois ou de cinq inspecteurs désignés, chaque année, par le ministre de la guerre.

Un officier de santé du grade de principal ou de major est attaché au conseil en qualité de secrétaire.

IIᵉ SECTION.

HIÉRARCHIE DES OFFICIERS DE SANTÉ.

3. — *Hiérarchie des officiers de santé militaires.*

La hiérarchie des médecins militaires comprend les grades ci-après : Médecin inspecteur. — Médecin principal de 1ʳᵉ classe. — Médecin principal de 2ᵉ classe. — Médecin-major de 1ʳᵉ classe. — Médecin-major de 2ᵉ classe. — Médecin aide-major de 1ʳᵉ classe. — Médecin aide-major de 2ᵉ classe. — Cette hiérarchie forme une série distincte ; elle ne comporte aucune assimilation avec les grades de la hiérarchie militaire proprement dite.

La hiérarchie des pharmaciens militaires comprend les grades ci-après : Pharmacien inspecteur. — Pharmacien principal de 1ʳᵉ classe. — Pharmacien principal de 2ᵉ classe. — Pharmacien-major de 1ʳᵉ classe. — Pharmacien-major de 2ᵉ classe. — Pharmacien aide-major de 1ʳᵉ classe. — Pharmacien aide-major de 2ᵉ classe. — Cette hiérarchie se définit dans les mêmes termes que celle des médecins.

4. — *Hiérarchie des officiers de santé auxiliaires.*

Les médecins et les pharmaciens auxiliaires ne forment point de hiérarchie; ils sont classés à là suite
du cadre de la profession à laquelle ils appartiennent.

IIIᵉ SECTION.

SUBORDINATION DES OFFICIERS DE SANTÉ.

5. — *Subordination des officiers de santé hors de leur
hiérarchie.*

En ce qui concerne la discipline générale, tous les
officiers de santé sont soumis à l'autorité des officiers
généraux.

. En ce qui concerne le service des places, tous les
officiers de santé sont soumis à l'autorité des comman-
dants de place. .

En ce qui concerne le service dans les corps de
troupe, les officiers de santé attachés à un régiment
sont subordonnés au colonel et au lieutenant-colonel
ou à l'officier qui les remplace intérimairement.

Les officiers de santé attachés à un bataillon ou à un
escadron formant corps sont subordonnés au chef de
corps ou à l'officier qui le remplace intérimairement.

L'officier de santé chargé du service sanitaire près
d'une partie de corps détachée est subordonné à l'officier qui commande le détachement.

L'officier de santé qui fait un service de semaine
est subordonné à l'officier supérieur de semaine.

En ce qui concerne le service dans les hôpitaux, les
officiers de santé des deux professions employés dans
les hôpitaux, dans les ambulances, dans les dépôts de
convalescents, dans les postes sédentaires et dans les

15

dépôts de médicaments, sont subordonnés, en tout ce
qui concerne la discipline, l'exécution des règlements
et la police des hôpitaux, aux officiers de l'intendance
militaire chargés de la direction administrative de ces
établissements. — On entend par police des hôpitaux
les ordres à donner pour maintenir l'exactitude dans
les visites, les pansements, les distributions, la pro-
preté dans les cours, le bon ordre et la tranquillité
parmi les officiers de santé, les officiers d'administration et les infirmiers, ainsi que parmi les malades et
blessés en traitement.

Tout officier de santé employé dans un établissement
hospitalier, qui croit avoir à se plaindre d'un abus
d'autorité de la part de ses chefs, adresse directement
sa plainte au sous-intendant militaire, et subsidiaire-
ment à l'intendant de la division ou du corps d'armée.
Il s'adresse directement à ce dernier, si l'abus d'autorité vient du sous-intendant militaire.

Si la réclamation, parvenue à ce degré de la hiérarchie administrative, n'est pas accueillie, ou si l'abus
d'autorité vient de l'intendant militaire, l'officier de
santé a le droit de recourir au général commandant la
division ou le corps d'armée.

6. — *Subordination des officiers de santé dans leur
hiérarchie.*

Les médecins employés dans un même corps de
troupe ou dans un même hôpital sont soumis au principe de la subordination du grade inférieur au grade
supérieur en ce qui concerne l'art de guérir et l'exécution du service. A grade égal, l'autorité immédiate est
exercée par l'officier de santé le plus ancien de grade.
La subordination directe des pharmaciens militaires

et auxiliaires se définit dans les mêmes termes que celle des médecins.

Les rapports entre les médecins et les pharmaciens sont déterminés par le règlement sur le service des hôpitaux.

7. — *Institution de l'École spéciale de médecine et de pharmacie militaires.*

Il est institué une école dans laquelle sont réunis les élèves des Facultés qui se destinent au corps de santé de l'armée de terre.

8. — *Régime intérieur de l'École spéciale de médecine et de pharmacie militaires.*

Les conditions d'admission dans cet établissement et son régime intérieur sont déterminés par un règlement spécial (1).

9. — *Fixation du cadre des officiers de santé militaires en temps de paix.*

Cadre des médecins militaires. Le cadre des médecins militaires est fixé, pour le temps de paix, par le tableau qui suit :

_____

(1) C'est le décret et le règlement qui terminent la 2ᵉ partie du Code.

Désignation des grades.	Effectif.
Médecins inspecteurs.	7
Médecins principaux de 1re classe.	40
Médecins principaux de 2e classe.	40
Médecins-majors de 1re classe	100
Médecins-majors de 2e classe.	220
Médecins aides-majors de 1re classe. . . .	340
Médecins aides-majors de 2e classe.	340

Cadre des pharmaciens militaires. Le cadre des pharmaciens militaires est fixé, pour le temps de paix, par le tableau qui suit :

Désignation des grades.	Effectif.
Pharmacien inspecteur.	1
Pharmaciens principaux de 1re classe. . .	5
Pharmaciens principaux de 2e classe. . . .	5
Pharmaciens-majors de 1re classe.	15
Pharmaciens-majors de 2e classe.	30
Pharmaciens aides-majors de 1re classe. .	45
Pharmaciens aides-majors de 2e classe. . .	45

10. — *Fixation du cadre des officiers de santé militaires en temps de guerre.*

Le cadre des médecins et des pharmaciens militaires est le même en temps de guerre qu'en temps de paix.

Les fixations de l'effectif de chaque grade ne peuvent être modifiées que par un décret du chef de l'État.

VIe SECTION.

FIXATION DU CADRE DES OFFICIERS DE SANTÉ AUXILIAIRES.

11. — *Fixation du cadre des officiers de santé auxiliaires en temps de paix.*

Le cadre des médecins et pharmaciens civils commissionnés par le ministre de la guerre ou requis par les intendants militaires varie selon les besoins du service sanitaire dans les corps de troupe et dans les établissements de l'intérieur.

12. — *Fixation du cadre des officiers de santé auxiliaires en temps de guerre.*

Le cadre varie pareillement selon les besoins du service sanitaire des armées en campagne.

VIIe SECTION.

ADMISSION DANS LE CADRE DES OFFICIERS DE SANTÉ MILITAIRES.

13. — *Admission d'origine dans le cadre des officiers de santé militaires.*

Les élèves de l'École spéciale de médecine militaire sont nommés médecins aides-majors de 2e classe aux conditions suivantes : 1° Avoir passé à l'École de médecine militaire le temps qui sera déterminé par le règlement spécial sur le régime intérieur de cet établissement et avoir satisfait aux examens de sortie ; 2° posséder le titre universitaire de docteur. Les élèves de l'École spéciale de médecine militaire sont nommés pharmaciens aides-majors de 2e classe aux mêmes conditions que les médecins, avec la différence que le titre de docteur en médecine doit être remplacé par celui de maître en pharmacie. Il sera tenu compte de la possession du titre de docteur en médecine.

14. — *Admission latérale dans le cadre des officiers de santé militaires.*

Les médecins civils commissionnés par le ministre, conformément à l'art. 15 du présent décret, ont droit au quart des emplois de médecins aides-majors de 2^e

classe, sous les conditions suivantes : 1° avoir accompli deux ans de service et fait une campagne ; 2" posséder le titre de docteur en médecine.

Les pharmaciens civils commissionnés par le ministre, conformément à l'art. 15 du présent décret, ont droit au quart des emplois de pharmaciens aides-majors de 2ᵉ classe, sous l'accomplissement des mêmes conditions que celles imposées pour l'admission latérale des médecins, avec cette différence que le titre de maître en pharmacie remplace celui de docteur en médecine.

VIIIᵉ SECTION.

ADMISSION DANS LE CADRE DES OFFICIERS DE SANTÉ AUXILIAIRES.

15. — *Admission des officiers de santé auxiliaires commissionnés par le ministre.*

Les élèves en médecine pourront être commissionnés médecins aides-majors de 2ᵉ classe, aux conditions suivantes :

1° Être Français ou naturalisé ;

2° Avoir satisfait à la loi du recrutement ;

3° Posséder le titre de docteur en médecine ;

4° Produire un certificat du doyen de la Faculté de médecine dans laquelle les épreuves pour le doctorat ont été passées, et constatant que l'élève a obtenu la note *satisfait*. Ce certificat devra, en outre, attester la moralité et la bonne conduite du candidat pendant la scolarité ;

5° Justifier de vingt-six ans d'âge au plus, au 1ᵉʳ janvier de l'année où la demande a été présentée ;

6° Satisfaire aux épreuves d'un examen dont le mode sera déterminé par une instruction spéciale ;

. 7° N'être atteint d'aucune infirmité qui rende impropre au service.

Les élèves en pharmacie pourront être commissionnés pharmaciens aides-majors de 2ᵉ classe aux mêmes conditions que celles prescrites par l'alinéa précédent pour les élèves en médecine commissionnés médecins aides-majors, avec cette différence que le titre de maître en pharmacie remplacera celui de docteur-médecin.

16. — *Admission des officiers de santé auxiliaires requis par les intendants militaires.*

Les médecins civils employés accidentellement dans les hôpitaux militaires ou dans les ambulances sont requis par les intendants militaires, sur la proposition du sous-intendant militaire, constatant l'insuffisance numérique des médecins appartenant au cadre normal; leur aptitude est préalablement constatée par le médecin militaire chef du service médical dans l'hôpital militaire du lieu. Quand les médecins civils sont requis pour être employés ailleurs que dans les hôpitaux militaires ou dans les ambulances, ils sont choisis parmi ceux que la notoriété publique désigne comme ayant l'aptitude convenable.

Les pharmaciens civils sont requis par les intendants militaires aux mêmes conditions et sous l'accomplissement des mêmes formalités que celles prescrites par l'alinéa précédent pour la réquisition des médecins civils.

IXᵉ SECTION.

FONCTIONS DES MÉDECINS.

17. — *Fonctions des médecins inspecteurs.*

Fonctions des médecins inspecteurs agissant collectivement. Les médecins inspecteurs, désignés par le ministre, font partie du conseil de santé des armées.

Le conseil est chargé, sous l'autorité du ministre de la guerre, de surveiller et de diriger, en ce qui concerne l'art de guérir, toutes les branches du service de santé et d'éclairer le ministre sur toutes les questions qui s'y rapportent.

Il entretient une correspondance suivie avec les officiers de santé des hôpitaux et des corps de troupe, et avec les officiers de santé en chef des armées, en tout ce qui est relatif à la science et à l'art de guérir.

Il donne un avis consultatif sur la désignation des officiers de santé pour les divers emplois du service sanitaire : les notes ou rapports sur le personnel des deux professions, et les épreuves subies par les médecins-majors à l'effet de constater leur aptitude spéciale aux fonctions de la médecine ou de la chirurgie, sont les éléments de ce travail.

Il concourt, dans la commission mixte instituée par l'art. 24, au classement des propositions pour l'avancement au tour du choix.

Fonctions des médecins inspecteurs agissant isolément. Les médecins inspecteurs sont chargés des inspections médicales annuelles ou extraordinaires pour lesquelles ils reçoivent des instructions.

Ils pourront être employés à la direction du service médical des armées et aux missions spéciales que le ministre leur confiera.

18. — *Fonctions des médecins principaux, majors et aides-majors.*

Fonctions des médecins principaux. Les médecins principaux peuvent être attachés aux corps d'armée en campagne; ils y remplissent, auprès de l'intendant d'armée, des fonctions analogues à celles du conseil de santé auprès du ministre.

Ils sont employés comme chefs du service médical dans les établissements hospitaliers militaires ou civils; leurs attributions dans cette fonction sont déterminées par le règlement sur le service des hôpitaux.

Fonctions des médecins-majors. Les médecins-majors de 1re et de 2e classe sont employés comme médecins traitant dans les établissements hospitaliers, et comme chefs du service de santé dans les corps de troupe.

Leur aptitude à l'exercice des fonctions de la médecine ou de la chirurgie dans les hôpitaux est préalablement constatée par des épreuves dont le programme est rédigé par le conseil de santé.

Fonctions des médecins aides-majors. Les deux classes de médecins aides-majors sont divisées chacune en deux sections : cette division s'opère par rang d'ancienneté; elle n'a d'autre but que de rendre possible le roulement de ces officiers de santé du service hospitalier au service régimentaire, et réciproquement, de manière à supprimer le séjour prolongé d'une partie du cadre dans les corps de troupe.

. Les médecins aides majors compris dans la 2e section de la 2e classe sont employés dans les corps de troupe à leur sortie de l'École de médecine militaire.

Les médecins aides-majors compris dans la 1re section de la 2e classe sont employés dans les établissements hospitaliers.

Les médecins aides-majors compris dans la 2e section de la 1re classe sont employés dans les corps de troupe.

. Les médecins aides majors compris dans la 1re section de la 1ʳᵉ classe sont employés dans les établissements hospitaliers.

Fonctions des médecins auxiliaires. Les médecins auxiliaires, commissionnés par le ministre de la guerre ou requis par les intendants militaires, sont employés dans les fonctions d'aide-major; ils ne peuvent être chargés des fonctions de médecin-major qu'à défaut d'officiers de santé militaires.

XIᵉ SECTION.

CONDITIONS DE L'AVANCEMENT.

21. — *Temps d'ancienneté exigé pour l'avancement aux divers grades dans les professions de médecine et de pharmacie.*

Fixation normale du temps d'ancienneté. Nul ne peut être nommé aide-major de 2ᵉ classe s'il ne réunit les conditions prescrites par les art. 13 et 14 du présent décret, selon qu'il s'agit d'une admission d'origine ou d'une admission latérale.

Nul ne peut être nommé aide-major de 1ʳᵉ classe s'il n'a servi au moins deux ans dans le grade d'aide-major de 2ᵉ classe.

Nul ne peut être nommé major de 2ᵉ classe s'il n'a servi au moins deux ans dans le grade d'aide-major de 1ʳᵉ classe.

Nul ne peut être nommé major de 1ʳᵉ classe s'il n'a servi au moins quatre ans dans le grade de major de 2ᵉ classe.

Nul ne peut être nommé principal de 2ᵉ classe s'il n'a servi au moins trois ans dans le grade de major de 1ʳᵉ classe.

Nul ne peut être nommé principal de 1ʳᵉ classe s'il

n'a servi au moins deux ans dans le grade de principal
de 2e classe.

. Nul ne peut être nommé inspecteur s'il n'a servi au
moins trois ans dans le grade de principal de 1re classe.

· L'ancienneté, pour l'avancement aux divers grades,
de la hiérarchie des officiers de santé, est déterminée,
selon les prescriptions des art. 15, 16 et 17 de la loi du
14 avril 1832, sur l'avancement dans l'armée.

Fixation exceptionnelle du temps d'ancienneté.
Le temps d'ancienneté exigé pour passer d'un grade
à un autre pourra être réduit de moitié à la guerre ou
dans les colonies.

Il ne pourra être dérogé aux conditions d'ancienneté imposées par le présent article pour passer d'un
grade à un autre, si ce n'est :

1° Pour acte de dévouement ou de courage dûment
justifié et mis à l'ordre du jour de l'armée ou de la division ;

: 2° Lorsqu'il ne sera pas possible de pourvoir autrement au remplacement des vacances.

22. — *Tours de l'avancement réservés à l'ancienneté,*
et au choix.

Avancement au grade d'aide-major de 2e classe.
Les trois quarts des emplois vacants dans le grade
d'aide-major de 2e classe sont attribués, dans l'ordre
de classement résultant des examens de sortie, aux
élèves de l'École de médecine militaire réunissant les
conditions prescrites par l'art. 13.

· Le dernier quart de ces emplois est attribué, quand
il y a lieu, aux aides-majors commissionnés par le
ministre et réunissant les conditions prescrites par
l'art. 14. Cette proportion peut être dépassée quand
l'École de médecine militaire ne peut fournir le nom-

bre de sujets nécessaires pour le recrutement du cadre normal.

Avancement au grade d'aide-major de 1ʳᵉ classe. Les deux premiers tiers des emplois vacants dans le grade d'aide-major de 1ʳᵉ classe sont attribués au tour de l'ancienneté.

Le dernier tiers de ces emplois est attribué au tour du choix.

Avancement au grade de major de 2ᵉ classe. Les deux premiers tiers des emplois vacants dans le grade de major de 2ᵉ classe sont attribués au tour de l'ancienneté. Le dernier tiers de ces emplois est attribué au tour du choix.

Avancement au grade de major de 1ʳᵉ classe. La moitié des emplois vacants dans le grade de major de 1ʳᵉ classe est attribuée au tour de l'ancienneté. L'autre moitié de ces emplois est attribuée au tour du choix.

Avancement aux grades supérieurs à celui de major de 1ʳᵉ classe. La totalité des emplois vacants dans les grades de médecin et de pharmacien principal des deux classes, et dans celui de médecin et de pharmacien inspecteur, est attribuée au tour du choix.

XIIᵉ SECTION.

PROPOSITIONS POUR L'AVANCEMENT.

23. — *Mode des propositions des officiers de santé pour l'avancement au tour de choix.*

Propositions périodiques. Dans les corps de troupe, l'initiative des propositions d'avancement concernant les médecins aides-majors appartient au médecin-major, sous la réserve de l'acceptation du chef de corps : cette initiative appartient au chef de corps en ce qui concerne le médecin-major.

Dans les établissements hospitaliers, l'initiative des propositions d'avancement concernant les officiers de santé qui ne sont pas chefs de service appartient au chef de service de chaque profession, sous la réserve de l'acceptation du sous-intendant militaire chargé de la direction administrative de l'établissement; cette initiative appartient au sous-intendant militaire en ce qui concerne le médecin et le pharmacien-chefs de service.

Les chefs de corps remettent aux inspecteurs médicaux, à l'époque de leurs inspections, les mémoires de proposition qu'ils ont établis en faveur des médecins-majors, ainsi que les mémoires de proposition qu'ils ont acceptés en faveur des médecins aides-majors. Les sous-intendants militaires procèdent d'après les mêmes principes pour les mémoires de proposition établis en faveur des officiers de santé des deux professions employés dans les établissements hospitaliers.

Les inspecteurs médicaux, ayant recueilli les renseignements propres à les fixer sur le mérite des candidats, émettent leur avis motivé sur chaque mémoire de proposition qu'ils transmettent aux inspecteurs généraux d'armes, en ce qui concerne les officiers de santé employés dans les corps de troupe, et aux intendants militaires inspecteurs, en ce qui concerne les officiers de santé employés dans les hôpitaux. Ils ont la faculté d'établir des mémoires de proposition en faveur des candidats dont les titres ne leur paraîtraient pas avoir été suffisamment appréciés. Ces mémoires de proposition reçoivent la même destination que les précédents.

Les inspecteurs généraux d'armes ou les intendants militaires inspecteurs, selon la catégorie du personnel, émettent un avis motivé sur les divers mémoires de proposition qu'ils transmettent, sans augmentation ni diminution, au ministre, avec le travail d'inspection.

Propositions exceptionnelles. En temps de guerre, et dans toutes les circonstances où il y a lieu d'accorder de l'avancement aux officiers de santé hors de la période des inspections médicales, les mémoires de proposition sont établis selon les mêmes règles que pour les propositions périodiques, mais ils sont adressés directement, par les chefs de corps ou par les sous-intendants militaires, soit aux officiers généraux investis de l'autorité supérieure du commandement, soit aux intendants militaires chargés de la direction supérieure des services administratifs.

24. — *Classement des propositions pour l'avancement au tour du choix; composition de la commission de classement.*

Les propositions pour l'avancement à chaque grade sont classées par une commission instituée au ministère de la guerre et composée de :

Un général de division, président;
Deux intendants militaires;
Trois médecins inspecteurs.

Les médecins inspecteurs qui ont été chargés d'inspections médicales peuvent prendre part, avec voix consultative, aux délibérations de la commission quand le ministre de la guerre le juge utile.

Mode du classement des propositions. Les propositions pour l'avancement au choix sont classées, pour chaque grade, jusqu'à celui de médecin principal de 1re classe inclus, suivant l'ensemble des titres de chacun des officiers de santé qu'elles concernent, et d'après l'examen comparatif de tous les renseignements mis à la disposition de la commission de classement.

La commission applique ensuite à chaque grade la limitation numérique arrêtée par le ministre, et forme le tableau d'avancement définitif.

XIIIe SECTION.

DES DÉCORATIONS ACCORDÉES AUX OFFICIERS DE SANTÉ.

25. — *Mode de propositions pour l'admission ou l'avancement dans l'ordre de la Légion d'Honneur.*

Les propositions périodiques et les propositions exceptionnelles pour l'admission ou l'avancement dans l'ordre de la Légion d'Honneur sont établies d'après les mêmes principes et soumises aux mêmes formalités que les propositions pour l'avancement dans la hiérarchie.

26. — *Classement des propositions pour l'admission ou l'avancement dans l'ordre de la Légion d'Honneur.*

Ces propositions sont classées, dans chaque grade de l'ordre, par la même commission et d'après les mêmes principes que les propositions pour l'avancement dans la hiérarchie.

XIVe SECTION.

HONNEURS ET PRÉSÉANCES ATTRIBUÉS AUX OFFICIERS DE SANTÉ.

27. — *Honneurs militaires attribués aux officiers de santé.*

Honneurs rendus par les sentinelles. Les médecins et les pharmaciens inspecteurs reçoivent le salut des sentinelles par la présentation de l'arme.

Les médecins et les pharmaciens principaux, les médecins et les pharmaciens majors et aides-majors reçoivent le salut des sentinelles par le port de l'arme.

Les médecins et les pharmaciens commissionnés reçoivent le même salut que les aides-majors du cadre constitutif.

Honneurs funèbres. Les médecins et les pharmaciens inspecteurs reçoivent les honneurs funèbres par trois détachements quand ils décèdent en activité, et par deux détachements quand ils décèdent en retraite.

Les médecins et les pharmaciens principaux reçoivent les honneurs funèbres par deux détachements quand ils décèdent en activité, et par un détachement quand ils décèdent en retraite.

Les médecins et les pharmaciens-majors reçoivent les honneurs funèbres par un détachement, quelle que soit leur position au jour de leur décès.

Les médecins et les pharmaciens aides-majors reçoivent les honneurs funèbres par un demi-détachement, quelle que soit leur position au jour de leur décès.

Les médecins et les pharmaciens commissionnés par le ministre reçoivent les mêmes honneurs funèbres que les aides-majors du cadre normal.

28. — *Rang de préséance attribué aux officiers de santé.*

Les officiers de santé militaires et auxiliaires employés dans les corps de troupe prennent leur rang de préséance à la suite de l'état-major du corps auquel ils sont attachés.

Les officiers de santé militaires et auxiliaires employés dans les hôpitaux prennent leur rang de préséance à la suite des officiers des états-majors particuliers de l'artillerie et du génie.

Les médecins et les pharmaciens principaux, chefs du service de santé d'une armée, lorsqu'ils se trouvent dans une réunion dont font partie d'autres officiers de santé, prennent leur rang de préséance à la suite des états-majors particuliers de l'artillerie et du génie. Les mêmes, lorsqu'ils se trouvent isolés, prennent leur rang de préséance à l'état-major général et à la suite des officiers de l'intendance militaire.

Les médecins et les pharmaciens inspecteurs prennent leur rang de préséance à la même place que les médecins et les pharmaciens principaux, chefs du service de santé d'une armée.

XVe SECTION.

UNIFORME DES OFFICIERS DE SANTÉ.

29. — *Uniforme des officiers de santé militaires.*

La section de la médecine est distinguée par le collet et les parements de l'habit en velours cramoisi pour tous les grades. La section de la pharmacie est distinguée par le collet et les parements de l'habit en velours vert clair.

Aucun changement n'est apporté à la forme des broderies actuellement en usage pour la distinction des grades; les médecins et les pharmaciens-majors de 1re classe ajouteront seuls une baguette aux parements de l'habit.

30. — *Uniforme des officiers de santé auxiliaires.*

Les médecins et les pharmaciens civils commissionnés par le ministre portent le même uniforme que les aides-majors de leur profession respective.

Les médecins et les pharmaciens civils requis par les intendants militaires ne portent point d'uniforme; ils accomplissent leurs fonctions, soit dans les corps de troupe, soit dans les établissements hospitaliers, en tenue de ville.

15.

XVIᵉ SECTION.

TENUE DES OFFICIERS DE SANTÉ.

31. — *Obligations de la tenue pour les officiers de santé militaires.*

Les officiers de santé militaires employés dans les corps de troupe sont obligés, dans le service comme hors du service, de porter la tenue prescrite par le chef du corps auquel ils appartiennent.

Les officiers de santé employés dans les établissements sont obligés d'être en tenue dans le service soit intérieur, soit extérieur. Ils en sont dispensés hors du service.

32. — *Obligation de la tenue pour les officiers de santé auxiliaires.*

Les officiers de santé commissionnés par le ministre sont soumis aux mêmes obligations de tenue que les officiers de santé militaires, selon qu'ils sont employés dans un corps de troupe ou dans un établissement hospitalier.

Les officiers de santé requis par les intendants militaires ne sont soumis, dans aucun cas, aux obligations de la tenue.

XVIIᵉ SECTION.

DES PRESTATIONS EN DENIERS ET EN NATURE.

33. — *Des prestations en deniers allouées aux officiers de santé.*

Les prestations en deniers allouées aux officiers de santé militaires et auxiliaires sont fixées par le tarif n° 1 annexé au présent décret.

34. — *Des prestations en nature allouées aux officiers de santé.*

Les prestations allouées aux officiers de santé en
vivres, chauffage et fourrages sont fixées par le tarif
n° 2 annexé au présent décret.

XVIIIᵉ SECTION.

DES PENSIONS DE RETRAITE ET DE RÉFORME.

35. — *Des pensions de retraite et de réforme attribuées aux officiers de santé militaires.*

*Des pensions de retraite des officiers de santé mili-
taires.* Les pensions de retraite des médecins et des
pharmaciens militaires sont liquidées aux mêmes conditions et d'après les mêmes formalités que celles
prescrites par la loi du 11 avril 1831 et les ordonnances d'exécution de cette loi, sauf les modifications
suivantes :

1° Il sera compté aux médecins et aux pharmaciens,
pour la retraite, cinq années de service, à titre d'é-
tudes préliminaires, antérieurement à leur admission
dans le corps des officiers de santé dans le grade de
médecin aide-major de 2ᵉ classe.

2° Les médecins et les pharmaciens réunissant les
conditions réglementaires pour l'obtention de leur
pension de retraite, à titre d'ancienneté de service,
seront admis d'office à la retraite quand ils auront atteint les limites d'âge ci-après fixées :

Médecins et pharmaciens inspecteurs, soixante-
quatre ans ;

Médecins et pharmaciens principaux des deux classes, soixante ans ;

Médecins et pharmaciens-majors de 1re classe, cinquante-huit ans ;

Médecins et pharmaciens-majors de 2e classe, cinquante-six ans ;

Médecins et pharmaciens aides-majors des deux classes, cinquante ans.

3° Les tarifs des pensions de retraite annexés à la loi du 11 avril 1831 sont appliqués aux officiers de santé, comme il suit :

DÉSIGNATION DES GRADES.	QUOTITÉ de la PENSION DE RETRAITE.	
	Minimum.	Maximum.
Médecins et pharmaciens inspecteurs. . .	3,000	4,000
Médecins et pharmaciens principaux de 1re classe.	2,400	3,000
Médecins et pharmaciens principaux de 2e classe.	1800	2,400
Médecins et pharmaciens-majors de 1re classe.	1500	2,000
Médecins et pharmaciens-majors de 2e classe.	1200	1600
Médecins et pharmaciens aides-majors de 1re classe.	800	1200
Médecins et pharmaciens aides-majors de 2e classe.	600	1,000

Des pensions de réforme des officiers de santé militaires. Les traitements et les pensions de réforme acquis aux officiers de santé appartenant au cadre normal sont concédés et tarifés conformément aux prescriptions des art. 18, 19, 20 et 21 de la loi du 19 mai 1834.

36.— *Des pensions de retraite et de réforme attri-*
buées aux officiers de santé auxiliaires.

Des pensions attribuées aux officiers de santé auxi-
liaires commissionnés par le ministre. En ce qui
concerne les pensions pour ancienneté de service, le
temps accompli par les officiers de santé auxiliaires
commissionnés par le ministre de la guerre ne leur
est compté, pour l'obtention d'une pension de retraite
ou de réforme, que sous l'expresse condition qu'ils
seront ultérieurement admis dans le cadre normal.
Dans ce cas, les droits sont constatés d'après les mêmes formalités, et les pensions sont liquidées d'après
le même tarif que pour les officiers de santé militaires
appartenant au cadre normal.

En ce qui concerne les pensions pour blessures ou
infirmités, les droits acquis par les officiers de santé
auxiliaires commissionnés sont constatés et liquidés
d'après les mêmes règles que pour les officiers de santé
appartenant au cadre normal.

Des pensions attribuées aux officiers de santé auxi-
liaires requis par les intendants militaires. En ce qui
concerne les pensions pour ancienneté de service, le
temps accompli par les officiers de santé auxiliaires
requis par les intendants militaires ne leur donne aucun droit à l'obtention d'une pension de retraite ou
de réforme, alors même qu'ils seraient ultérieurement
admis dans le cadre normal.

En ce qui concerne les pensions pour blessures ou
infirmités, le droit ne peut être concédé que par une
disposition législative spéciale.

XIXᵉ SECTION.

37. — *État civil des officiers de santé du cadre normal.*

Les actes de l'état civil des officiers de santé du cadre normal sont régis par la loi commune aux officiers des autres corps de l'armée, selon qu'ils se trouvent sur le territoire ou hors du territoire national.

En ce qui concerne les mariages, ces officiers sont soumis aux obligations du décret du 16 juin 1808 et aux actes ultérieurs qui en ont confirmé ou développé les dispositions.

38. — *État civil des officiers de santé du cadre auxiliaire.*

L'état civil des officiers de santé commissionnés et des officiers de santé requis est réglé par la loi civile, sans qu'il leur soit fait application du traité du 16 juin 1808 en ce qui concerne le mariage.

XXᵉ SECTION.

39. — *État militaire des officiers de santé du cadre normal.*

Le grade des médecins et des pharmaciens militaires est conféré sur la proposition du ministre de la guerre, par décret du chef de l'État ; sa possession est consacrée par la loi du 19 mai 1834.

L'emploi des médecins et des pharmaciens militaires est conféré par décision du ministre de la guerre ; il peut être retiré :

1° Par l'admission de son titulaire à la non-activité
où à la réforme, selon les formalités prescrites par la
loi du 19 mai 1834 ;

2° Par l'admission de son titulaire à la retraite,
sous l'accomplissement des formalités réglementaires
et dans les limites d'âge déterminées par l'art. 35 du
présent décret.

**40. — *État militaire des officiers de santé du cadre
auxiliaire.***

Les fonctions des médecins et pharmaciens auxiliaires ne leur confèrent pas des grades militaires dans
l'armée.

L'emploi des médecins et des pharmaciens civils
commissionnés par le ministre est conféré par lettre
ministérielle, et sous l'accomplissement des formalités prescrites par l'article 15 du présent décret. Cet
emploi ne conférant pas un grade militaire, les médecins civils qui en sont titulaires sont licenciés
quand les circonstances qui ont motivé leur admission ont cessé.

L'emploi des médecins et des pharmaciens civils
requis par les intendants militaires est conféré par
lettre de ces fonctionnaires ; il cesse avec les circonstances qui ont motivé la réquisition.

XXIe SECTION.

DISPOSITIONS TRANSITOIRES.

**41. — *Dispositions transitoires en ce qui concerne
la profession de médecin.***

Les dispositions transitoires en ce qui concerne la
fusion des professions actuelles de médecine et de
chirurgie, et le passage de l'ancienne organisation à

la nouvelle, seront réglées par le ministre de la guerre, sous la réserve néanmoins des droits acquis par les officiers de santé appartenant aujourd'hui à la section de la médecine, qui, jusqu'à promotion à un nouveau grade, resteront attachés au service des hôpitaux, ambulances et postes sédentaires, nonobstant le classement par rang d'ancienneté de ces officiers de santé dans la 2e section du grade d'aide-major de 1re classe.

Les chirurgiens sous-aides actuels qui seront classés dans la section de médecine ne seront admis à jouir du bénéfice du présent décret, en ce qui concerne l'avancement dans la hiérarchie et la solde, qu'autant qu'ils auront justifié de la possession du diplôme de docteur en médecine, et satisfait à des épreuves d'aptitude analogues à celles exigées jusqu'à présent pour la promotion au grade d'aide-major. Ceux qui ne rempliront pas cette condition resteront dans leur position actuelle et seront comptés en déduction de l'effectif du grade d'aide-major de 2e classe, pendant un délai d'un an, à l'expiration duquel un décret du chef de l'État statuera sur leur position.

43. — *Dispositions transitoires en ce qui concerne les pensions.*

Les officiers de santé pourvus, à l'époque de la promulgation du présent décret, des grades de médecin ordinaire de 2e classe, de chirurgien et de pharmacien-major de 2e classe, conserveront, en cas d'admission à la retraite dans ces grades, les droits à la pension déterminés par le tarif annexé à l'ordonnance du 2 juillet 1831, faisant suite à la loi du 11 avril 1831.

La date de nomination aux grades ci-dessus spécifiés sera prise en considération pour l'attribution du supplément du cinquième en sus à ceux des officiers qui seraient retraités dans ces grades, ou à ceux qui compléteraient, dans les nouveaux grades de major ou d'aide-major de 1re classe, la période de douze ans déterminée par l'art. 11 de la loi du 11 avril 1831.

XXIIe SECTION.

DISPOSITIONS FINALES.

44. — *Abrogation de la législation antérieure.*

Toutes dispositions antérieures contraires à la teneur du présent décret sont et demeurent abrogées.

471.

ORGANISATION DU CORPS DES OFFICIERS DE SANTÉ DE L'ARMÉE DE MER

(Ordonnance royale du 17 juillet 1835).

TITRE Ier.— *Composition du corps des officiers de santé de la marine.*

Art. 1er. — Les grades du corps des officiers de santé de la marine sont établis comme il suit :

Inspecteur général ;
Premier médecin et premier chirurgien en chef ;
Second médecin et second chirurgien en chef ;
Médecin-professeur et chirurgien-professeur ;
Chirurgien de première classe ;
Chirurgien de seconde classe ;
Chirurgien de troisième classe.

Art. 2. — Les nominations aux grades déterminés par le précédent article seront faites par nous.

L'ordre d'ancienneté des officiers de santé, actuellement pourvus des emplois de professeurs, qui seront nommés au grade de médecin-professeur, de chirurgien-professeur ou de pharmacien-professeur, sera établi à compter de l'époque à laquelle ils ont été précédemment nommés auxdits emplois.

Art. 3. — L'inspecteur général du service de santé de la marine prend rang avec les contre-amiraux;

Les premiers médecins et les premiers chirurgiens en chef, avec les capitaines de vaisseau;

Les seconds médecins et les seconds chirurgiens en chef, avec les capitaines de frégate;

Les professeurs, avec les capitaines de corvette;

Les chirurgiens de première classe, avec les lieutenants de vaisseau;

Les chirurgiens de seconde classe, avec les lieutenants de frégate;

Les chirurgiens de troisième classe, avec les élèves de la marine de première classe.

Les dispositions des articles 58 et 76 du décret du 6 frimaire an XIII seront appliquées aux officiers de santé de la marine.

Art. 4. — Le cadre du personnel des officiers de santé de la marine employés au service des ports et bord des bâtiments de l'État est fixé comme il suit :

Un inspecteur général;

Trois premiers médecins en chef;

Trois premiers chirurgiens en chef;

Cinq seconds médecins en chef;

Quatre seconds chirurgiens en chef;

Trois médecins-professeurs;

Trois chirurgiens-professeurs;

Cinquante chirurgiens de première classe;

Cent chirurgiens de seconde classe;

Cent chirurgiens de troisième classe.

Art. 5. — Les emplois du service de santé aux colonies seront remplis par des officiers de santé de la marine ; le cadre de ces emplois sera fixé par des dispositions spéciales.

TITRE II. — *De l'admission et de l'avancement dans le corps des officiers de santé de la marine.*

Art. 6. — Les places de chirurgiens de première, de seconde et de troisième classe, et celles de professeurs, ne pourront être données qu'au concours, suivant l'ordre de priorité établi par les jurys médicaux.

Le droit résultant de l'ordre de priorité établi à la suite des concours n'aura de valeur que pour les nominations aux places qui auront été l'objet desdits concours, sauf les dispositions établies au présent article à l'égard des absents.

Dans les concours ouverts pour les places de chirurgiens de première ou de seconde classe, le jury d'examen sera autorisé à considérer comme concurrents, indépendamment des candidats présents : 1° les officiers de santé qui, au moment du concours, se trouveront éloignés du port, à raison de leur service à la mer, après avoir fait preuve de connaissances suffisantes dans l'un des concours antérieurs ; 2° ceux qui, ayant reçu un ordre d'embarquement après s'être trouvés absents pour le service lors des deux précédents concours, auront obtenu d'être examinés avant leur départ, à l'effet de faire constater leur capacité.

Art. 7. — Nul ne sera admis à concourir pour le grade de chirurgien de troisième classe, s'il n'est âgé de dix-huit ans révolus, ou s'il est âgé de plus de vingt-trois ans ; hors le cas où il serait actuellement employé comme élève entretenu ;

S'il n'est exempt de toute infirmité susceptible de rendre impropre au service de la mer ;

S'il n'est pourvu du diplôme de bachelier ès lettres, et ès sciences seulement à partir du 1ᵉʳ novembre 1854·

S'il ne justifie avoir satisfait à la loi de recrutement, dans le cas où il aurait été appelé au service militaire en vertu de cette loi.

Art. 8. — Les chirurgiens de troisième classe ne pourront être embarqués pour être chargés des fonctions de chirurgien-major qu'après avoir exercé les fonctions de leur grade pendant deux ans dans les hôpitaux maritimes, et pendant une année à la mer.

Art. 9. — Nul ne sera admis à concourir pour le grade de chirurgien de seconde classe, s'il n'a complété trois années de service dans le grade de chirurgien de troisième classe, y compris une année de service effectif à bord des bâtiments de l'État, ou y compris deux années de service effectif dans les colonies.

Art. 10. — Nul ne sera admis à concourir pour le grade de chirurgien de première classe, s'il n'a complété trois années de service dans le grade de chirurgien de seconde classe, et si, dans la durée totale de ses services, il ne compte deux années de service effectif à bord des bâtiments de l'État, dans les fonctions de chirurgien de seconde ou de troisième classe.

Art. 11. — Nul ne sera admis à concourir pour le grade de médecin-professeur ou de chirurgien-professeur, s'il n'a servi pendant deux années dans le grade de chirurgien de première classe, et s'il n'est pourvu du titre de docteur en médecine ou en chirurgie.

Art. 12. — Le mode de l'enseignement et celui des concours pour les différents grades, ainsi que le mode d'admission des élèves externes en chirurgie, seront déterminés par des règlements de notre ministre de la marine.

Art. 13. — Nul ne pourra être promu au grade de second médecin ou de second chirurgien en chef, s'il n'a servi pendant trois ans dans le grade de médecin-professeur ou de chirurgien professeur.

Les nominations aux grades de second médecin et de second chirurgien en chef auront lieu à notre choix.

Art. 14. — Nul ne pourra être promu au grade de premier médecin ou de premier chirurgien en chef, s'il n'a servi pendant trois ans dans le grade de second médecin ou de second chirurgien en chef.

Les nominations au grade de premier médecin et de premier chirurgien en chef auront lieu à notre choix.

Art. 15. — L'inspecteur général du service de santé est pris parmi les premiers médecins et les premiers chirurgiens en chef; il est nommé à notre choix.

TITRE III. — *De la destination des chirurgiens pour le service à la mer.*

Art. 16. — Les chirurgiens de la marine seront embarqués sur les bâtiments de l'État, dans les nombres et grades déterminés par le ministre de la marine.

Art. 17. — Dans des circonstances extraordinaires, il pourra, d'après les ordres du ministre de la marine, être embarqué des chirurgiens de seconde classe en remplacement de chirurgiens de première classe, et des chirurgiens de troisième classe en remplacement de chirurgiens de seconde classe.

TITRE IV. — *Des appointements et des suppléments d'appointements.*

Art. 18. — Les appointements des officiers de santé de la marine sont fixés comme suit :

Inspecteur général. . . . . 10,000 fr.
Premiers médecins et premiers chirurgiens en chef. 5,000
Seconds médecins et seconds chirurgiens en chef. 3,500
Professeurs. 3,000
Chirurgiens de première classe. 2,400
Chirurgiens de deuxième classe. 1,800
Chirurgiens de troisième classe. . . . . 1,100 (1).

Art. 20. — L'inspecteur général recevra une indemnité de 1500 francs par an pour frais de commis et de bureau.

Art. 21. — Les officiers de santé embarqués recevront, pour la durée de leur service à la mer, un supplément égal au quart de leurs appointements.

Ce supplément sera porté à la moitié de leurs appointements, s'ils ont été embarqués en remplacement d'officiers de santé du grade supérieur, dans les cas particuliers qui sont déterminés par l'article 18.

TITRE V. — *Dispositions spéciales concernant le service de santé aux colonies.*

Art. 22. — Les médecins et chirurgiens de la marine qui, s'étant présentés pour servir aux colonies dans leur grade, auront reçu cette destination, auront droit

(1) Par ordonnance du 2 décembre 1839, les appointements des chirurgiens et pharmaciens de troisième classe ont été portés de 1100 à 1200 francs.

à être replacés en France lorsqu'ils en formeront la demande.

Art. 23. — Lorsqu'il sera nécessaire d'ouvrir des concours pour les grades de chirurgiens de première, de deuxième ou de troisième classe, à l'effet de pourvoir à des emplois vacants dans le service des colonies, ces concours auront lieu séparément, dans les formes générales applicables aux concours ordinaires. Les candidats qui satisferont aux conditions déterminées par les articles 7, 9 et 10, pourront seuls y être admis . Les chirurgiens qui, par suite de ces concours séparés, auront été destinés avec avancement pour le service des colonies, auront droit à être replacés ultérieurement en France, sur leur demande, dans leur nouveau grade, après avoir été employés dans ce grade, aux colonies, pendant quatre ans, s'ils appartiennent à la quatrième classe, ou pendant trois ans, s'ils appartiennent à la deuxième ou à la troisième classe.

Art. 24. — Lorsqu'il y aura lieu de nommer aux fonctions spéciales de médecins ou de chirurgiens en chef aux colonies, ces fonctions pourront être confiées, au choix, soit à des professeurs, soit à des chirurgiens de première classe ayant au moins cinq ans de service dans ce dernier grade. Ces officiers de santé conserveront les droits attachés au grade dont ils auront été précédemment pourvus. Le titre de médecin ou de chirurgien en chef aux colonies ne leur conférera aucun grade nouveau dans le corps des officiers de santé de la marine.

Art. 25. — Le service de santé dans une colonie ne pourra être dirigé en chef que par un officier de santé pourvu du titre de docteur en médecine ou en chirurgie.

Art. 26.—Les chirurgiens de première, de deuxième. et de troisième classe, actuellement employés aux colonies, pourront être appelés à remplir des places de leur grade dans les ports ; mais, dans aucun cas, il ne pourra leur être donné plus du quart des places qui deviendront vacantes dans chacun de ces grades.

Art. 27. — Les chirurgiens de troisième classe qui, à la date de la présente ordonnance, seraient employés dans les colonies depuis plus de cinq ans, pourront être nommés, sans concours, aux places de chirurgiens ou de pharmaciens de deuxième classe, jusqu'à concurrence de la moitié de celles qui deviendront vacantes dans ces établissements.

Lorsqu'ils auront obtenu de l'avancement en vertu de cette disposition, ils ne pourront être placés dans les ports qu'après trois ans de service aux colonies dans leur nouveau grade.

Art. 28. — Les premiers ou seconds officiers de santé. en chef qui sont actuellement employés aux colonies ne pourront être employés en France, dans ces grades, s'ils n'ont été pourvus précédemment du grade de professeur, et s'ils n'en ont exercé les fonctions près des écoles de santé dans les ports.

TITRE VI. — *Des officiers de santé auxiliaires.*

Art. 29. — Lorsque des circonstances extraordinaires et urgentes nécessiteront l'emploi momentané de chirurgiens auxiliaires pour le service à la mer, il ne pourra être admis que des chirurgiens auxiliaires de troisième classe.

Les appointements des chirurgiens auxiliaires seront les mêmes que ceux des chirurgiens entretenus de troisième classe.

Art. 30. — Il ne sera nommé de chirurgiens auxiliaires que d'après les ordres du ministre de la marine. Ils seront commissionnés, dans chaque port, par le préfet maritime, sur la présentation qui en sera faite par le conseil de santé.

Art. 31. — Les chirurgiens auxiliaires seront licenciés aussitôt que les circonstances qui auront nécessité leur admission auront cessé d'exister.

TITRE VII. — *Du conseil de santé.*

Art. 32. — Le conseil de santé a la direction générale du service de santé dans chacun des ports de Brest, de Toulon et de Rochefort, et dans les établissements qui en dépendent.

Sa composition et ses attributions restent déterminées par le titre VII de l'ordonnance du 17 décembre 1828 sur le service général des ports, sous les modifications résultant de l'article 38 de l'ordonnance du 3 janvier 1835, portant institution du commissariat de la marine.

Il a sous ses ordres les officiers de santé de tous grades.

Art. 33. — Les communications officielles entre le préfet maritime et le conseil de santé n'ont lieu que par l'intermédiaire du président.

Art. 34. — Le président du conseil de santé convoque le conseil; il maintient l'ordre des délibérations; il surveille généralement l'exécution des décisions du conseil.

Il lui est alloué 600 francs par an pour indemnité de fonctions.

Art. 35. — Le médecin en chef et le chirurgien en chef, membres du conseil de santé, sont chargés, chacun en ce qui concerne ses attributions, de l'exécution des décisions du conseil, sans préjudice de la surveillance générale réservée au président; ils rendent compte de cette exécution au conseil.

Le président est chargé de pourvoir à l'exécution des décisions qui ne se rapportent pas aux attributions spéciales des trois chefs mentionnés au présent article; il en informe le conseil.

Art. 36. — Les officiers de santé en chef, membres du conseil, y sont remplacés, lorsqu'il y a lieu, par les officiers de santé du grade immédiatement inférieur appartenant respectivement à la même spécialité de service.

Art. 37. — Les formes du service de santé dans les ports de Cherbourg et de Lorient sont déterminées par le ministre de la marine.

TITRE VIII. — *De l'inspecteur général du service de santé de la marine.*

Art. 38. — L'inspecteur général du service de santé réside à Paris.

Il correspond avec les conseils de santé des ports.

Il est consulté sur les destinations spéciales à donner aux officiers de santé de la marine.

Il donne son avis sur les questions qui sont renvoyées à son examen, par le ministre, relativement au service de santé de la marine et des colonies.

Il fait, lorsque le ministre lui en donne l'ordre, des inspections dans les ports et établissements dépendants du service de la marine.

Il soumet au ministre ses vues sur les améliorations susceptibles d'être introduites dans le service de santé.

A la fin de chaque année, il remet au ministre un rapport sur la situation générale de ce service.

DISPOSITION GÉNÉRALE.

Art. 39. — Toutes dispositions contraires à celles de
de la présente ordonnance sont et demeurent abrogées.

472.

LAZARETS ET QUARANTAINES

(Loi du 3 mars 1822).

TITRE 1er. — *De la police sanitaire*

Art. 1er. — Le Roi détermine par des ordonnances : 1º les pays dont les provenances doivent être
habituellement ou temporairement soumises au régime sanitaire ; 2º les mesures à observer sur les côtes,
dans les ports et rades, dans les lazarets et autres lieux
réservés ; 3º les mesures extraordinaires que l'invasion
ou la crainte d'une maladie pestilentielle rendrait nécessaires sur les frontières de terre ou dans l'intérieur.

Il règle les attributions, la composition et le ressort des autorités et administrations chargées de l'exécution de ces mesures, et leur délègue le pouvoir
d'appliquer provisoirement, dans des cas d'urgence, le
régime sanitaire aux portions du territoire qui seraient inopinément menacées.

Les ordonnances du Roi ou les actes administratifs
qui prescriront l'application des dispositions de la présente loi à une portion du territoire français, seront,
ainsi que la loi elle-même, publiés et affichés dans
chaque commune qui devra être soumise à ce régime ;
les dispositions pénales de la loi ne seront applicables
qu'après cette publication.

Art. 2. — Les provenances, par mer, de pays habituellement et actuellement *sains*, continueront d'être
admises à la libre pratique, immédiatement après les
visites et les interrogatoires d'usage, à moins d'accidents
ou de communications de nature suspecte, survenus
depuis leur départ.

Art. 3. — (*Modifié par l'article* 1er *de l'ordonnance
du* 18 *avril* 1847. — Voir plus loin.)

Art. 4. — Les provenances spécifiées en l'article 3
ci-dessus pourront être soumises à des quarantaines
plus ou moins longues, selon chaque régime, la durée
du voyage et la gravité du péril ; elles pourront même
être repoussées du territoire, si la quarantaine ne peut
avoir lieu sans exposer la santé publique.

Les dispositions du présent article et de l'article 3
s'appliqueront aux communications par terre toutes
les fois qu'il aura été jugé nécessaire de les y soumettre.

Art. 5. — En cas d'impossibilité de purifier, de conserver ou de transporter sans danger des animaux ou
des objets matériels susceptibles de transmettre la
contagion, ils pourront être, sans obligation d'en
rembourser la valeur, les animaux tués ou enfouis, les
objets matériels détruits et brûlés.

La nécessité de ces mesures sera constatée par des
procès-verbaux, lesquels feront foi jusqu'à inscription de faux.

Art. 6. — Tout navire, tout individu qui tenterait,
en infraction aux règlements, de pénétrer en libre
pratique, de franchir un cordon sanitaire, ou de
passer d'un lieu *infecté* ou *interdit* dans un lieu qui
ne le serait point, sera, après due sommation de se retirer, repoussé de vive force, et ce, sans préjudice des
peines encourues.

TITRE II. — *Des peines, délits et contraventions en matière sanitaire.*

Art. 7. — Toute violation des lois et des règlements sanitaires sera punie :

De la peine de mort, si elle a opéré communication avec des pays dont les provenances sont soumises au régime de la *patenté brute,* avec ces provenances, ou avec des lieux, des personnes ou des choses placés sous ce régime ;

De la peine de réclusion et d'une amende de deux cents francs à vingt mille francs, si elle a opéré communication avec des pays dont les provenances sont soumises au régime de la *patente suspecte ;* avec ces provenances, ou avec des lieux, des personnes ou des choses placés sous ce régime ;

De la peine d'un an à dix ans d'emprisonnement, et d'une amende de cent francs à dix mille francs, si elle a opéré communication prohibée avec des lieux, des personnes où des choses qui, sans être dans l'un des cas ci-dessus spécifiés, ne seraient point en libre pratique.

Seront punis de la même peine, ceux qui se rendraient coupables de communications interdites entre des personnes ou des choses soumises à des quarantaines de différents termes.

Tout individu qui recevra sciemment des matières ou des personnes en contravention aux règlements sanitaires, sera puni des mêmes peines que celles encourues par le porteur ou le délinquant pris en flagrant délit.

Art. 8. — Dans le cas où la violation du régime de la *patente brute,* mentionnée à l'article précédent, n'aurait point occasionné d'invasion pestilentielle, les tribunaux pourront ne prononcer que la réclusion et l'amende portées au second paragraphe dudit article.

Art. 9. — Lors même que ces crimes ou délits n'auraient point occasionné d'invasion pestilentielle, s'ils ont été accompagnés de rébellion, ou commis avec des armes apparentes ou cachées, ou avec effraction, ou avec escalade,

La peine de mort sera prononcée en cas de violation du régime de la patente brute;

La peine des travaux forcés à temps sera substituée à la peine de réclusion, pour la violation du régime de la patente suspecte; et la peine de réclusion à l'emprisonnement, pour les cas déterminés dans les deux avant-derniers paragraphes de l'article 7;

Le tout indépendamment des amendes portées audit article, et sans préjudice des peines plus fortes qui seraient prononcées par le Code pénal.

Art. 10. — Tout agent du gouvernement au dehors, tout fonctionnaire, tout capitaine, officier ou chef quelconque d'un bâtiment de l'État ou de tout autre navire ou embarcation; tout médecin, chirurgien, officier de santé, attaché soit au service sanitaire, soit à un bâtiment de l'État ou du commerce, qui, officiellement, dans une dépêche, un certificat, un rapport, une déclaration ou une déposition, aurait sciemment altéré ou dissimulé les faits, de manière à exposer la santé publique, sera puni de mort, s'il s'en est suivi une invasion pestilentielle.

Il sera puni des travaux forcés à temps et d'une amende de mille francs à vingt mille francs, lors même que son faux exposé n'aurait point occasionné d'invasion pestilentielle, s'il était de nature à pouvoir y donner lieu, en empêchant les précautions nécessaires.

Les mêmes individus seront punis de la dégrada-
tion civique et d'une amende de cinq cents francs à
dix mille francs, s'ils ont exposé la santé publique
en négligeant, sans excuse légitime, d'informer qui
de droit de faits à leur connaissance, de nature à produire ce danger, ou si, sans s'être rendus complices
de l'un des crimes prévus par les articles 7, 8 et 9, ils
ont sciemment et par leur faute laissé enfreindre ou
enfreint eux-mêmes les dispositions réglementaires
qui eussent pu le prévenir.

Art. 11. — Sera puni de mort tout individu faisant partie d'un cordon sanitaire, ou en faction pour
surveiller une quarantaine ou pour empêcher une communication interdite, qui aurait abandonné son poste
ou violé sa consigne.

Art. 12. — Sera puni d'un emprisonnement d'un
à cinq ans, tout commandant de la force publique qui,
après avoir été requis par l'autorité compétente, aurait refusé de faire agir pour un service sanitaire la
force sous ses ordres.

Seront punis de la même peine et d'une amende
de cinquante francs à cinq cents francs, tout individu
attaché à un service sanitaire, ou chargé par état de
concourir à l'exécution des dispositions prescrites pour
ce service, qui aurait, sans excuse légitime, refusé
ou négligé de remplir ces fonctions ;

Tout citoyen faisant partie de la garde nationale, qui
se refuserait à un service de police sanitaire pour lequel il aurait été légalement requis en cette qualité ;

Toute personne qui, officiellement chargée de lettres ou paquets pour une autorité ou une agence sanitaire, ne les aurait point remis, ou aurait exposé la
santé publique en tardant à les remettre, sans préju-

dice des réparations civiles qui pourraient être dues,
aux termes de l'article 10 du Code pénal.

Art. 13. — Sera puni d'un emprisonnement de
quinze jours à trois mois et d'une amende de cin-
quante.francs à cinq cents francs, tout individu qui,
n'étant dans aucun des cas prévus par les articles précédents, aurait refusé d'obéir à des réquisitions d'urgence pour un service sanitaire, ou qui, ayant connaissance d'un symptôme de maladie pestilentielle, aurait
négligé d'en informer qui de droit.

Si le prévenu de l'un ou de l'autre de ces délits est
médecin, il sera, en outre, puni d'une interdiction d'un
à. cinq ans.

Art. 14. — Sera puni d'un emprisonnement de trois
à quinze jours et d'une amende de cinq à cinquante
francs, quiconque, sans avoir commis aucun des délits qui viennent d'être spécifiés, aurait contrevenu,
en matière sanitaire, aux règlements généraux ou locaux, aux ordres des autorités compétentes.

Art. 15. — Les infractions en matière sanitaire
pourront n'être passibles d'aucune peine, lorsqu'elles
n'auront été commises que par force majeure, ou pour
porter secours en cas de danger, si la déclaration en
a été immédiatement faite à qui de droit.

Art. 16. — Pourra être exempté de toute poursuite
et de toute peine, celui qui, ayant d'abord altéré la
vérité ou négligé de la dire dans les cas prévus par
l'article 10, réparerait l'omission ou rétracterait son
faux exposé, avant qu'il eût pu en résulter aucun danger pour la santé publique, et avant que les faits eussent été connus par toute autre voie.

TITRE III. — *Des attributions des autorités sanitaires en matière de police judiciaire et de l'état civil.*

Art. 17. — Les membres des autorités sanitaires exerceront les fonctions d'officiers de police judiciaire exclusivement, et pour tous crimes, délits et contraventions dans l'enceinte et les parloirs des lazarets et autres lieux réservés. Dans les autres parties du ressort de ces autorités, ils les exerceront concurremment avec les officiers ordinaires, pour les crimes, délits et contraventions en matière sanitaire.

Art. 18. — Les autorités sanitaires connaîtront exclusivement, dans l'enceinte et les parloirs des lazarets et autres lieux réservés, sans appels ni recours en cassation, des contraventions de simple police. Des ordonnances royales régleront la forme de procéder; les expéditions des jugement et autres actes de la procédure seront délivrés sur papier libre et sans frais.

Art. 19. — Les membres desdites autorités exerceront les fonctions d'officiers de l'état civil dans les mêmes lieux réservés. Les actes de naissance et de décès seront dressés en présence de deux témoins, et les testaments conformément aux articles 985, 986 et 987 du Code civil. Expédition des actes de naissance et de décès sera adressée, dans les vingt-quatre heures, à l'officier ordinaire de l'état civil de la commune où sera situé l'établissement, lequel en fera la transcription.

TITRE IV. — *Dispositions générales.*

Art. 20. — Les marchandises et autres objets déposés dans les lazarets et autres lieux réservés qui n'auront pas été réclamés dans le délai de deux ans, seront vendus aux enchères publiques.

16.

Ils pourront, s'ils sont périssables, être vendus avant ce délai, en vertu d'une ordonnance du président du tribunal de commerce, ou, à défaut, du juge de paix.

Le prix en provenant, déduction faite des frais, sera acquis à l'État, s'il n'a pas été réclamé dans les cinq années qui suivront la vente.

Ordonnance royale du 18 avril 1847.

Art. 1er. — Les provenances des pays suspects de peste ne seront plus rangées que sous le régime de la patente nette ou de la patente brute.

Il y aura patente brute lorsqu'il existera dans le pays de provenance, ou dans les contrées en libre communication avec ce pays, soit une épidémie pestilentielle, soit des circonstances qui seraient de nature à faire craindre pour la santé publique.

La patente de santé du navire devra être délivrée ou visée le jour ou la veille du jour du départ du bâtiment.

(Les articles 2, 3 et 4 ont été modifiés par l'article 1er du décret du 10 août 1849. — Voir plus loin.)

Art. 5. — Les provenances en patente brute de la Turquie d'Europe, de la Turquie d'Asie et de l'Égypte, seront soumises à une quarantaine de dix jours pleins, à partir de l'arrivée, sans distinction des bâtiments ayant ou n'ayant pas de médecin sanitaire à bord.

Art. 6. — Les provenances en patente nette de la régence de Tunis seront admises à libre pratique immédiatement après la vérification des papiers de bord.

Art. 7. — Les marchandises en patente nette, quelles que soient leur nature et leur provenance, pourront être librement débarquées aussitôt après leur arrivée, lorsqu'il se sera écoulé dix jours pleins au moins depuis le jour du départ.

Dans les cas de patente brute, les marchandises dites *susceptibles* seront soumises à une quarantaine de trois jours pleins, à partir du jour de leur débarquement au lazaret.

Art. 8. — Si pendant la traversée ou durant la quarantaine, il survient des cas de peste ou de maladies suspectes, les passagers, le bâtiment et les marchandises seront soumis à une quarantaine spéciale, dont la durée sera déterminée par l'administration sanitaire du port d'arrivée, sauf l'approbation de notre ministre secrétaire d'État de l'agriculture et du commerce.

Art. 9. — Des médecins français, désignés par notre ministre secrétaire d'État de l'agriculture et du commerce, seront institués dans ceux des ports du Levant où leur présence sera reconnue nécessaire pour assurer l'accomplissement des mesures prescrites dans l'intérêt de la santé publique (1).

Ils constateront, avant le départ de chaque bâtiment, l'état sanitaire du pays. La patente de santé sera délivrée sur leur rapport.

Les médecins sanitaires embarqués à bord des bâtiments veilleront, pendant la traversée, à l'exécution exacte des dispositions qui seront ordonnées par notre ministre secrétaire d'État de l'agriculture et du commerce pour la purification en mer des effets et vêtements des passagers.

Art. 10. — Les dispositions de la présente ordonnance concernant les provenances en patente brute de l'empire ottoman seront applicables aux provenan-

---

(1) Voyez l'instruction à l'usage des médecins sanitaires du Levant (*Bulletin de l'Académie de médecine*, t. XIII, p. 333).

ces de tous les autres pays qui viendraient à être rangées sous le régime de la patente brute.

Notre ministre secrétaire d'État au département de l'agriculture et du commerce est chargé de l'exécution de la présente ordonnance.

Décret du président de la République du 10 août 1849.

Art. 1ᵉʳ. — Les navires à voiles, venant en patente nette de la Turquie d'Europe, de la Turquie d'Asie, de l'Égypte, et de la régence de Tripoli, seront admis à libre pratique dans tous les ports de la République, immédiatement après la vérification des papiers de bord, si les communications à la mer et l'état sanitaire des équipages et des passagers ne donnent lieu à aucun soupçon. Les bâtiments à vapeur seront reçus aux mêmes conditions dans les ports français de l'Océan.

Art. 2. — Lorsqu'il se sera écoulé huit jours pleins à dater du départ, les bâtiments à vapeur, tant de la marine militaire que de la marine postale et de la marine marchande, venant des mêmes lieux en patente nette, seront immédiatement admis à libre pratique dans les ports de la Méditerranée, les premiers lorsqu'ils auront à bord un médecin de la marine militaire, et les autres lorsqu'ils auront à bord un médecin sanitaire. Ces médecins seront tous commissionnés par le ministre de l'agriculture et du commerce.

Art. 3. — Les bâtiments à vapeur en *patente nette*, qui n'auraient pas de médecin sanitaire à bord, subiront dans les ports de la Méditerranée une quarantaine d'observation de trois jours, soit qu'ils viennent de l'Égypte ou de la Syrie, soit qu'ils viennent des Turquies ou de la régence de Tripoli.

473.

DÉCRET SUR LA POLICE SANITAIRE

(24 décembre 1850).

TITRE Ier. — *Règles générales de la police sanitaire.*

Art. 1er. — Les provenances par mer ne sont admises à la libre pratique qu'après que leur état sanitaire a été reconnu par les agents préposés à cet effet.

Art. 2. — Sont dispensés de toute reconnaissance : 1º Les bateaux pêcheurs ; 2º les bâtiments de douanes ; 3º les navires qui font le petit cabotage d'un port français à un autre ; 4º les paquebots arrivant à des jours déterminés de la Belgique, de la Hollande et de la Grande-Bretagne ; 5º les bateaux à vapeur qui naviguent de Marseille à Toulon, d'Arles à Marseille, de Port-Vendres à Antibes ; 6º tous paquebots à voile ou à vapeur dont le trajet n'excède pas 12 heures de navigation, et qui sont porteurs d'une patente de santé : *valable pour un an* (1).

Art. 3. — Tout bâtiment venant d'un port étranger ou d'une colonie française sera porteur d'une patente de santé, laquelle fera connaître l'état sanitaire des lieux d'où il vient, et son propre état sanitaire au moment où il est parti.

---

(1) Les bâtiments sont tenus d'arborer, à leur entrée dans le port français, un signal indiqué d'avance par l'administration sanitaire locale. S'ils interrompent leurs voyages réguliers pour desservir, même momentanément, une autre ligne, ils doivent faire renouveler leur patente, et payer un nouveau droit pour continuer de jouir de l'exemption de l'arraisonnement.

Sont dispensés de représenter cette patente : 1° les navires qui naviguent au grand cabotage des ports français de l'Océan et de la Manche, aux ports français de la Méditerranée, et *vice versa* ; 2° les navires provenant de l'Angleterre, de la Belgique, de la Hollande et des états du nord de l'Europe ; 3° les bâtiments qui vont faire la pêche de la morue à Terre-Neuve, au Doggers-Bank et dans les mers de l'Islande ; 4° les navires baleiniers ; 5° les bateaux Corses qui font habituellement le commerce du bétail sur les côtes de Sardaigne.

Art. 4. — Tout navire qui n'aura pas de patente de santé, lorsqu'à raison de sa provenance il devrait en être muni, sera tenu en réserve pour la vérification de son état sanitaire, et il pourra être soumis à une quarantaine d'observation de trois à cinq jours.

Art. 5. — Dans les pays étrangers, les patentes sont délivrées aux bâtiments français par nos agents consulaires. Là où il n'existe pas d'agent consulaire français, les patentes doivent être demandées aux autorités du pays.

Art. 6. — Dans le cas de relâche en cours de voyage, la patente sera visée par les autorités énoncées en l'article 5. S'il s'écoulait plus de cinq jours entre la date du visa et le départ du navire, la patente serait visée de nouveau.

Art. 7. — Les navires porteurs de patentes raturées, surchargées ou présentant toute autre altération d'un caractère suspect, seront soumis à une surveillance particulière et aux mesures jugées nécessaires, sans préjudice des poursuites à diriger, selon les cas, contre le capitaine ou le patron, et en outre, contre les auteurs desdites altérations.

Art. 8. — Il est défendu à tout capitaine :

1° De se dessaisir de la patente prise au point de départ, avant d'être arrivé à sa destination ;

2° De prendre et d'avoir à bord d'autre patente que celle qui lui été délivrée audit départ;

3° D'embarquer sur son bord aucun passager ou autre individu qui paraîtrait atteint d'une maladie pestilentielle.

Il est enjoint à tout officier de santé d'un navire, et à défaut, au capitaine ou patron, de prendre note sur le journal de bord de toutes les maladies qui pourraient s'y manifester.

Il leur est également prescrit de tenir note, sur le dit journal, de toute communication qui aurait lieu en mer, et de tout événement de nature à intéresser la santé publique.

Art. 9. — En cas de décès, après une maladie pestilentielle, les effets d'habillement ou de literie qui auraient servi au malade, dans le cours de cette maladie, seront brûlés si le navire est au mouillage, et, s'il est en route, jetés à la mer avec les précautions suffisantes pour qu'ils ne puissent surnager.

Les autres effets du même genre dont l'individu décédé n'aurait point fait usage, mais qui se seraient trouvés à sa disposition, seront soumis immédiatement à l'évent où à toute autre purification.

Il sera fait mention dans le journal de bord, de l'exécution de ces mesures.

Art. 10. — Tout capitaine arrivant d'un port français est tenu :

1° d'empêcher toute communication avant l'admission à libre pratique;

2° De se conformer aux règles de la police sanitaire ainsi qu'aux ordres qui lui sont donnés par les autorités chargés de cette police;

. 3° D'établir son navire dans le lieu réservé qui lui est indiqué;

4° De se rendre, aussitôt qu'il y est invité, auprès des autorités sanitaires, en attachant à un point apparent de son canot, bateau ou chaloupe, une flamme de couleur jaune, à l'effet de faire connaître son état de suspicion et d'empêcher toute approche;

5° De produire aux dites autorités tous les papiers de bords; de répondre, après avoir prêté serment de dire la vérité, à l'interrogatoire qu'elles lui feront subir, et déclarer tous les faits et donner tous les renseignements venus à sa connaissance qui peuvent intéresser la santé publique.

Art. 11. — Peuvent être soumis à de semblables interrogatoires et obligés, sous serment, à de semblables déclarations, les gens de l'équipage et les passagers, toutes les fois qu'il est jugé nécessaire.

Art. 12. — Doivent se conformer aux ordres et aux instructions des autorités sanitaires, les pilotes qui se rendent au-devant des navires pour les guider, ainsi que toutes les embarcations qui, en cas de naufrage ou de péril, iraient à leur secours.

Art. 13. — Les défenses résultant soit du présent titre, soit des titres suivants, ne feront obstacle aux visites des agents des douanes soit dans les ports, soit dans le rayon de deux myriamètres des côtes, sauf toute application que de droit aux dits agents et à leurs embarcations, si par ces visites ils perdent leur état de libre pratique.

. Art. 14. — Les provenances des pays habituellement et actuellement sains sont admises à la libre pratique, immédiatement après la reconnaissance sanitaire, à moins d'accidents ou de communications de nature suspecte survenus depuis le départ.

Art. 15. — Les quarantaines et les mesures particulières auxquelles doivent être soumises les provenances des pays suspects de maladies pestilentielles sont
fixées, par décret, conformément à l'article 1er de la
loi du 3 mars 1822.

Art. 16. — En cas d'urgence, les autorités sanitaires
peuvent prendre les dispositions nécessaires, qui sont
immédiatement soumises à l'approbation du ministre
de l'agriculture et du commerce.

Leurs décisions sont accompagnées de l'énoncé des
motifs qui les ont déterminées; elles sont rendues et
notifiées sans retard.

Elles sont transcrites sur un registre spécial, chacune
d'elles est signée séparément.

Art. 17. — Les provenances des pays placés sous le
régime de la patente brute ne sont admises que dans
les ports ou rades spécialement désignés par le ministre de l'agriculture et du commerce.

Art. 18. — Si une maladie pestilentielle se manifeste
à bord d'un bâtiment, même muni d'une patente nette,
le capitaine du navire se rend dans l'un des ports désignés en vertu de l'article précédent, et s'il est forcé
de relâcher dans un autre port ou rade, il est tenu en
état de séquestration jusqu'à ce qu'il puisse reprendre
le large.

Art. 19. — Les lazarets et autres lieux réservés sont
placés sous le même régime sanitaire que les provenances qu'ils renferment ou avec lesquelles ils sont en
libre communication.

Art. 20. — Les membres ou agents des autorités sanitaires ont seuls l'entrée des lazarets ou autres lieux réservés pendant la séquestration.

En cas de communication suspecte de leur part, ils
sont considérés comme appartenant à la provenance

17

avec laquelle ils ont communiqué, et ils en subissent le sort.

Art. 21. — L'entrée desdits lazarets et lieux réservés peut, en cas de nécessité, être accordée à toute autre personne, par les agents sanitaires principaux dont il sera question au titre ci-après. La permission est toujours donnée par écrit. Le permissionnaire est considéré comme faisant partie de la provenance avec laquelle il communique, et il en subit le sort.

Art. 22. — Les autorités sanitaires déterminent autour des lazarets et autres lieux réservés placés sous leur direction la ligne où finit la libre pratique.

TITRE II. — *Autorités sanitaires, attributions et ressort desdites autorités.*

Art. 23. — La police sanitaire est exercée par des commissions ou des agences dont la composition et les attributions sont ci-après déterminées.

Indépendamment de ces agences ou commissions, et conformément à l'ordonnance du 18 avril 1847, et du décret du 10 août 1849, des médecins français établis en Orient, et des médecins commissionnés par le ministre de l'agriculture et du commerce, et embarqués sur des bâtiments à vapeur, sont chargés, pour la garantie de la santé publique, de concourir à l'exercice de la police sanitaire, en ce qui concerne les provenances du Levant.

Art. 24. — Il y a des agents principaux et des agents ordinaires du service sanitaire; ils sont nommés par le ministre de l'agriculture et du commerce.

Dans chaque département maritime, il y a au moins un agent principal, qui a sous sa direction tous les agents ordinaires du service sanitaire de la circonscription qui lui est assignée.

Dans les ports où il existe des lazarets, l'agent principal du service sanitaire prend le titre de *directeur de la santé*.

La circonscription attribuée à chacun desdits agents est déterminée par un arrêté du ministre de l'agriculture et du commerce.

Art. 25. — Les agents principaux du service sanitaire sont chargés de veiller à l'exécution et au maintien des lois, décrets, arrêtés et règlements sanitaires.

Dans les ports où ils résident, ils reconnaissent ou font reconnaître l'état sanitaire des provenances, et leur donnent la libre entrée, s'il y a lieu. Ils font exécuter les règlements ou décisions qui déterminent la quarantaine et les précautions particulières auxquelles les provenances infectées ou suspectées doivent être soumises.

Les agents principaux pourvoient, en outre, dans les cas urgents, aux dispositions provisoires qu'exige la santé publique, et provoquent extraordinairement, au besoin, après en avoir donné avis au préfet ou au sous-préfet, la réunion de la commission sanitaire, dont la composition est ci-après indiquée :

Ils délivrent ou visent les patentes et bulletins de santé dans les ports où ils résident; ils les font délivrer ou viser, dans les autres ports de leur circonscription, par les agents sanitaires placés sous leurs ordres.

Les directeurs de la santé sont en outre chargés de faire observer l'ordre et la discipline dans les lazarets et autres lieux réservés.

Art. 26. — Font partie de droit desdites commissions, avec voix délibérative :

1° Le directeur de la santé ou l'agent principal du service sanitaire;

2° Le maire ;

3° Le plus élevé en grade d'entre les officiers généraux ou supérieurs attachés à un commandement territorial ;

4° Dans les ports militaires, le préfet maritime, le major général, le président du conseil de santé de la marine, et, dans les ports de commerce, le commissaire chargé du service maritime ;

5° Le directeur ou inspecteur des douanes, et à défaut le plus élevé en grade des employés dudit service ;

6° Dans les chefs-lieux de préfecture, deux conseillers de préfecture.

Sur tous les points du littoral où les nations étrangères entretiennent des consuls, les consuls seront invités à se réunir, au commencement de chaque année, pour désigner l'un d'entre eux, qui aura la faculté d'assister aux délibérations de la commission sanitaire, avec voix consultative.

Art. 27. — Les commissions sanitaires renferment, en outre, trois membres au moins et six au plus désignés par l'élection : un tiers d'entre eux est nommé par le conseil municipal, un tiers par la chambre de commerce, et, à son défaut, par le tribunal de commerce du ressort, et un tiers par le conseil d'hygiène publique et de salubrité de la circonscription.

Les choix ne peuvent porter que sur des personnes faisant partie du corps qui les nomme, et ayant leur résidence dans le lieu où siège la commission.

S'il n'existe pas de chambre de commerce dans la localité, le conseil municipal nommera, outre les membres choisis dans son sein, un tiers de membres de la commission choisis parmi les négociants.

S'il n'existe pas de conseil d'hygiène, il sera également chargé de nommer le dernier tiers, qui sera choisi parmi les médecins.

Art. 28. — Les membres de la commission sont nommés pour trois ans et renouvelés par tiers chaque année ; pendant les deux premières années, les membres sortants sont désignés par le sort et ensuite par l'ancienneté.

Ils sont indéfiniment rééligibles.

Les préfets et sous-préfets sont présidents nés de la commission établie au siége de leur résidence; ils peuvent déléguer leurs fonctions.

Art. 29. — Les commissions sanitaires ont des réunions périodiques dont le nombre est fixé par le préfet.

Dans les ports de la Méditerranée, elles se réunissent au moins deux fois par mois.

Les commissions sont convoquées d'urgence toutes les fois qu'une circonstance de nature à intéresser la santé publique paraît l'exiger.

Elles transmettent, après chaque séance, un rapport sommaire sur la situation sanitaire, au ministre de l'agriculture et du commerce.

Elles sont consultées sur les questions hygiéniques et sanitaires relatives au régime intérieur des lazarets, au choix des emplacements affectés aux navires mis en quarantaine ou en réserve ; enfin sur les plans et projets de constructions à faire dans les lazarets ou autres établissements sanitaires.

Toutes les fois que les commissions auront été convoquées pour des cas de maladie suspecte survenue soit à bord d'un bâtiment, soit à l'intérieur du lazaret, les mesures qui, dans ce cas, pourront être nécessaires, seront arrêtées conformément aux délibérations prises par les commissions.

Elles proposent au préfet, pour être soumis à l'approbation du ministre de l'agriculture et du commerce, les règlements locaux concernant le service sanitaire de leur circonscription.

En cas d'urgence, ces règlements sont provisoirement exécutoires, sur l'autorisation des préfets.

Lesdites commissions pourront, en cas d'épidémie, après délibération spéciale approuvée par le préfet, déléguer un de leurs membres pour assister aux opérations sanitaires du service confié au directeur de la santé, telles qu'elles sont définies dans l'art. 25, et, en cas de dissentiments avec ce directeur, provoquer auprès du préfet la réunion immédiate de la commission qui devra statuer sur la question soulevée, sauf à en référer, sans délai, au ministre dans les cas douteux ou imprévus.

Art. 30. — Les agents ordinaires du service sanitaire sont chargés, sur les différents points du littoral où ils sont placés, de veiller à l'exécution des règlements sanitaires, d'en empêcher l'infraction, de constater les contraventions par procès-verbal, d'avertir et d'informer le chef de service dont ils relèvent, et en cas d'urgence, le maire de la commune où ils exercent leurs fonctions, de tout ce qui peut intéresser la santé publique.

Ils peuvent être chargés, par délégation de leurs chefs de service, de procéder à la reconnaissance sanitaire des navires, d'accorder la libre pratique, et de délivrer des patentes et des bulletins de santé.

Art. 31. — Conformément à l'ordonnance du 18 avril 1847, les médecins sanitaires français établis dans le Levant constatent, avant le départ des bâtiments, l'état sanitaire du pays; les patentes de santé sont délivrées sur leur rapport.

Les médecins sanitaires embarqués à bord des bâti-

:ments à vapeur surveillent, pendant le voyage, la
santé des équipages et des passagers, tiennent note
-exacte, et jour par jour, des maladies observées, et en
font l'objet d'un rapport embrassant toutes les circonstances du voyage, depuis le départ jusqu'à l'arrivée ;
ce rapport est remis à l'autorité sanitaire au moment
de l'arraisonnement.

Art. 32. — Les agents ordinaires et les employés du
service sanitaire seront pris, autant que possible,
parmi les agents du service des douanes; ils recevront,
en qualité d'agents sanitaires, une indemnité sur les
fonds affectés aux dépenses sanitaires.

Art. 33. — Ont droit de requérir la force publique,
pour le service qui leur est confié, les directeurs de
santé, les agents principaux et ordinaires du service
sanitaire. Les mêmes ont le droit de requérir, mais
seulement dans les cas d'urgence et pour un service
momentané, la coopération des officiers et employés
de la marine, des employés des douanes et des contri-
butions indirectes, des officiers des ports de commerce, des commissaires de police, des gardes cham-
pêtres et forestiers, et au besoin, de tous les citoyens.
Ne pourront lesdites réquisitions d'urgence en-
lever à leurs fonctions habituelles des individus attachés à un service public, à moins d'un danger assez
imminent pour exiger le sacrifice de tout autre intérêt.

- Art. 34.— Les directeurs de la santé et autres agents
principaux du service sanitaire seront nommés par le
ministre de l'agriculture et du commerce. Si ces agents
appartiennent au service des douanes, leur nomination aura lieu sur la désignation du ministre des finances.

Art. 35. — Les agents ordinaires du service sanitaire

;sont nommés par les préfets, sur la présentation du directeur de la santé ou de l'agent principal, et du consentement du directeur des douanes, si l'agent désigné appartient à ce service.

Art. 36. — Les autres employés, à divers titres, du service sanitaire, sont nommés par le préfet, sur la présentation de l'agent principal ou du directeur de la santé.

Art. 37. — Les médecins attachés au service sanitaire des lazarets et du littoral sont nommés pour quatre ans par le ministre de l'agriculture et du commerce, sur une liste de trois candidats dressée par le préfet.

Ils peuvent être continués dans leurs fonctions.

Art. 38. — Les agents des lazarets exclusivement réservés pour les bâtiments de guerre sont nommés par le ministre de l'agriculture et du commerce, sur la désignation du ministre de la marine.

TITRE III. — *Police judiciaire ; état civil ; jugements de simple police.*

Art. 39. — Les fonctions de police judiciaire attribuées par l'article 17 de la loi du 3 mars 1822 aux membres des autorités sanitaires seront exercées par les agents principaux et les agents ordinaires du service sanitaire, dans leurs circonscriptions respectives.

Les uns et les autres ne pourront exercer lesdites fonctions qu'après avoir prêté serment devant le tribunal civil.

Art. 40. — Les jugements à rendre par lesdites autorités en matière de simple police, et en vertu de l'article 18 de la même loi, le seront par le directeur de la santé, assisté de deux délégués de la commission sanitaire, le ministère public étant rempli par un troisième délégué de la commission, èt les fonctions de greffier par un agent ou un employé du service sanitaire.

Art. 41. — Les citations aux contrevenants et aux témoins seront faites par un simple avertissement écrit par le directeur de la santé, conformément aux articles 169 et 170 du Code d'instruction criminelle.

Art. 42. — Le contrevenant devra comparaître par lui-même ou par un fondé de pouvoirs. En cas de non-comparution ; si elle n'est pas occasionnée par un empêchement résultant des règles sanitaires, il sera jugé par défaut ; si le contrevenant est empéché par cette cause, il sera sursis au jugement jusqu'à la fin de la quarantaine, à moins que ce ne soit un employé du lazaret ou de tout autre lieu réservé, obligé, par la nature de ses fonctions, à une séquestration habituelle ; auquel cas, s'il n'a pas désigné de fondé de pouvoirs, il lui en sera donné un d'office.

Art. 43. — Un garde de santé, commissionné à cet effet par le directeur de la santé, sera chargé de notifier les citations et les jugements.

Art. 44. — Seront au surplus observés, en tout ce qui n'est pas contraire au titre III de la loi du 3 mars 1822 et aux présentes dispositions, les articles 146 à 165 du Code d'instruction criminelle.

Art. 45. — Les fonctions de l'état civil, objet de l'article 19 de la loi du 3 mars 1822, seront remplies par le directeur de la santé, assisté d'un agent ou employé du service sanitaire faisant les fonctions de secrétaire.

Titre IV. — *Dispositions générales.*

Art. 46. — Il est enjoint à tous les agents de la France au dehors de se tenir informés et d'instruire le ministre de l'agriculture et du commerce, par la voie du département dont ils relèvent, des renseignements qui importeront à la police sanitaire et à la santé publique de la France ; s'il y avait péril, ils devraient en même temps avertir l'autorité française la plus voisine ou la plus à portée des lieux qu'ils jugeraient menacés.

Il est pareillement enjoint aux autorités sanitaires de se donner réciproquement les avis nécessaires au service qui leur est confié, à toutes les autorités de l'intérieur de prévenir qui de droit des faits à leur connaissance qui intéresseraient la santé publique.

Les chambres de commerce, les capitaines et patrons des navires arrivant de l'étranger, et généralement toutes les personnes ayant des renseignements sur les quarantaines, sont invités à les communiquer au directeur de la santé.

Art. 47. — Tous dépositaires de l'autorité et de la force publique, tous agents de l'autorité, soit au dehors, soit au dedans, qui seraient avertis d'infractions aux lois et règlements sanitaires, sont tenus d'employer les moyens en leur pouvoir pour les prévenir, pour en arrêter les effets, et pour en procurer la répression.

474.

SERVICE DE SANTÉ DES HOPITAUX DE PARIS.

Extrait du règlement sur le service de santé des hôpitaux et hospices civils de Paris, approuvé par le ministre de l'intérieur

(26 août 1839).

CHAPITRE PREMIER.

ORGANISATION GÉNÉRALE DU PERSONNEL.

Art. 1er. — Le service de santé dans les hôpitaux et hospices est fait par :

Des médecins,

Des chirurgiens,

Des pharmaciens,

Des élèves internes et externes en médecine et en chirurgie,

- Des élèves en pharmacie.

- Des règlements spéciaux ont organisé ce service dans la maison d'accouchements, et pour les aliénés, dans les hospices de la vieillesse.

Art. 2. — Des médecins et chirurgiens forment, en outre, hors des hôpitaux et hospices, un bureau central, dont les attributions sont déterminées ci-après, chapitre 3, § 1er.

Nombre et répartition des médecins, chirurgiens et pharmaciens.

Art. 3. — Le nombre des médecins et chirurgiens des hôpitaux et hospices, et celui des membres du Bureau central, sont fixés par délibération du conseil

général. Cette délibération est adressée à M. le préfet
de la Seine, pour être soumise, avec l'avis de ce magistrat, à l'approbation du ministre de l'intérieur.

Ce nombre, quant aux médecins et chirurgiens des
hôpitaux et hospices et leur répartition entre les divers établissements, est calculé en raison de la population, de la disposition des salles et de la nature des
maladies traitées habituellement dans chaque maison.

Les états de fixation sont revus et arrêtés de nouveau tous les cinq ans, dans la même forme.

Art. 5. — Les médecins et chirurgiens des hôpitaux
et hospices peuvent, sur leur demande et en vertu
d'une délibération du conseil général, passer, en la
même qualité, d'un établissement dans un autre.

Le conseil a le droit, dans l'intérêt du service, d'ordonner les mutations parmi les médecins, chirurgiens
et pharmaciens, sauf l'avis du préfet et la décision du
ministre.

Mode et époque des nominations et concours.

Art. 8. — Il est pourvu au remplacement des médecins et chirurgiens dans les formes indiquées au chapitre suivant.

Honorariat.

Art. 10.— Le titre d'honoraire peut être conféré aux
médecins et aux chirurgiens des hôpitaux et hospices,
au pharmacien en chef et aux pharmaciens des divers
établissements, après vingt ans de service.

Le conseil général peut l'accorder aussi, après dix
ans seulement de service, à ceux qui, pendant l'exercice de leurs fonctions, sont entrés, savoir :

Les médecins dans leur soixantième année, et les
chirurgiens dans leur cinquantième année.

Les délibérations par lesquelles le conseil général confère le titre d'honoraires à des médecins ou chirurgiens sont soumises, avec l'avis du préfet, à l'approbation du ministre de l'intérieur.

CHAPITRE II.

DISPOSITIONS GÉNÉRALES.

Admission dans les hôpitaux et hospices.

Art. 11.— Dans les hôpitaux, aucune admission, sauf les cas d'urgence, ne peut avoir lieu que d'après l'examen et sur le bulletin du Bureau central.

Les admissions d'urgence sont autorisées provisoirement par l'élève de garde, et définitivement par les médecins et chirurgiens de chaque hôpital.

Un élève de garde ne doit jamais refuser l'admission d'un malade porteur d'un bulletin du Bureau central.

Art. 12.— Aucun individu au-dessous de soixante-dix ans ne peut être admis dans les hospices consacrés aux vieillards et infirmes que d'après l'examen et sur le certificat du Bureau central, constatant qu'il est atteint d'infirmités incurables qui le privent de moyens de travail suffisants pour sa subsistance.

Sortie des malades.

Art. 13.— Dès qu'un malade est guéri ou que sa maladie est reconnue incurable, sa sortie de l'hôpital est ordonnée, par le médecin ou le chirurgien de l'établissement, dans la forme prescrite par l'art. 32 ci-après.

Néanmoins les malades atteints d'affections incurables qui seront dans le cas d'être admis dans les hô-

pitaux resteront jusqu'à leur sortie dans les services
où ils se trouveront placés (1).

L'ordre de sortie est exécuté par le directeur, aussitôt
qu'il lui en a été donné connaissance, conformément
à l'art. 33.

La sortie peut être également ordonnée par le membre de la commission administrative chargé de l'hôpital.

A cet effet, il est tenu de faire tous les trois mois,
avec l'assistance de deux membres du Bureau central,
une visite spéciale des hôpitaux dont la direction lui
est confiée, pour constater l'état des malades, et indiquer ceux qui ne doivent pas y prolonger leur séjour.

Il est dressé procès-verbal de ces visites, dont le résultat est communiqué au chef de service de santé de
chaque salle.

A défaut d'observation de la part de ce chef de service, dans les vingt-quatre heures de la communication, l'ordre de sortie est exécuté; dans le cas contraire,
la décision appartient au conseil général.

Dans tous les cas, le procès-verbal est mis sous les
yeux du conseil, dans sa plus prochaine séance, avec
les observations des chefs de service de santé s'il y a
lieu.

Traitement externe et consultations gratuites.

Art. 14. — Il est donné des consultations gratuites
dans tous les hôpitaux et hospices.

Le conseil général désigne les maisons auprès desquelles sont établis des traitements externes.

---

(1) Arrêté du 7 juin 1843.

Comestibles et médicaments.

Art. 15. — Les médecins et chirurgiens attachés à chaque hôpital ou hospice doivent, au moins une fois par mois, faire l'inspection des médicaments et du service de pharmacie.

Ils sont autorisés à faire, toutes les fois qu'ils le jugent à propos, celle des différents comestibles et de la cuisine.

Art. 16. — Aucun médicament non compris dans le Codex ne peut, sans l'autorisation du conseil général, être préparé ni administré.

Le formulaire sera revu tous les dix ans, au moins.

Art. 17. — Dans la première séance du mois de janvier de chaque année, le conseil nomme, pour l'examen des médicaments extraordinaires dont l'usage peut être proposé dans le cours de cette même année, une commission de trois médecins et de deux chirurgiens.

Le pharmacien en chef fait toujours partie de cette commission.

Cette commission sera présidée par un des membres du conseil.

Art. 18. — Tout médecin ou chirurgien qui désire faire, dans l'un des établissements de l'administration, l'emploi de médicaments autres que ceux prescrits au Codex ou au formulaire, doit adresser préalablement sa demande au conseil, lequel la transmet à la commission.

L'autorisation n'est délivrée que sur le rapport écrit de cette commission et sur l'avis favorable de quatre de ses membres au moins.

Réunion annuelle des médecins , chirurgiens et pharmaciens.

Art. 19. — Tous les ans, les médecins et chirurgiens des hôpitaux et hospices, ceux du Bureau central, le pharmacien en chef et les pharmaciens des divers établissements, sont réunis en assemblée, sous la présidence d'un membre du conseil général assisté des membres de la commission administrative.

Les médecins, chirurgiens et pharmaciens honoraires, et les médecins et chirurgiens anciens du Bureau central, assistent aussi à cette séance et prennent part, comme leurs confrères en exercice, aux travaux de l'assemblée.

Dans cette réunion, les membres du corps médical des hôpitaux et hospices nomment, à la majorité des suffrages, une commission composée de quatre médecins, de deux chirurgiens, et d'un pharmacien.

Les membres de cette commission sont chargés de recueillir les observations qui leur sont adressées par leurs confrères, pour en faire la matière d'un rapport au conseil général. Ces observations seront préalablement examinées et discutées dans une conférence à laquelle seront appelés, avec la commission médicale, trois membres du conseil désignés par lui et les membres de la commission administrative.

Le conseil général convoque extraordinairement de pareilles réunions, toutes les fois que le bien du service l'exige.

CHAPITRE III.

MÉDECINS ET CHIRURGIENS.

—

§ Ier. — *Bureau central.*

Mode de nomination et conditions d'éligibilité.

Art. 20. — Les médecins et chirurgiens du Bureau central sont nommés au concours.

Art. 21. — Les médecins et chirurgiens qui se présentent au concours pour les places du Bureau central doivent réunir les conditions suivantes, savoir :

Pour les places de médecins,

Trente ans accomplis ;

Et pour les places de chirurgiens,

Vingt-sept ans accomplis.

Néanmoins l'âge est réduit de deux ans pour les docteurs qui justifient d'un exercice de quatre années entières dans les hôpitaux et hospices de Paris, en qualité d'élèves internes.

Durée des fonctions.

Art. 22. — Les membres du Bureau central sont nommés pour cinq ans; ils entrent en fonctions le 1er janvier.

Néanmoins, si une place devient vacante par décès, démission ou autrement, il est pourvu au remplacement par un concours spécial. Dans ce cas, les membres ainsi nommés entrent immédiatement en fonctions, et leurs cinq années d'exercice ne commencent à courir qu'à partir du 1er janvier suivant.

Après l'expiration du terme fixé par le présent article, les membres du Bureau central y cessent leur

17.

service, sans pouvoir être réélus en cette qualité ; mais ils restent attachés aux hôpitaux et hospices, et peuvent être appelés soit pour suppléer les médecins et chirurgiens, soit pour faire partie des jurys dans les concours.

Nature des fonctions.

Art. 23. — Les membres du Bureau central sont chargés :

1° De constater l'état des malades présentés pour les hôpitaux et des infirmes présentés pour les hospices, conformément aux art. 12 et 13 ;

2° De constater également l'état des malades ou infirmes présentés pour les secours du bureau de bienfaisance ;

3° De faire, au local de l'administration, des consultations et vaccinations gratuites ;

4° De vérifier la confection et de surveiller l'application des bandages et autres appareils ;

5° De suppléer les médecins et chirurgiens des hôpiaux et hospices, conformément à l'art. 22 ;

6° D'assister les membres de la commission administrative dans les visites qu'ils sont tenus de faire dans les hôpitaux, conformément aux termes de l'art. 13.

Art. 24. — Le Bureau central reste ouvert tous les jours, pendant les heures fixées par délibération du conseil général.

Deux membres de ce bureau doivent y être constamment présents et de service.

§ II. — *Médecins et chirurgiens des hôpitaux et hospices.*

Mode de nomination et conditions d'éligibilité.

Art. 25. — Les médecins et chirurgiens des hôpitaux et hospices sont nommés par le ministre de l'intérieur, sur l'avis de M. le préfet de la Seine, et d'après une liste de trois candidats présentés par le conseil général dans la forme suivante.

Il est procédé séparément et par scrutin individuel à la nomination de chaque candidat.

Celui qui obtient le premier la majorité absolue des suffrages est porté le premier sur la liste de présentation, et de même pour le deuxième et le troisième candidat.

Art. 26. — Les candidats pour les places de médecins et chirurgiens des hôpitaux et hospices ne peuvent être pris que parmi les membres anciens ou en exercice du Bureau central.

Ils doivent être âgés de trente-cinq ans accomplis pour les places de médecins, et de trente ans accomplis pour celles de chirurgiens.

Néanmoins les anciens internes des hôpitaux qui ont terminé leur temps d'exercice peuvent être nommés d'après la disposition du dernier alinéa de l'art. 21 du présent réglement, les médecins à trente-trois ans, et les chirurgiens à vingt-huit.

Dans le cas où le nombre des éligibles se trouverait, en raison de l'âge requis, réduit au-dessous de six, ce nombre sera complété par les membres les plus âgés du Bureau central, anciens ou en exercice; mais toujours en tenant compte aux anciens internes des hôpitaux de l'exception prononcée en leur faveur par l'art. 21.

Les médecins et chirurgiens du Bureau central, nommés médecins et chirurgiens des hôpitaux ou hospices, continueront en même temps leurs fonctions au Bureau central jusqu'à ce qu'ils y soient remplacés.

Durée des fonctions.

Art. 27. — Les médecins et chirurgiens des hôpitaux et hospices ne sont nommés que pour cinq années, qui commencent à courir du 1er janvier qui suit leur nomination.

Art. 28. — Tous les ans, dans la dernière quinzaine de novembre, la liste des médecins et chirurgiens en exercice est présentée au conseil par le secrétaire général, avec indication de ceux dont les cinq ans doivent expirer à la fin de l'année.

Ils peuvent être réélus tant qu'ils n'ont pas accompli, savoir : les médecins leur soixantième année, et les chirurgiens leur cinquante-cinquième année.

La liste des réélections est adressée au ministre, au plus tard le 1er décembre.

Nature des fonctions.

Art. 29. — Les médecins et chirurgiens des hôpitaux et hospices sont chargés de toutes les visites dans les salles dont le service leur est spécialement confié.

Visites journalières.

Art. 30. — Les visites des médecins et chirurgiens dans les hôpitaux et dans les infirmeries des hospices se font régulièrement tous les jours, entre six et sept heures depuis le 1ᵉʳ avril jusqu'au 1ᵉʳ octobre, et entre sept et huit depuis le 1ᵉʳ octobre jusqu'au 1ᵉʳ avril.

En cas d'urgence pour les malades visités le matin ou entrés dans l'intervalle d'une visite à l'autre, les médecins et chirurgiens se rendent le soir à l'hôpital ou à l'hospice.

Cahiers de visite et registres d'observations.

Art. 31. — Chaque médecin et chirurgien fait tenir par les élèves, et d'après les règles qui vont être indiquées :

1° Un cahier de sa visite,

2° Et des registres d'observations, mais seulement sur les maladies graves qui leur paraissent dignes d'attention.

Ces registres, qui forment un des éléments obligés des concours pour les prix à décerner aux élèves en médecine et en chirurgie, en conformité de l'art. 110, doivent être accompagnés d'un résumé des faits principaux qui ont été observés.

Art. 32. — Le cahier des visites est fait double.

Le premier des doubles est divisé par jours pairs et impairs, en sorte que le médecin puisse avoir sous les yeux celui de la veille et y trouver ses prescriptions.

L'autre double reste, jusqu'à la visite du lendemain, dans les mains soit du pharmacien de la maison, soit de la sœur qui en fait les fonctions.

Les deux doubles contiennent l'un et l'autre les prescriptions des aliments, des secours chirurgicaux et des médicaments pour chaque malade ; la mention des décès et des sorties effectuées ; enfin les indications des sorties prescrites par les médecins ou chirurgiens aux termes de l'article 13.

Ils portent de plus l'indication :

1° Des maladies sur lesquelles les médecins et chirurgiens prescrivent la tenue des observations, conformément à l'article 31 ;

2° Des médicaments qu'ils jugent devoir être administrés avec les précautions qui sont indiquées à l'article 77 ;

3° Des malades dont l'état peut exiger dans l'intervalle d'une visite à l'autre la modification des prescriptions (voir art. 59).

Les cahiers de visite doivent être écrits lisiblement sans autres abréviations que celles qui sont positivement reconnues par le formulaire dont il est question, article 16.

Ils sont collationnés, au lit des malades, aussitôt après les prescriptions, par les deux élèves, et ils sont signés par le médecin ou chirurgien.

Les négligences qui seront apportées dans la tenue du cahier de visite et dans les relevés desdits cahiers donneront lieu, suivant la gravité des fautes, à l'application de l'une des peines comprises dans l'article 94 du présent règlement.

Opérations.

Art. 36. — Les chirurgiens doivent procéder par eux-mêmes à toutes les opérations, sauf néanmoins les opérations simples, qu'ils peuvent faire faire, en leur présence et sous leur surveillance, par les élèves internes.

Traitement externe et consultations gratuites.

Art. 37. — Les médecins et chirurgiens des hôpitaux et hospices sont de plus chargés du service, tant du traitement externe que des consultations gratuites dans leurs établissements respectifs.

Lorsque plusieurs chirurgiens et médecins sont attachés à une même maison, ce service est fait alternativement entre eux.

Remplacements provisoires.

Art. 38. — Les médecins et chirurgiens des hôpitaux et hospices ne peuvent se faire suppléer que pour cause de maladie ou en vertu d'un congé accordé par le conseil général.

Leurs suppléants sont pris soit parmi les médecins et chirurgiens du même établissement ou d'un établissement voisin, soit parmi les membres anciens ou en exercice du Bureau central. Ces suppléants sont désignés par le conseil, savoir : lorsqu'il s'agit d'un congé, par la délibération même qui l'accorde, et en cas de maladie, sur le rapport qui lui en est fait dans sa plus prochaine séance.

L'indemnité allouée au chef de service qui obtient un congé est acquise de droit au médecin ou chirurgien qui le remplace pour tout le temps du remplacement (1).

En cas de décès d'un médecin ou chirurgien attaché à un hôpital ou hospice, son suppléant pour le service provisoire, jusqu'à la nomination de son successeur, est désigné de la même manière que pour le cas de maladie.

Dans les deux cas, de mort et de maladie, il est pourvu provisoirement au service par le membre de la

_____

(1) Arrêté du 13 septembre 1843.

commission administrative chargé de l'établissement
jusqu'au rapport à faire au conseil général.

Art. 39. — Un médecin et un chirurgien doivent être
logés dans chaque établissement, et y résider toutes
les fois que les localités le permettent.

Peines disciplinaires.

Art. 40. — Les peines de discipline qui peuvent être
appliquées aux médecins et chirurgiens attachés au
service des hôpitaux et hospices sont :

L'avertissement,
La réprimande,
La suspension pendant un mois au plus,
La destitution.

Les trois premières seront prononcées par délibération du conseil général.

Il sera donné connaissance au ministre des suspen-
sions ordonnées.

La destitution aura lieu sur la proposition du conseil, l'avis de M. le préfet de la Seine, et la décision de
M. le ministre de l'intérieur.

CHAPITRE VI.

CONCOURS POUR LE BUREAU CENTRAL.

Formalités préparatoires.

Art. 97. — Dans tous les cas où le concours est
prescrit par les dispositions du présent règlement, il
est annoncé par des affiches apposées dans des lieux
publics, notamment à la Faculté de médecine, au moins
un mois avant l'ouverture.

Art. 98. — Ceux qui se présentent au concours doivent se faire inscrire au secrétariat général de l'admi-

nistration, et y déposer leurs pièces, quinze jours au moins avant l'époque fixée pour la clôture des listes.

Art. 99. — Les concours sont publics.

Composition des jurys.

Art. 100. — Le jury de chaque concours est composé quinze jours avant l'ouverture.

Art. 102. — Les séances des jurys pour les concours sont présidées par un membre du conseil général, et en son absence, par un membre de la commission administrative ou par le secrétaire général.

Les membres titulaires du jury ont seuls voix délibérative.

Les procès-verbaux des opérations et délibérations sont dressés par le secrétaire général.

Art. 103. — Sont appelés à composer les jurys, savoir :

Pour les concours aux places de médecins et chirurgiens du Bureau central, les médecins et chirurgiens des hôpitaux et hospices en exercice ou honoraires.

Pour les places d'élèves en médecine et chirurgie, les médecins et chirurgiens des hôpitaux et hospices et du Bureau central en exercice, anciens ou honoraires.

La désignation des membres des jurys a lieu chaque fois par la voie du sort (1).

---

(1) A l'avenir, le tirage des membres des jurys sera fait par le directeur de l'administration en séance du conseil.

En cas de remplacement d'un ou de plusieurs membres, le tirage sera pratiqué au chef-lieu de l'administration, par le directeur assisté de deux membres du conseil, qui auront été désignés à cet effet.

En cas de récusation de quelques juges, le directeur, avant

18

Ne peuvent être compris dans un jury plus de deux membres appartenant à un même établissement.

Tout médecin, chirurgien et pharmacien, après avoir fait partie d'un jury, ne peut être appelé de nouveau avant deux années d'intervalle, à moins d'épuisement entier de la liste.

Récusations.

Art. 104. — Dans les trois jours qui suivront la clôture des listes d'inscription pour une place de médecin, de chirurgien ou de pharmacien, les candidats pourront se présenter au secrétariat pour connaître les noms des juges.

Si les concurrents ont à proposer des récusations, ils formeront immédiatement une demande motivée par écrit et cachetée. Si, le quatrième jour, aucune demande n'a été déposée, le jury est définitivement constitué, et il ne peut plus être reçu de réclamation.

Si une ou plusieurs demandes sont formées, elles sont présentées au jury, qui donne son avis, et le tout est porté au conseil, qui statue dans sa plus prochaine séance.

Dans le cas où une ou plusieurs récusations seraient admises, le conseil procédera immédiatement au remplacement par la voie du sort, conformément aux articles 100 et 103.

Art. 105. — La parenté jusqu'au quatrième degré inclusivement, et l'alliance au premier degré entre

---

de l'accepter ou de le refuser, prendra l'avis de deux membres du conseil.

S'il survenait divergence d'opinion entre le directeur et les membres du conseil, il en référerait au préfet. (Arrêté du 30 mars 1850.)

nn concurrent et l'un des membres du jury où entre
les membres du jury, donne toujours lieu à récusation
d'office de la part du conseil. A cet effet, dans la
séance préparatoire pour le concours, le président
demande aux membres du jury si l'un d'eux est parent
d'un candidat ou d'un juré; les déclarations négatives
ou affirmatives sont consignées au procès-verbal des
opérations du jury, et, s'il y a lieu, il est pourvu au
remplacement dans la plus prochaine séance du conseil.

Épreuves.

Art. 106. — Les épreuves pour les concours aux
places de médecins et chirurgiens du Bureau central
sont réglées de la manière suivante :

Médecins.

Une épreuve écrite ;
Deux épreuves cliniques.

Chirurgiens.

Une épreuve écrite ;
Deux épreuves cliniques ;
Deux opérations sur le cadavre ;
Une dissection sur un point d'anatomie chirurgi-
cale.

Pour l'épreuve écrite, il est accordé à chaque concurrent quatre heures : la question est la même pour
tous ; elle est tirée au sort entre six questions au
moins, qui sont rédigées et arrêtées par le jury avant
le commencement de la séance.

Pour les épreuves cliniques, le jury forme à l'a-
vance une liste de malades pris, dans un ou plusieurs
des hôpitaux, en nombre triple de celui des concur-

rents ; cette liste ne désigne les malades que par le numéro des lits par eux occupés. Trois de ces numéros sont tirés au sort par chacun des concurrents, qui font immédiatement, et en présence du jury, la visite des malades ainsi indiqués.

Il est accordé à chaque candidat une demi-heure pour faire la visite des trois malades.

Après cette visite, chaque concurrent est appelé à l'amphithéâtre, et hors la présence des malades, pour disserter, toujours devant le jury, sur la nature des trois maladies qui ont été l'objet de sa visite.

Il est accordé une demi-heure à chacun des concurrents pour sa dissertation.

Enfin les concurrents rédigent, dans la même séance, et sans désemparer, une consultation écrite sur l'une au moins des trois maladies.

Il est accordé pour cette consultation trois heures au plus

Les opérations sur le cadavre et la dissection sur un point d'anatomie chirurgicale ont lieu à l'amphithéâtre des hôpitaux.

Les sujets sont choisis à l'avance, numérotés par les membres du jury, et tirés au sort entre les concurrents.

Il est accordé à chaque concurrent deux heures au plus pour la dissection. Les opérations sur le cadavre devront être faites rapidement; il n'y a pas de limites pour le temps.

Art. 114. — Lorsque les épreuves subies par les candidats, pour les places de médecin ou chirurgien au Bureau central d'admission, ne présentent pas un résultat que tous les membres du jury jugent suffisant pour déterminer leur choix, ils en délibèrent et manifestent leur opinion par un scrutin secret.

Si cinq membres, sur les sept qui composent le jury, sont d'avis qu'il n'y a pas lieu à nommer, cette décision est consignée au procès-verbal de la séance, et soumise au conseil général.

CHAPITRE VII.

INDEMNITÉS, TRAITEMENTS, PENSIONS.

Art. 116. — Les médecins ou chirurgiens des hôpitaux et hospices, et ceux du Bureau central, reçoivent une indemnité annuelle pendant le temps de leur service.

Art. 118. — Des jetons de présence sont distribués, à chaque séance des concours, aux membres du jury.

DISPOSITIONS TRANSITOIRES.

Art. 123. — Les médecins et chirurgiens nommés avant la mise à exécution du règlement de juillet 1830 seront soumis, comme les autres médecins et chirurgiens, au renouvellement quinquennal ; mais les dispositions sur le maximum de l'âge ne leur sont pas applicables.

Art. 124. — En cas de non-réélection, les médecins et chirurgiens, nommés avant la mise à exécution du règlement de juillet 1830, continueront à recevoir l'indemnité annuelle en argent qui leur était payée au moment de la cessation de leurs fonctions.

Art. 125 et dernier. — S'il y a lieu à une augmentation dans le nombre des médecins et chirurgiens soit des hôpitaux et hospices, soit du Bureau central, les nouveaux titulaires de ces places ne recevront d'indemnité qu'au fur et à mesure de la vacance des anciennes places, et dans les proportions des réductions successives qui auront lieu, par suite de la nouvelle fixation à faire, en exécution de l'art. 3.

475.

Extrait du Règlement sur le service de santé des bureaux de bienfaisance

(13 juillet 1830).

Organisation.

Art. 110. — Le service de santé, pour les malades à domicile, est fait par des médecins, par des chirurgiens, par des sages-femmes, et par des sœurs de charité.

Art. 111. — Le nombre des médecins et chirurgiens dans chaque arrondissement est fixé, sur la proposition du bureau de bienfaisance, par un arrêté spécial du préfet. Cet arrêté est soumis à l'approbation du ministre de l'intérieur.

Art. 112. — Le nombre des sages-femmes est fixé de la même manière.

Mode de nomination.

Art. 113. — Les médecins, chirurgiens et sages-femmes, sont nommés par le préfet, sur des listes triples de candidats formées par les bureaux de bienfaisance, au scrutin secret et à la majorité absolue des suffrages des membres présents.

Conditions d'éligibilité.

Art. 114. — Pour être nommé médecin ou chirurgien auprès des bureaux de bienfaisance, il faut être âgé au moins de vingt-sept ans accomplis et avoir trois années de doctorat.

Une année de doctorat suffit à ceux qui ont été élèves internes dans les hôpitaux pendant trois ans.

Art. 115. — Aucun médecin ou chirurgien ne peut exercer concurremment dans deux arrondissements.

Chacun d'eux doit, autant que possible, demeurer dans l'arrondissement pour lequel il est choisi, ou du moins à proximité de cet arrondissement.

Durée du service.

Art. 116. — Les médecins, chirurgiens, et sages-femmes, sont nommés pour cinq ans et peuvent toujours être réélus.

Ils entrent en fonctions le 1er janvier : à cet effet, la nomination a lieu dans la dernière quinzaine du mois de décembre de chaque année.

Néanmoins, si une place devient vacante, avant l'élection périodique, par décès, démission ou autrement, il est pourvu au remplacement par une nomination particulière : dans ce cas, les membres ainsi nommés continuent leurs fonctions au delà du terme de cinq années, depuis leur entrée en exercice et jusqu'au 1er janvier suivant.

Art. 117. — Aucun médecin, chirurgien, ou sage-femme, ne peut être destitué pour un motif quelconque que par le ministre de l'intérieur, sur la proposition du bureau de bienfaisance et l'avis du préfet ; néanmoins le magistrat peut, sur la demande du bureau, prescrire la suspension provisoire.

Art. 118. — Après vingt ans de service, les médecins et chirurgiens peuvent recevoir, des bureaux de bienfaisance auxquels ils ont été attachés, le titre de médecins ou chirurgiens honoraires du bureau ; ils peuvent, en cette qualité, être appelés en consultation.

et faire partie des réunions que le bureau convoque pour y traiter de ce qui regarde le service de santé dans l'arrondissement, notamment de celles dont il sera fait mention dans l'article 123.

Fonctions des médecins et chirurgiens.

Art. 119. — Les médecins et chirurgiens visitent les malades indigents qui les appellent ou qui leur sont indiqués par les administrateurs, les commissaires, les dames, ou les sœurs de charité.

Art. 120. — Les chirurgiens font les opérations et même les pansements lorsque les sœurs de charité ne le peuvent, à raison de l'état des malades ou de la nature du pansement.

Art. 121. — Les médecins et chirurgiens donnent des consultations gratuites aux pauvres dans les maisons de secours ou autres lieux désignés par le bureau et à des jours et heures fixes.

Art. 122. — Ils sont encore chargés de vacciner les enfants et doivent se concerter avec les administrateurs pour visiter les enfants dans les écoles, à des époques déterminées, afin de s'assurer s'ils ont eu la petite vérole ou s'ils ont été vaccinés.

Art. 123. — Tous les ans, à l'époque fixée par les bureaux de bienfaisance, les médecins et chirurgiens sont invités par le président du bureau à une séance, où ils rendent compte de ce qui intéresse le service de santé des pauvres dans l'arrondissement, et présentent leurs observations à cet égard.

Le rapport sur ces observations est envoyé chaque année au conseil général.

Art. 124. — Dans la séance de réunion des médecins et chirurgiens de l'arrondissement, on fixe pour l'année suivante les lieux, jours et heures auxquels auront lieu les consultations gratuites.

On en dresse un tableau, qui reste affiché dans les maisons de secours.

Des sages-femmes.

Art. 125. — Les sages-femmes font les accouchements et donnent leurs soins aux indigentes enceintes et en couches.

Elles doivent appeler un chirurgien quand les accouchements présentent des difficultés.

Des sœurs de charité.

Art. 126. — Les sœurs de charité visitent les malades, les pansent, et leur fournissent les médicaments ordonnés, en suivant exactement les prescriptions des médecins et chirurgiens, qui doivent eux-mêmes se conformer, pour les prescriptions, au *dispensaire à l'usage des bureaux de bienfaisance.*

Art. 131. — La liste des médecins, chirurgiens et sages-femmes, est adressée au conseil général après chaque réélection périodique.

Il est également donné connaissance au conseil des mutations qui ont lieu dans l'intervalle de chacune de ces réélections.

Art. 132. — Les médecins, chirurgiens et sages-femmes des bureaux de bienfaisance, ne reçoivent pas de traitement; mais des indemnités peuvent être accordées aux sages-femmes par le conseil général, sur la proposition des bureaux, et sauf l'approbation du préfet.

476.

ACADÉMIE DE MÉDECINE.

ORDONNANCES RELATIVES A SA CRÉATION.

Ordonnance portant création de l'Académie royale de médecine
(20 décembre 1820).

Louis, par la grâce de Dieu, roi de France et de Navarre, à tous ceux qui ces présentes verront, salut.

Notre intention étant de donner le plus tôt possible des règlements propres à perfectionner l'enseignement de l'art de guérir et à faire cesser les abus qui ont pu s'introduire dans l'exercice de ses différentes branches, nous avons pensé qu'un des meilleurs moyens de préparer ce double bienfait était de créer une académie spécialement chargée de travailler au perfectionnement de la science médicale, et d'accorder à cette académie une protection particulière. Nous nous sommes d'ailleurs rappelé les services éminents qu'ont rendus, sous le règne de nos prédécesseurs, la Société royale de médecine et l'Académie royale de chirurgie, et nous avons voulu en faire revivre le souvenir et l'utilité en rétablissant ces compagnies célèbres sous une forme plus appropriée à l'état actuel de l'enseignement et des lumières.

A ces causes,

Sur le rapport de notre ministre secrétaire d'État au département de l'intérieur,

Nous avons ordonné et ordonnons ce qui suit:

Art. 1er. — Il sera établi à Paris, pour tout notre royaume, une Académie royale de médecine.

Art. 2. — Cette académie sera spécialement instituée pour répondre aux demandes du gouvernement sur tout ce qui intéresse la santé publique, et principalement sur les épidémies, les maladies particulières à certains pays, les épizooties, les différents cas de médecine légale, la propagation de la vaccine, l'examen des remèdes nouveaux et des remèdes secrets, tant internes qu'externes, les eaux minérales naturelles ou factices, etc.

Elle sera en outre chargée de continuer les travaux de la Société royale de médecine et de l'Académie royale de chirurgie; elle s'occupera de tous les objets d'étude et de recherche qui peuvent contribuer aux progrès des différentes branches de l'art de guérir. En conséquence, tous les registres et papiers ayant appartenu à la Société royale de médecine ou à l'Académie royale de chirurgie, relatifs à leurs travaux, seront remis à la nouvelle académie et déposés dans ses archives.

Art. 3. — L'Académie sera divisée en trois sections, une de médecine, une de chirurgie, et une de pharmacie.

Art. 4. — Elle sera composée d'honoraires, de titulaires, d'associés et d'adjoints.

Art. 5. — Il y aura trente honoraires dans la section de médecine, vingt dans la section de chirurgie, et dix dans la section de pharmacie; tous pris hors de la classe des titulaires, et choisis par voie d'élection. Indépendamment de ces honoraires élus, tout titulaire âgé de soixante ans accomplis pourra devenir, de droit, honoraire, sous la seule condition d'en faire la demande par écrit.

Art. 6. — Les titulaires seront au nombre de quarante-cinq dans la section de médecine, de vingt-cinq
dans la section de chirurgie, et de quinze dans la section de pharmacie. Cinq titulaires de la section de
médecine seront nécessairement choisis parmi les médecins vétérinaires.

Art. 7. — Il y aura trois classes d'associés : des associés libres, des associés ordinaires, et des associés
étrangers.

Le nombre des associés libres sera de trente; ils seront choisis parmi les personnes qui cultivent avec
succès les sciences accessoires à la médecine, ou qui
auront contribué d'une manière quelconque à leurs
progrès, ou enfin qui, dans les divers établissements
consacrés au soulagement de l'humanité, l'auront
servie avec zèle et distinction. Ils devront résider à
Paris.

Les associés ordinaires seront au nombre de quatre-
vingts, dont vingt seulement résidant à Paris; ils seront pris parmi les médecins, les chirurgiens, les
pharmaciens et les savants du royaume, qui se sont fait
connaître d'une manière avantageuse soit par leurs
écrits, soit par leurs succès dans la pratique ou dans
l'enseignement.

Le nombre des associés étrangers est fixé à trente;
ils seront choisis parmi les médecins, chirurgiens,
pharmaciens et savants étrangers les plus célèbres.

Les associés de toutes les classes appartiendront au
corps de l'Académie, et ne seront attachés à aucune
section en particulier.

Art. 8. — Les adjoints seront choisis de préférence
parmi les médecins, chirurgiens, officiers de santé et
pharmaciens, qui auront présenté ou envoyé à l'Académie des observations ou des mémoires, et qui auront

montré le plus de zèle pour contribuer à ses travaux. Ceux qui résideront à Paris prendront le titre d'*adjoints résidants* ; ceux qui résideront dans les départements ou à l'étranger prendront le titre d'*adjoints correspondants*.

Le nombre des adjoints résidants pourra égaler celui des titulaires de la section à laquelle ils seront attachés. Le nombre des adjoints correspondants est indéterminé.

Art. 9. — Chacune des trois sections de l'Académie élira ses membres honoraires, ses membres titulaires et ses adjoints. Les associés seront élus par l'Académie entière ; toutefois l'élection des honoraires, titulaires et associés, ne sera définitive que lorsqu'elle aura été approuvée par nous. Quant à l'élection des adjoints, elle devra être confirmée par l'Académie entière.

Art. 10. — L'Académie s'assemblera ou en corps ou par section. Les séances générales se tiendront une fois tous les trois mois, et les séances des sections deux fois chaque mois.

Art. 11. — Les séances générales auront pour objet, d'une part, l'administration et les affaires générales de l'Académie ; et, de l'autre, les matières de science dont la discussion exigera le concours de toutes les sections.

Les séances des sections seront consacrées aux objets de science et d'étude dont chacune d'elles devra spécialement s'occuper. Lorsqu'il se rencontrera des matières qui intéresseront à la fois deux sections, ces deux sections se réuniront pour les discuter en commun. Ces mêmes matières seront toujours renvoyées à des commissions mixtes.

Art. 12. — Les honoraires et les titulaires d'une

section assisteront, quand ils voudront, aux séances des deux autres sections. Les associés et les adjoints pourront assister à toutes les séances soit générales, soit de section.

Les honoraires, les titulaires et les associés, auront voix délibérative en matière de science. Les diverses nominations et les affaires générales de l'Académie seront exclusivement réservées aux titulaires.

Art. 13. — Indépendamment de ses séances privées, soit générales, soit particulières, l'Académie tiendra annuellement trois séances publiques, une pour chacune de ses sections.

Ces séances seront principalement destinées : 1° à rendre compte des travaux de la section qui occupera la séance; 2° à faire connaître, par des éloges ou des notices historiques, les membres que cette section aura perdus; 3° à annoncer les sujets de prix qu'elle proposera pour l'année courante ; 4° enfin à proclamer les noms de ceux qui auront remporté les prix proposés antérieurement.

Art. 14. — Le bureau général de l'Académie sera composé d'un président d'honneur perpétuel, d'un président temporaire, d'un secrétaire et d'un trésorier: Notre premier médecin en titre sera, de droit, président d'honneur perpétuel de l'Académie. Le président temporaire, le secrétaire et le trésorier, seront élus par l'Académie entière, et nécessairement choisis parmi ses membres titulaires ; ils pourront être pris indifféremment dans l'une ou dans l'autre des trois sections. Le président ordinaire et le secrétaire seront en fonctions pendant une année, et le trésorier pendant cinq.

Art. 15. — Le bureau particulier de chaque section sera composé d'un président, d'un vice-président et d'un secrétaire, tous choisis parmi les titulaires de cette section. Les présidents et secrétaires ne seront en fonctions que pendant une année.

Il pourra être, dans la suite, nommé des secrétaires perpétuels pour les sections dont les travaux rendraient cette disposition nécessaire; leur nomination devra être soumise à notre approbation.

Art. 16. — L'Académie aura un conseil d'administration, composé du président d'honneur perpétuel, du président temporaire et du trésorier de l'Académie, des présidents et des secrétaires des trois sections, et du doyen de la Faculté de médecine de Paris, lequel sera toujours de droit membre de l'Académie.

· Ce conseil sera spécialement chargé d'administrer les affaires de l'Académie, et de répartir entre les trois sections les matières dont chacune d'elles devra s'occuper. Il s'assemblera une fois par semaine; il aura le droit de convoquer des assemblées extraordinaires, soit générales, soit de section, toutes les fois qu'il le jugera nécessaire ou utile.

Art. 17. — Il sera ultérieurement statué sur les dépenses de l'Académie et sur les moyens d'y pourvoir.

Art. 18. — L'Académie royale de médecine pourra accepter, en se conformant aux lois et règlements, des legs et donations destinés à favoriser les progrès de la science.

· Art. 19. — Des règlements rédigés par l'Académie détermineront son régime intérieur, la tenue de ses assemblées, le mode qu'elle suivra dans ses nominations, l'ordre et la direction de ses travaux, les formes de son administration, les obligations de ses différents membres, et en général tout ce qui n'aurait pas été prévu ou réglé par la présente ordonnance; ces règlements seront soumis à l'approbation de notre ministre secrétaire d'État au département de l'intérieur.

Art. 20. — Pour la première formation de l'Académie, nous nous réservons de nommer une partie des honoraires, des titulaires et des associés.

Ordonnances qui prescrivent de nouvelles dispositions relatives à l'Académie royale de médecine.

Louis, par la grâce de Dieu, roi de France et de Navarre, à tous ceux qui ces présentes verront, salut.

Sur les représentations qui nous ont été faites de la part des membres honoraires de l'Académie royale de médecine ;

Considérant que la différence établie, par notre ordonnance du 20 décembre dernier, entre les honoraires et les titulaires, les uns et les autres ayant les mêmes attributions académiques, n'a eu en vue que de dispenser les premiers, en raison de leur âge, des soins de l'administration, et de les placer dans une position moins obligée pour les autres travaux ; mais que les mêmes motifs n'existent point lorsqu'il s'agit d'élire soit les académiciens, soit les dignitaires ; que leurs lumières, leur expérience, ne peuvent que contribuer fort utilement à ces élections ; que seulement il est convenable, pour avoir égard à ce qui a été déjà fait, aux distinctions voulues par notre dite ordonnance et aux usages pratiqués dans des corps analogues, de ne les point faire prendre part à l'élection des titulaires ;

Désirant aussi régler le mode d'élire, et déférer à un vœu qui nous a été exprimé relativement aux secrétaires perpétuels, dont notre ordonnance du 20 décembre a prévu le besoin ;

Sur le rapport de notre ministre secrétaire d'État au département de l'intérieur,

Nous avons ordonné et ordonnons ce qui suit :

Art. 1er. — Les membres honoraires de l'Académie royale de médecine ont voix délibérative pour toutes les nominations autres que celles des titulaires.

Art. 2. — Toute élection est faite à la majorité absolue des suffrages des membres présents à la séance, lesquels ne peuvent, pour que l'élection soit valable, être moins des deux tiers de ceux qui ont le droit d'y assister.

Si la majorité absolue n'a point été obtenue aux deux premiers tours de scrutin, il est procédé, par un troisième tour, au ballottage, en liste double, de ceux qui, au second tour, ont obtenu le plus de voix.

Art. 3. — Il pourra n'y avoir qu'un secrétaire perpétuel pour toute l'Académie, sauf à lui donner des adjoints pour les sections dont les travaux le rendraient nécessaires (1).

Art. 1er. — L'Académie royale de médecine sera divisée à l'avenir en classes ou sections :

1° D'anatomie et physiologie ;

2° De pathologie médicale ;

3° De pathologie chirurgicale ;

4° De thérapeutique et d'histoire naturelle médicale ;

5° De médecine opératoire ;

6° D'anatomie pathologique ;

7° D'accouchements ;

8° D'hygiène publique, médecine légale et police médicale ;

9° De médecine vétérinaire ;

10° De physique et chimie médicale ;

11° De pharmacie.

_____

(1) Ordonnance du 6 février 1821.

Elle désignera, dans les limites fixées par l'article 4
ci-après, les membres qui formeront chacune de ces
classes ou sections.

Art. 2. — Les assemblées de sections sont supprimées, l'Académie ne se réunira plus qu'en corps; ses
séances seront uniquement consacrées à la science.

Art. 3. — Il y aura un secrétaire annuel nommé par
l'Académie, lequel suppléera le secrétaire perpétuel en
cas d'absence.

Art. 4. — Le nombre des membres de l'Académie
sera successivement réduit à

Soixante titulaires,

Quarante adjoints,

Quarante associés non résidants,

Vingt associés étrangers et dix associés libres.

Jusqu'à ce que l'Académie soit rentrée dans les limites des nombres ci-dessus exprimés, il ne sera fait
qu'une nomination sur trois extinctions.

Art. 5. — A l'avenir il ne sera plus nommé de membres honoraires ni d'associés résidants. Les honoraires
qui font actuellement partie de l'Académie jouiront
des mêmes prérogatives que les titulaires.

Art. 6. — Les adjoints prendront part aux discussions de l'Académie en matière de science, mais avec
voix consultative seulement; ils auront droit désormais, et concurremment avec les associés résidants,
au tiers au moins des places de titulaires. Il n'y a plus
d'adjoints non résidants ; ceux-ci prendront le titre de
correspondants.

Art. 7. — Le conseil d'administration de l'Académie
sera composé du président d'honneur, du président
annuel, du secrétaire perpétuel, du trésorier, du doyen
de la Faculté de médecine, de quatre membres titulaires nommés annuellement par l'Académie, et du secré-

taire de ses bureaux, qui prendra le titre et remplira les fonctions de secrétaire du conseil. Ce conseil sera seul chargé de l'administration des affaires de l'Académie.

Art. 8. — Les élections pour les places de titulaires et adjoints seront faites par les membres titulaires de l'Académie, sur une liste de candidats présentés par la classe ou section dans laquelle la place sera vacante.

Les associés non résidants et les correspondants seront nommés directement par l'Académie.

La nomination des titulaires continuera d'être soumise à notre approbation.

Art. 9. — Le règlement de l'Académie sera modifié conformément aux dispositions qui précèdent. Les ordonnances des 20 septembre 1820 et 6 février 1821 continueront d'être exécutées en tout ce qui n'est pas contraire auxdites dispositions (1).

Ordonnance du Roi qui accorde aux associés et adjoints les droits des titulaires en matière de science
(15 septembre 1833).

Art. 1er. — Les membres adjoints à l'Académie royale de médecine et les associés résidants, qui leur sont assimilés par l'ordonnance du 18 octobre 1829, auront voix délibérative, en matière de science, dans les séances générales ou particulières de ladite Académie.

Ordonnance du Roi qui ne forme qu'une seule classe de tous les membres titulaires, associés et adjoints résidants, de l'Académie royale de médecine
(20 janvier 1835).

Art. 1er. — Il n'y aura plus, à l'avenir, dans le sein de l'Académie royale de médecine, qu'une seule classe

(1) Ordonnance du 28 octobre 1829.

de membres résidants jouissant tous des mêmes droits et prérogatives.

Art. 2. — Le règlement de l'Académie sera modifié conformément à la disposition de l'article précédent.

Art. 3. — Les ordonnances des 20 décembre 1820, 6 février 1821, 18 octobre 1829, 15 septembre 1833, ne cesseront d'être exécutées qu'en ce qui serait contraire à la disposition de l'art. 1er de la présente ordonnance.

RÈGLEMENT DE L'ACADÉMIE DE MÉDECINE,

en exécution des précédentes ordonnances.

—

TITRE Ier. — SECTIONS DE L'ACADÉMIE.

Art. 1er. — Les membres résidants de l'Académie sont distribués en onze sections, ainsi qu'il suit :

1re section.	Anatomie et physiologie.	10
2e —	Pathologie médicale.	13
3e —	Pathologie chirurgicale.	10
4e —	Thérapeutique et histoire naturelle médicale.	10
5e —	Médecine opératoire.	7
6e —	Anatomie pathologique.	7
7e —	Accouchements.	7
8e —	Hygiène publique, médecine légale et police médicale.	10
9e —	Médecine vétérinaire.	6
10e —	Physique et chimie médicales.	10
11e —	Pharmacie.	10

100

TITRE II. — Assemblées.

CHAPITRE PREMIER.

Séances particulières

Art. 2. — Les séances de l'Académie ont lieu tous les mardis, à trois heures.

Art. 3. — Les membres de l'Académie ont seuls le droit d'assister à ces séances.

Art. 4. — Le président appelle les sujets à traiter, conformément à l'ordre du jour; il dirige les discussions, il met aux voix les propositions, recueille les suffrages, proclame les décisions de l'Académie; il nomme, de concert avec le bureau, les commissions que l'Académie ne croit pas devoir choisir elle-même; il arrête les listes de présence, il signe les procès-verbaux, enfin il veille au maintien de l'ordre.

Art. 5. — Indépendamment des réunions de l'Académie, le président préside de droit les réunions des commissions, à l'exception de celles des sections et des commissions chargées de présentations aux places vacantes. Il a voix prépondérante en cas d'égalité de suffrages; il marche à la tête de l'Académie et de ses députations, il les présente et parle en leur nom

Art. 6. — Le président et le vice-président de l'Académie sont élus parmi les membres résidants. Leur élection se fait chaque année, dans l'avant-dernière séance de décembre, après convocation expresse, au scrutin secret et à la majorité absolue des membres présents.

Art. 7. — Le président est remplacé dans ses fonctions, en cas d'empêchement, par le vice-président.

Art. 8. — L'Académie a un secrétaire perpétuel, lequel est élu par elle, au scrutin, dans une séance indiquée à cet effet un mois d'avance.

Art. 9. — Le secrétaire perpétuel a pour fonctions de préparer les séances de l'Académie, de rédiger et de signer les délibérations, les lettres écrites au nom de l'Académie, et généralement tous les actes qui émanent d'elle ; de faire tous les ans, conjointement avec le secrétaire annuel, l'analyse de l'ensemble des travaux de l'Académie, l'éloge de ses membres décédés, et de présenter une esquisse des progrès de l'art de guérir dans toutes ses branches. Il assiste à toutes les commissions, à l'exception de celles qui ont trait à des présentations pour des places vacantes ; il y a seulement voix consultative.

Art. 10. — Le secrétaire perpétuel est remplacé dans ses fonctions, en cas d'empêchement, par le secrétaire annuel. Ce dernier est élu dans la même séance et de la même manière que le président et le vice-président ; il est de droit un des quatre membres que l'Académie élit pour le conseil d'administration.

Art. 11. — Les travaux des séances ont lieu dans l'ordre suivant :

1° Lecture et adoption du procès-verbal de la séance précédente ;

2° Correspondance avec le gouvernement et avec les autorités constituées ;

3° Correspondance avec les savants agrégés ou non à l'Académie ;

4° Annonce des observations, mémoires et ouvrages manuscrits ;

5° Annonce des observations, mémoires et ouvrages imprimés ;

6° Compte rendu des décisions en matière d'administration prises par le conseil ;

7° Élections ;

8° Rapport des commissions nommées par l'Académie ;

9° Lecture des observations, mémoires et ouvrages des membres de l'Académie ;

10° Lecture des observations, mémoires et ouvrages présentés par les savants étrangers à l'Académie ;

11° Exposition et démonstrations des objets matériels.

Néanmoins l'Académie peut, sur la proposition du bureau, intervertir cet ordre de travaux.

Art. 12. — A l'ouverture de la séance, une feuille sert à recevoir, dans autant de cases séparées et numérotées, les signatures des membres. A trois heures et demie, le président arrête cette liste, en tirant une barre et mettant sa signature au-dessous du dernier nom inscrit. Les membres dont les noms sont inscrits sur cette feuille ont droit à un jeton de présence. Indépendamment de cette feuille, un registre sert à recevoir, à chaque séance, les signatures de tous les membres de l'Académie, quel que soit leur titre.

Art. 13. — Toutes les pièces adressées à l'Académie sont datées et paraphées par le secrétaire perpétuel, le jour même de leur réception. La présentation et la lecture de ces pièces sont constatées de la même manière.

Art. 14. — L'Académie entend la lecture des rapports et mémoires d'après leur ordre d'inscription ; néanmoins elle peut, par une délibération expresse, intervertir cet ordre toutes les fois qu'elle le juge convenable.

Art. 15. — Aucune lecture ne peut être interrompue, suspendue ou renvoyée à des commissaires, que d'après l'avis du bureau; en cas de réclamation, l'Académie est consultée et prononce.

Commissions temporaires.

Art. 16. — Seront renvoyées à des commissions :

1° Les communications qui sont faites à l'Académie par le gouvernement et les autorités;

2° Celles qui sont faites par des savants, si la compagnie les juge de nature à être l'objet d'un rapport particulier.

Art. 17. — Les commissions se composent de trois, cinq, sept, neuf ou onze membres, suivant l'importance des objets qui leur sont renvoyés.

Art. 18. — Les commissions sont nommées sur la désignation du bureau ou au scrutin toutes les fois qu'il est réclamé par dix membres au moins. Quel que soit le mode de nomination, le dernier membre nommé reçoit les pièces que la commission doit examiner, et c'est lui qui est chargé de la faire convoquer.

Art. 19. — Les commissions se choisissent un président et un secrétaire rapporteur ; elles ne peuvent connaître que des objets qui leur sont adressés.

Commissions permanentes.

Art. 20. — Indépendamment des commissions qui sont nommées à chaque séance pour les travaux éventuels de l'Académie, et dont il est question dans les quatre articles précédents, la compagnie institue des commissions *permanentes* pour ceux de ces services qu'on peut appeler publics.

Art. 21. — Ces commissions sont composées de six ou neuf membres élus, après convocation expresse, au scrutin de liste, et à la majorité relative des membres présents. Elle se renouvelle par tiers, tous les ans, dans le mois de décembre.

Art. 22. — Ces commissions préparent le rapport général que l'Académie fait à l'autorité sur le service public qui les concerne. Elles font en outre, s'il y a lieu, d'intervalle en intervalle, dans le cours de l'année, à l'Académie, des rapports partiels destinés à exposer la série de leurs travaux journaliers.

Rapports.

Art. 23. — Il ne peut être fait de rapports sur les ouvrages imprimés, excepté sur ceux qui le sont à l'étranger.

Art. 24. — Les rapports peuvent être discutés, séance tenante, ou dans des séances spéciales, au gré de l'Académie.

Art. 25. — Lors de la discussion et de la délibération des rapports, les amendements ont la priorité; mais toute proposition incidente au rapport ne doit être mise aux voix qu'après que l'Académie a statué sur le rapport et sur la proposition de la commission qui le présente.

Art. 26. — Une fois adoptés, les rapports doivent être déposés et transcrits dans l'ordre de leur adoption sur un registre destiné à cet usage.

Art. 27. — Les copies et les extraits de ces rapports faits sur la demande du gouvernement et des autorités ne pourront être adressés qu'à eux seuls.

Art. 28. — Dans les autres cas, ils peuvent être délivrés aux parties intéressées, lorsque l'Académie le juge convenable, mais sous la condition expresse qu'il n'y sera jamais fait d'altération, d'addition ou de retranchement d'aucun genre. Cette condition doit être relatée en marge de la copie ou de l'extrait accordé.

19

Art. 29. — Les copies et les extraits des rapports sont signés par le secrétaire perpétuel seul.

Art. 30. — Il est fait tous les trois mois appel des rapports arriérés, et des noms des commissaires qui en sont chargés.

Art. 31. — Le président accorde la parole pour et contre la proposition-alternativement, jusqu'à ce que la discussion soit épuisée, ou ait été fermée; néanmoins la parole doit être accordée pendant la discussion, pour rétablir la question, pour réclamer la clôture et l'ordre du jour.

Art. 32. — Les rapporteurs des commissions ont la parole dans les discussions toutes les fois qu'ils la réclament; ils l'ont encore de droit après la clôture de la discussion.

Art. 33. — Les décisions de l'Académie sont prises à la majorité absolue des suffrages; elles sont manifestées par assis et levé ou au scrutin. Dans le cas de doute par assis et levé, l'épreuve est recommencée; si le doute persiste, le scrutin est de droit; il est encore de droit toutes les fois qu'il est réclamé par dix membres aux moins. Ces décisions, pour être valables, exigent la présence de la moitié, plus un, des membres qui ont signé la feuille de présence du jour.

Art. 34. — Le résultat des délibérations est proclamé par le président, et inscrit au procès-verbal par le secrétaire perpétuel.

CHAPITRE II.

Séances publiques.

Art. 35. — Les séances publiques de l'Académie ont lieu tous les ans, le premier mardi du mois de mai.

Art. 36. — Ces séances ont pour objets : l'exposition

des travaux de l'Académie et des progrès de l'art de guérir ; la lecture des éloges des membres décédés.; là proclamation des noms des auteurs qui ont mérité des prix ; l'annonce des sujets de prix mis au concours, et la lecture des mémoires désignés.

Art. 37. — Une commission composée de cinq membres nommés au scrutin de liste, et à la majorité relative des membres présents, est chargée, trois mois à l'avance, de recueillir et préparer les matériaux de ces séances.

Art. 38. — Les discours et autres pièces destinés à être lus dans les séances publiques doivent toujours être communiqués préalablement au conseil d'administration, lequel détermine l'ordre et la durée des lectures.

Art. 39. — Les séances publiques sont présidées par les mêmes personnes et de la même manière que les séances privées, mais elles ne comportent aucune discussion.

TITRE III. — ÉLECTIONS.

Art. 40. — Nul ne peut obtenir un titre quelconque dans l'Académie : 1° s'il n'est docteur en médecine ou en chirurgie, ou reçu dans une École spéciale de pharmacie ou de médecine vétérinaire.; 2° s'il n'en a fait la demande expresse.

Art. 41. — Il ne peut être nommé à aucune place de membre de l'Académie qu'après trois mois de la vacance de cette place.

Art. 42. — Toutes les demandes adressées à l'Académie sont renvoyées par elle :

1° A la section dans laquelle la place est vacante, s'il s'agit d'un titulaire ;

2° A des commissions spéciales composées de cinq

membres au moins, et nommées au scrutin pour toutes les autres nominations.

Art. 43. — Quand une section sera naturellement ou accidentellement, au moment de la présentation, composée de moins de cinq membres, l'Académie lui ajoutera, par scrutin, le nombre nécessaire pour la porter à cinq; ce n'est qu'après cette addition que la section pourra faire la présentation.

Art. 44. — Les sections et les commissions font en comité secret leurs rapports sur les titres respectifs des candidats, dont les demandes leur ont été renvoyées.

Art. 45. — Les sections et les commissions présentent trois candidats au moins et six au plus pour chaque place : l'Académie fixe ce nombre.

Art. 46. — Il est voté sur ces candidats, dans la séance qui suit celle dans laquelle a été fait le rapport de présentation, et pour laquelle sera faite une convocation spéciale.

Art. 47. — L'élection des membres résidants se fait au scrutin individuel, celle des associés et correspondants se fait au scrutin de liste; pour les uns et pour les autres, il faut la majorité absolue des membres présents.

TITRE IV. — Administration.

CHAPITRE PREMIER.

Conseil.

Art. 48. — L'Académie est représentée hors de ses séances par le conseil d'administration.

Art. 49. — Le conseil d'administration est présidé comme l'Académie; le secrétaire du conseil y tient la plume, il a voix consultative. Sous la direction du secrétaire perpétuel, il prépare et rédige la correspondance, qui est signée par le secrétaire perpétuel seul; il pratique les vaccinations gratuites; il revoit et vérifie les copies et les extraits des rapports que l'Académie juge à propos de délivrer aux auteurs; il fait les convocations du conseil et de l'Académie; il veille à l'exécution des décisions du conseil, et règle les travaux des employés.

Art. 50. — Les employés de l'Académie sont tous sous la direction du secrétaire perpétuel et sous la surveillance du secrétaire du conseil; ils ne peuvent, dans aucun cas, être docteurs en médecine ni membres de l'Académie.

Art. 51. — Le conseil d'administration se réunit tous les huit jours, et plus souvent si les circonstances l'exigent. Les convocations extraordinaires sont faites par le président, et, à son défaut, par le secrétaire perpétuel.

Art. 52. — Le conseil est chargé de l'exécution des décisions de l'Académie, du dépouillement et de l'expédition de la correspondance et des convocations; il contrôle et ordonnance les dépenses de tout genre; établit chaque année le budget des dépenses, et juge quelles sont les commissions auxquelles il est possible d'accorder des jetons de présence; enfin il prend, provisoirement, et dans les cas urgents, les mesures que les circonstances exigent.

Art. 53. — Toutes les décisions du conseil sont prises à la majorité absolue des voix. Ces décisions exigent la présence de cinq membres au moins, et sont signées au registre par le président, le secrétaire perpétuel, et contresignées par le secrétaire du conseil.

Art. 54. — Chaque membre du conseil d'administration reçoit, à l'issue de chaque séance, un jeton de présence.

Art. 55. — Chaque année, le conseil d'administration fera connaître à l'Académie, dans une des séances du mois de décembre, les dépenses faites dans l'année qui finit, et il lui communiquera l'état de celles qui doivent avoir lieu dans l'année suivante.

Cette communication doit toujours précéder la nomination des quatre membres que l'Académie élit chaque année pour la composition du conseil.

Art. 56. — Les membres que le choix de l'Académie porte au conseil sont élus à la même époque que le président annuel, le vice-président et le secrétaire annuel; ils sont élus au scrutin individuel et à la majorité absolue des membres présents.

CHAPITRE II.
Trésorier.

Art. 57. — Le trésorier fait toutes les écritures relatives à la comptabilité de l'Académie; il signe, de concert avec le président et le secrétaire perpétuel, les bordereaux des dépenses; il reçoit l'argent nécessaire à la solde de ces bordereaux, et en donne quittance; il solde ces borderaux, tient note de toutes les dépenses, en rend compte au conseil tous les trois mois, et lui en présente un compte général à la fin de l'année, lors de l'établissement du budjet. Il a sous sa direction la distribution des jetons de présence.

CHAPITRE III.
Archives et collections.

Art. 58. — Sont déposés dans les archives et les collections de l'Académie, les observations, mémoires et ouvrages, tant imprimés que manuscrits; les dessins, gravures, planches; les instruments et les machines ; les pièces d'anatomie et d'histoire naturelle ; les produits chimiques, et généralement tous les objets qui pourraient être adressés à l'Académie ou acquis par elle.

Art. 59. — Il est dressé tous les ans, par les soins du secrétaire perpétuel, et à la diligence du secrétaire du conseil, un catalogue des objets qui, dans le cours de l'année, ont été donnés à l'Académie ou acquis par elle. Ce catalogue est présenté à la compagnie, et, tous les cinq ans, ces catalogues sont fondus en un catalogue général.

Art. 60. — L'Académie ordonne la publication de ces catalogues toutes les fois qu'elle le juge convenable.

Art. 61. — Les archives, les collections, et tout le matériel de l'Académie, sont placés sous la surveillance du secrétaire perpétuel,

CHAPITRE IV.

Travaux chimiques.

Art. 62. — Il y aura un chef des travaux chimiques de l'Académie. Ce chef pourra être pris hors de la compagnie.

Art. 63. — Le chef des travaux chimiques est, pour la partie administrative, sous la direction du secrétaire perpétuel et du conseil d'administration, et pour les travaux dont il ne sera pas nominativement chargé, sous celle des présidents des commissions chargées par l'Académie des recherches et des expériences chimiques.

Art. 64. — Les membres de l'Académie, qui ne sont pas membres de ces commissions, ne peuvent se livrer par eux-mêmes à des manipulations chimiques dans le laboratoire de l'Académie.

TITRE V. — Publications.

Art. 65. — Toutes les publications sont faites au nom de l'Académie et en vertu d'une délibération expresse.

Art. 66. — Les publications se composent :

1° Du compte rendu des travaux de l'Académie ;

2° De l'esquisse historique des progrès de l'art, tant dans ses parties que dans son ensemble ;

3° De l'analyse des mémoires et des faits qui n'auraient pas trouvé place dans la publication actuellement sous presse ;

4° Des éloges et notices historiques composés sur les membres de l'Académie décédés ;

5° Du programme des prix proposés par l'Académie, et de l'indication des prix remportés ;

6° Des mémoires fournis par les membres de l'Académie ;

7° Des mémoires dus à des savants étrangers.

Art. 67. — Les écrits destinés à l'impression sont remis à une commission dite *de publication*, chargée de revoir ce qui doit être publié au nom de l'Académie.

Art. 68. — Cette commission est composée des secrétaires perpétuel et annuel, du trésorier, et de cinq membres, nommés au scrutin par l'Académie. Ces cinq membres sont renouvelés tous les ans ; ils sont rééligibles.

Art. 69. — Il sera accordé aux auteurs des ouvrages qui n'auraient pas été désignés pour être publiés actuellement la faculté d'en faire tirer copie (1).

Art. 70. — La commission de publication rend

_____

(1) A leurs frais.

compte, tous les trois mois, à l'Académie, de l'état des travaux relatifs aux publications.

TITRE VI. — CONCOURS ET PRIX.

Art. 71. — L'Académie propose, tous les ans au moins, un sujet de prix sur des matières susceptibles, autant que faire se pourra, d'expériences, d'observations et de recherches positives.

Art. 72. — Les membres résidants sont seuls exclus du concours.

Art. 73. — Les mémoires des concurrents doivent porter une épigraphe apparente, et le nom de l'auteur soigneusement cacheté, avec la répétition de l'épigraphe.

Art. 74. — Ces mémoires sont envoyés à une commission composée de cinq membres au moins, élus au scrutin par l'Académie.

Art. 75. — Cette commission fait son rapport au comité secret, et soumet son jugement à la ratification de l'Académie.

Art. 76. — Les mémoires couronnés peuvent être publiés avec ceux de l'Académie, quand celle-ci les juges dignes de paraître dans les collections de ses travaux.

Art. 77. — Les prix résultant de dons particuliers qui pourraient être faits à l'Académie seront décernés, suivant les intentions des donateurs, en se conformant toutefois, autant que possible, aux règles établies ci-dessus.

TITRE VII. — DISPOSITIONS GÉNÉRALES.

Art. 78. — L'Académie désigne, au scrutin secret, sur la demande du gouvernement, des commissaires choisis parmi ses membres pour être envoyés dans tous les lieux où des épidémies, des épizooties, l'examen des établissements d'eaux minérales ou d'utilité publique, etc., peuvent rendre leur présence nécessaire.

Art. 79. — L'Académie envoie à ses frais une députation aux obsèques de ceux de ses membres qui sont décédés dans le lieu de sa résidence.

Art. 80. — La proposition de placer dans l'enceinte de l'Académie le buste ou portrait d'un membre décédé ne peut être faite que cinq ans après son décès. Cette proposition est renvoyée à une commission nommée au scrutin. Il est voté sur le rapport de cette commission, au scrutin et à la majorité absolue des membres présents.

Art. 81. — Jusqu'à ce que l'Académie soit rentrée dans les limites fixées par l'ordonnance du 18 octobre 1829, si les trois vacances qui donnent lieu à un remplacement existent dans trois sections différentes, l'Académie décidera (1) à laquelle de ces trois sections appartiendra le remplacement. Si, de ces vacances, deux, et à plus forte raison trois, appartiennent à la même section, c'est à cette section qu'appartiendra le remplacement.

Art. 82. — En cas d'insuffisance du présent règlement, il y sera pourvu par une délibération expresse de l'Académie. Cette délibération, pour être exécutoire, devra être soumise au ministre de l'instruction publique et approuvée par lui.

---

(1) Sur le rapport d'une commission composée d'un membre de chaque section de l'Académie.

477.

Arrêté du préfet de police de Paris qui prescrit l'éta-
blissement de services médicaux dans les théâtres

(12 mai 1852).

Art. 1er. — Dans chaque théâtre ou salle de spectacle
de Paris, il y aura un service médical qui sera composé
d'un nombre de médecins en rapport avec l'importance
de l'établissement.

Art. 2. — Le service sera divisé par semaine et réglé
entre les médecins, à la fin de chaque mois, pour le
mois suivant. Il sera communiqué au directeur qui,
après l'avoir approuvé, nous en donnera connaissance.

Art. 3. — Ce service devra être distribué de manière
à ce qu'il y ait constamment un médecin présent dans
la salle, depuis le commencement jusqu'à la fin de la
représentation.

Lorsque le service de la soirée sera partagé entre
plusieurs médecins, aucun d'eux ne pourra se retirer
avant d'avoir été relevé par un de ses collègues.

Il y aura aussi, à chaque répétition générale des
pièces à spectacle, un médecin de service qui sera
prévenu par la direction.

Art. 4. — Lorsqu'un des médecins voudra échanger
son tour de service de semaine, il devra en prévenir
le commissaire de police de la section, en lui justifiant
du consentement par écrit de son remplaçant, avant
l'ouverture des bureaux.

Art. 5. — Une stalle d'orchestre ou de balcon sera
réservée, chaque jour de représentation, pour le médecin de service de la salle. Elle devra être placée le

plus près possible de l'une des portes d'entrée. A la place du numéro, elle portera ces mots : *Médecin de service.*

Art. 6. — Le médecin de service se rendra, chaque matin, à la direction du théâtre auquel il sera attaché, pour savoir s'il y a lieu de constater à domicile les maladies d'artistes ou d'employés qui motiveraient des refus de service. En cas d'urgence, le directeur devra le faire prévenir à domicile.

Art. 7. — Un local sera mis, dans l'intérieur des bâtiments, à la disposition des médecins de service. Il devra être convenablement meublé, chauffé, éclairé ; et contenir une petite pharmacie, dont la composition sera réglée par nous, et placée sous la surveillance d'un membre du conseil de salubrité.

Art. 8. — Des rapports trimestriels sur le service médical seront adressés par nous à M. le ministre de l'intérieur.

Art. 9. — La nomination des médecins dans les théâtres et spectacles, à l'exception du théâtre de l'Opéra, qui est en dehors de ce règlement, et le remplacement des médecins qui manqueraient à leur service ou se feraient remarquer par leur inexactitude, seront faits par M. le ministre de l'intérieur, d'après nos propositions et sur la présentation des directeurs.

Leurs fonctions seront gratuites. Leur révocation, pour manquement et inexactitude dans leur service, sera proposée par nous à M. le ministre de l'intérieur.

APPENDICE.

LOI DU 19 VENTOSE AN XI
(10 mars 1803),
relative à l'exercice de la médecine.

TITRE Ier. — *Dispositions générales.*

Art. 1er. — A compter du 1er vendémiaire de l'an XII, nul ne pourra embrasser la profession de médecin, de chirurgien ou d'officier de santé, sans être examiné et reçu comme il sera prescrit par la présente loi.

Art. 2. — Tous ceux qui obtiendront, à partir du commencement de l'an XII, le droit d'exercer l'art de guérir, porteront le titre de docteurs en médecine ou en chirurgie lorsqu'ils auront été examinés et reçus dans l'une des six Écoles spéciales de médecine, ou celui d'officiers de santé quand ils seront reçus par les jurys dont il sera parlé aux articles suivants.

Art. 3. — Les docteurs en médecine et les chirurgiens reçus par les anciennes Facultés de médecine, les colléges de chirurgie et les communautés de chirurgiens, continueront d'avoir le droit d'exercer l'art de guérir comme par le passé. Il en sera de même pour ceux qui exerçaient dans les départements réunis, en vertu des titres pris dans les universités étrangères, et reconnus légaux dans les pays qui forment actuellement ces départements.

Quant à ceux qui exercent la médecine ou la chirurgie en France, et qui se sont établis depuis que les formes anciennes de réception ont cessé d'exister, ils continueront leur profession, soit en se faisant recevoir docteurs ou officiers de santé, comme il est dit aux articles 10 et 21, soit en remplissant simplement les formalités qui sont prescrites à leur égard à l'article 23 de la présente loi.

Art. 4. — Le gouvernement pourra, s'il le juge convenable, accorder à un médecin ou à un chirurgien étranger, et gradué dans les universités étrangères, le droit d'exercer la médecine ou la chirurgie sur le territoire de l'Empire français.

TITRE II. — *Des examens et de la réception des docteurs en médecine ou en chirurgie.*

Art. 5. — Il sera ouvert, dans chacune des six Écoles spéciales de médecine, des examens pour la réception des docteurs en médecine ou en chirurgie.

Art. 6. — Ces examens seront au nombre de cinq, savoir :

Le premier, sur l'anatomie et la physiologie ;

Le deuxième, sur la pathologie et la nosologie ;

Le troisième, sur la matière médicale, la chimie et la pharmacie ;

Le quatrième, sur l'hygiène et la médecine légale ;

Le cinquième, sur le clinique interne ou externe, suivant le titre de docteur en médecine ou de docteur en chirurgie que l'aspirant voudra acquérir.

Les examens seront publics ; deux d'entre eux seront nécessairement soutenus en latin (1).

Art. 7. — Après les cinq examens, l'aspirant sera

---

(1) Tous les examens sont subis maintenant en français.

tenu de soutenir une thèse qu'il aura écrite en latin ou en français.

Art. 8. — Les étudiants ne pourront se présenter aux examens des Écoles qu'après avoir suivi, pendant quatre années, l'une ou l'autre d'entre elles, et acquitté les frais d'étude qui seront déterminés.

Art. 9. — Les conditions d'admission des étudiants aux Écoles, le mode des inscriptions qu'ils y prendront, l'époque et la durée des examens, ainsi que les frais d'étude et de réception, et la forme du diplôme à délivrer par les Écoles aux docteurs reçus, seront déterminés par un règlement délibéré dans la forme adoptée par tous les règlements d'administration publique; néanmoins la somme totale de ces frais ne pourra excéder mille francs, et cette somme sera partagée dans les quatre années d'étude et dans celle de la réception.

Art. 10. — Les médecins et chirurgiens qui, ayant étudié avant la suppression des universités, Facultés et collèges de médecine et de chirurgie, et n'ayant pas pu subir d'examen par l'effet de cette suppression, voudront acquérir le titre de docteur, se présenteront à l'une des Écoles de médecine avec leurs certificats d'étude ; ils y seront examinés pour recevoir le diplôme, et ils ne seront tenus d'acquitter que le tiers des frais d'examen et de réception.

Art. 11. — Les médecins ou chirurgiens non reçus, comme ceux de l'article précédent, mais qui ont été employés en chef ou comme officiers de santé de première classe pendant deux ans dans les armées de terre ou de mer, se présenteront, s'ils veulent obtenir le titre de docteur en médecine ou en chirurgie, avec leurs brevets ou commissions, certifiés par les ministres de la guerre ou de la marine, à l'une des Écoles de médecine, où ils seront tenus de subir le dernier acte

de réception seulement, ou de soutenir thèse. Il leur
sera délivré un diplôme, et ils ne paieront que les frais
qui seront fixés pour la thèse.

. Art. 12. — Ceux des élèves qui, ayant étudié dans
les Écoles de médecine instituées par la loi du 14 frimaire an III, ont subi des examens et ont fait preuve
de capacité dans ces Écoles, suivant les formes qui
y sont établies, se pourvoiront à celle de ces Écoles
où ils auront été examinés pour y recevoir le diplôme
de docteur. Ils seront tenus d'acquitter la moitié des
frais fixés pour les examens et la réception.

Art. 13. — Les élèves nationaux admis par le concours des lycées ou des prytanées aux Écoles spéciales
de médecine, d'après l'article 35 de la loi du 11 floréal
an X, seront seuls dispensés de payer les frais d'étude
et de réception.

Art. 14. — Le produit des études et des réceptions
dans chaque École de médecine sera employé aux traitements des professeurs et aux dépenses de chacune
d'elles, ainsi qu'il sera réglé par le gouvernement,
sans néanmoins que les sommes reçues dans l'une de
ces Écoles puissent être affectées aux dépenses des
autres.

TITRE III. — *Des études et de la réception des officiers de santé.*

Art. 15. — Les jeunes gens qui se destineront à
devenir officiers de santé ne seront pas obligés d'étudier dans les Écoles de médecine; ils pourront être
reçus officiers de santé après avoir été attachés, pendant six années, comme élèves à des docteurs, ou
après avoir suivi, pendant cinq années consécutives,
la pratique des hôpitaux civils ou militaires. Une étude
de trois années consécutives dans les Écoles de méde-

cine leur tiendra lieu de la résidence de six années
chez les docteurs, ou de cinq années dans les hospices.

Art. 16. — Pour la réception des officiers de santé,
il sera formé dans le chef-lieu de chaque département
un jury composé de deux docteurs domiciliés dans le
département, nommés par le premier consul, et d'un
commissaire pris parmi les professeurs des six Écoles
de médecine, et désigné par le premier consul. Ce jury
sera renommé tous les cinq ans ; ses membres pourront être continués.

Art. 17. — Les jurys des départements ouvriront
une fois par an les examens pour la réception des officiers de santé.

Il y aura trois examens :

L'un sur l'anatomie,

L'autre sur les éléments de la médecine ;

Le troisième sur la chirurgie et les connaissances
les plus usuelles de la pharmacie.

Ils auront lieu en français, et dans une salle où le
public sera admis.

Art. 18. — Dans les six départements où seront
situées les Écoles de médecine, le jury sera pris parmi
les professeurs de ces Écoles, et les réceptions des officiers de santé seront faites dans leur enceinte.

Art. 19. — Les frais des examens des officiers de
santé ne pourront pas excéder 200 fr. La répartition
de cette somme entre les membres du jury sera déterminée par le gouvernement.

Art. 20. — Le mode des examens faits par les jurys,
leurs époques, leur durée, ainsi que la forme du diplôme qui devra être délivré aux officiers de santé, seront déterminés par le règlement dont il est parlé à
l'article 9.

Art. 21. — Les individus qui se sont établis de-

puis dix ans dans les villages, les bourgs, etc., pour
y exercer la chirurgie, sans avoir pu se faire recevoir depuis la suppression des lieutenances du premier
chirurgien et des communautés, pourront se présenter
au jury du département qu'ils habitent pour y être
examinés et reçus officiers de santé. Ils ne paieront
que le tiers du droit fixé pour ces examens.

TITRE IV. — *De l'enregistrement et des listes des docteurs et des officiers de santé.*

Art. 22. — Les médecins et les chirurgiens, reçus
suivant les anciennes formes supprimées en France,
ou suivant les formes qui existaient dans les départements réunis, présenteront, dans l'espace de trois mois
après la publication de la présente loi, au tribunal de
leur arrondissement et au bureau de leur sous-préfecture, leurs lettres de réception et de maîtrise.

Une inscription sur une liste ancienne légalement
formée, ou, à défaut de cette inscription ou de liste
ancienne, une attestation de trois médecins ou de trois
chirurgiens, dont les titres auront été reconnus, et
qui sera donnée par voie d'information devant un tribunal, suffira pour ceux des médecins et des chirurgiens qui ne pourraient pas retrouver et fournir leurs
lettres de réception et de maîtrise.

Art. 23. — Les médecins et chirurgiens, établis depuis la suppression des universités, facultés, colléges
et communautés, sans avoir pu se faire recevoir, et
qui exercent depuis trois ans, se muniront d'un certificat délivré par les sous-préfets de leurs arrondissements, sur l'attestation du maire et de deux notables
des communes où ils résident, au choix des sous-préfets ; ce certificat, qui constatera qu'ils pratiquent cet
art depuis l'époque indiquée, leur tiendra lieu de di-

plôme d'officier de santé ; ils le présenteront, dans le délai prescrit par l'article précédent, au tribunal de leur arrondissement et au bureau de leur sous-préfecture.

_Les dispositions de cet article seront applicables aux individus mentionnés dans les articles 10 et 11, et même à ceux qui, n'étant employés ni en chef ni en première classe aux armées de terre ou de mer, et ayant exercé depuis trois ans, ne voudraient pas prendre le titre et le diplôme de docteur en médecine ou en chirurgie.

Art. 24. — Les docteurs ou officiers de santé, reçus suivant les formes établies dans les deux titres précédents, seront tenus de présenter, dans le délai d'un mois après la fixation de leur domicile, les diplômes qu'ils auront obtenus au greffe du tribunal de première instance et au bureau de la sous-préfecture de l'arrondissement dans lequel les docteurs et officiers de santé voudront s'établir.

Art. 25. — Les commissaires du gouvernement près les tribunaux de première instance dresseront les listes des médecins et chirurgiens anciennement reçus, de ceux qui sont établis depuis dix ans sans réception, et des docteurs et officiers de santé nouvellement reçus suivant les formes de la présente loi, et enregistrés aux greffes de ces tribunaux ; ils adresseront, en fructidor de chaque année, copie certifiée de ces listes au grand juge ministre de la justice.

Art. 26. — Les sous-préfets adresseront l'extrait de l'enregistrement des anciennes lettres de réception, des anciens certificats et des nouveaux diplômes dont il vient d'être parlé, aux préfets, qui dresseront et publieront les listes de tous les médecins et chirurgiens anciennement reçus, des docteurs et officiers de santé domiciliés dans l'étendue de leurs départements. Ces listes seront adressées par les préfets au ministre de l'intérieur, dans le dernier mois de chaque année.

Art. 27. — A compter de la publication de la présente loi, les fonctions de médecins et chirurgiens jurés appelés par les tribunaux, celles de médecins et chirurgiens en chef dans les hospices civils, ou chargés par des autorités administratives de divers objets de salubrité publique, ne pourront être remplies que par des médecins et des chirurgiens reçus suivant les formes anciennes, ou par des docteurs reçus suivant celles de la présente loi.

Art. 28. — Les docteurs reçus dans les écoles de médecine pourront exercer leur profession dans toutes les communes de la République, en remplissant les formalités prescrites par les articles précédents.

Art. 29. — Les officiers de santé ne pourront s'établir que dans le département où ils auront été examinés par le jury, après s'être fait enregistrer comme il vient d'être prescrit. Ils ne pourront pratiquer les grandes opérations chirurgicales que sous la surveillance et l'inspection d'un docteur dans les lieux où celui-ci sera établi. Dans le cas d'accidents graves arrivés à la suite d'une opération exécutée hors de la surveillance et de l'inspection prescrites ci-dessus, il y aura recours à indemnité contre l'officier de santé qui s'en sera rendu coupable.

TITRE V. — *De l'instruction et de la réception des sages-femmes.*

Art. 30. — Outre l'instruction donnée dans les Écoles de médecine, il sera établi dans l'hospice le plus fréquenté de chaque département un cours annuel et gratuit d'acccouchement théorique et pratique destiné particulièrement à l'instruction des sages-femmes.

Le traitement du professeur et les frais du cours seront pris sur la rétribution payée pour la réception des officiers de santé.

Art. 31. — Les élèves sages-femmes devront avoir suivi au moins deux de ces cours, et vu pratiquer pendant neuf mois, ou pratiqué elle-même les accouchements pendant six mois dans un hospice ou sous la surveillance du professeur, avant de se présenter à l'examen.

Art. 32.—Elles seront examinées par les jurys sur la théorie et la pratique des accouchements, sur les accidents qui peuvent les précéder, les accompagner et les suivre, et sur les moyens d'y rémedier.

Lorsqu'elles auront satisfait à leur examen, on leur délivrera gratuitement un diplôme, dont la forme sera déterminée par le règlement prescrit par les articles 9 et 20 de la présente loi.

Art. 33.—Les sages-femmes ne pourront employer les instruments, dans les cas d'accouchements laborieux, sans appeler un docteur, ou un médecin ou chirurgien anciennement reçu.

Art. 34. — Les sages-femmes feront enregistrer leur diplôme au tribunal de première instance et à la sous-préfecture de l'arrondissement où elles s'établiront et où elles auront été reçues.

La liste des sages-femmes reçues pour chaque département sera dressée dans les tribunaux de première instance et par les préfets, suivant les formes indiquées aux articles 25 et 26 ci-dessus.

Titre VI. — *Dispositions pénales.*

Art. 35. — Six mois après la publication de la présente loi, tout individu qui continuerait d'exercer la médecine ou la chirurgie, ou de pratiquer l'art des accouchements sans être sur les listes dont il est parlé aux articles 25, 26 et 34, et sans avoir de diplôme, de certificat ou de lettre de réception, sera poursuivi et condamné à une amende pécuniaire envers les hospices.

Art. 36. — Ce délit sera dénoncé aux tribunaux de police correctionnelle, à la diligence du commissaire du gouvernement près ces tribunaux.

L'amende pourra être portée jusqu'à 1,000 francs pour ceux qui prendraient le titre et exerceraient la profession de docteur;

A 500 francs pour ceux qui se qualifieraient d'officiers de santé et verraient des malades en cette qualité;

A 100 francs pour les femmes qui pratiqueraient illicitement l'art des accouchements.

L'amende sera double en cas de récidive, et les délinquants pourront, en outre, être condamnés à un emprisonnement qui n'excédera pas six mois.

ORDONNANCE RELATIVE AUX PENSIONS DE RETRAITE DES FONCTIONNAIRES DE L'INSTRUCTION PUBLIQUE

(19 avril 1820).

Art. 1er. — La retenue qui, conformément aux dispositions de l'article 42 de la loi du 11 floréal an X (1er mai 1802), et à l'article 12 du décret du 15 brumaire an XII (7 novembre 1803), doit être exercée sur les traitements des fonctionnaires de l'instruction publique désignés par les articles 123 du décret du 17 mars 1808, 20 du décret du 17 septembre de la même année., et 4 du décret du 18 octobre 1810 (1), et qui était fixée par le décret du 15 brumaire an XII au vingt-cinquième des traitements, sera à l'avenir, et à partir du 1er avril 1820, du vingtième des mêmes traitements.

Art. 2. — La pension d'émérite, fixée, par l'article 3 du décret du 18 octobre 1810, aux trois quarts du traitement fixe dont aurait joui le pensionnaire pendant les trois dernières années de son activité, ne sera plus, pour les pensions à liquider à l'avenir, et à compter du même jour 1er avril 1820, que des trois cinquièmes dudit traitement.

Cette pension s'accroîtra d'un vingtième du traitement fixe pour chaque année de service au delà de trente ans, sans cependant qu'en aucun cas elle puisse excéder le dernier traitement fixe dont aurait joui le pensionnaire pendant les trois dernières années de son exercice.

Dans tous les cas, le *maximum* des pensions ne pourra excéder la somme de cinq mille francs.

Art. 3. — Tout membre de l'Université âgé de plus de soixante ans, ou qui, sans avoir atteint cet âge, serait attaqué de quelque infirmité pendant l'exercice de l'une des fonctions qui donnent droit à la pension, pourra demander la pension de retraite avant l'époque fixée pour l'éméritat dans l'article 3 du décret du 10 octobre 1810 (2), pourvu toutefois qu'il ait au moins dix

---

(1) Les conseillers inspecteurs généraux, recteurs, inspecteurs d'académies, membres des Facultés, proviseurs, censeurs et professeurs titulaires des lycées.

(2) Trente ans de service.

années effectives et entières de services dans les fonctions qui donnent droit à la pension (1).

Lorsque le motif de la retraite aura été jugé légitime par la commission de l'instruction publique, la pension sera réglée à l'avenir, et à compter du 1er avril 1820, d'après les bases suivantes, et toujours à raison du traitement fixe dont le pensionnaire aura joui pendant les trois dernières années de son activité :

De dix à quinze ans de service. 2/10es
De quinze à vingt ans de service. 3/10
De vingt à vingt-cinq ans de service. . 4/10
De vingt-cinq à trente ans de service. . 5/10

Dans tous les cas, le *minimum* de la pension demeure fixé à cinq cents francs.

Art. 4. — En liquidant les pensions, les fractions d'années d'exercice dans les diverses fonctions de l'instruction publique qui donnent droit à la pension seront réunies; mais il ne sera pas tenu compte de ce qui, après cette réunion, excéderait un nombre de demi-années complètes.

Il ne sera pas non plus tenu compte, dans la fixation des pensions, des fractions au-dessous de dix francs.

Art. 5. — A partir du 1er avril 1820, toutes les pensions liquidées antérieurement à cette époque, et conformément aux bases fixées par le décret du 18 octo-

---

(1) En vertu d'un arrêté ministériel du 29 décembre 1849, aucun fonctionnaire n'est admis maintenant à faire valoir ses droits à la retraite avant trente années de service, s'il né justifie des infirmités qui motivent sa demande, à l'aide d'un certificat donné par deux médecins assermentés.

bre 1810, seront assujetties à la retenue du vingtième
au profit du fonds de retraite. ·

. . Cette retenue cessera d'avoir lieu aussitôt que le
fonds de retraite pourra suffire à ses charges, indépendamment de ladite retenue.

Art. 6. — Il ne pourra être payé aucune pension au
delà du fonds de retraite. Néanmoins les fonctionnaires émérites, ou ceux qui, sans avoir atteint l'époque
de l'émérilat, seraient admis à la retraite, en vertu de
l'article 3 ci-dessus, pourront demander et obtenir la
liquidation de leur pension.

Les pensionnaires ainsi liquidés prendront rang entre eux, pour l'entrée en jouissance de leurs pensions,
au fur et à mesure des extinctions successives, à raison
du jour de la cessation de leurs fonctions ; subsidiaire-
ment, à raison de la durée de leurs services ; et, en
cas d'égalité de temps de service, à raison de leur
âge.

Art. 7. — Aussitôt que la retenue sur les pensions,
prescrite par l'article 5, aura cessé d'être exercée,
ainsi qu'il est dit au même article, les économies du
fonds de retraite, s'il y en a, seront placées jusqu'à ce
que les intérêts accumulés permettent d'accorder des
pensions aux veuves ou de diminuer la retenue sur les
traitements.

Art. 8. — En aucun cas, la retenue sur les traitements ne pourra être diminuée que par une ordonnance rendue sur la proposition de notre ministre de
l'intérieur, d'après la demande de notre commission
de l'instruction publique.

ORDONNANCE PORTANT QU'IL POURRA ÊTRE ACCORDÉ DES PENSIONS AUX VEUVES DES MEMBRES DE L'UNIVERSITÉ

(1er avril 1830).

Art. 1er. — Des pensions de retraite pourront être accordées aux veuves des membres de l'Université, mariées depuis cinq ans au moins, et dont les maris viendront à décéder postérieurement au 1er juillet 1830.

Art. 2. — Ces pensions ne pourront excéder le tiers de celles auxquelles les décédés auraient eu droit.

Art. 3. — Jusqu'à l'époque où la situation des fonds affectés au payement des pensions de retraite de l'Université le permettra, il ne sera accordé des pensions aux veuves qu'en proportion de leurs besoins, et lorsqu'elles auront justifié qu'elles n'ont pas les moyens suffisants d'existence.

Art. 4. — Lorsque notre conseil royal de l'instruction publique aura reconnu que le fonds de retraite peut faire face à la dépense, toutes les veuves des membres de l'Université auront droit au maximum de la pension, déterminé par l'article 2.

Art. 5. Les veuves qui se remarieront cesseront de recevoir des pensions et des secours sur les fonds de l'Université.

DÉCRET QUI DÉTERMINE LE COSTUME DES PROFESSEURS
DES ÉCOLES DE MÉDECINE ET DES DOCTEURS

(20 brumaire an XII. — 12 novembre 1803).

Le gouvernement de la République, sur le rapport
du ministre de l'intérieur, le conseil d'État entendu,
arrête :

Art. 1er. — Les professeurs des Écoles de médecine
porteront un costume dans l'exercice de leurs fonctions.

Le grand costume sera porté aux examens, aux thèses, lors des prestations de serment et des rapports
aux tribunaux, et dans toutes les fonctions et cérémonies publiques.

Il sera ainsi qu'il suit : habit noir à la française, robe
de soie cramoisie en satin, avec les devants en soie
noire, cravate de baptiste tombante, toque en soie cramoisie, avec un galon d'or et deux galons pour celle du
directeur, chausse cramoisie en soie et bordée d'hermine.

Le petit costume sera porté aux leçons et aux assemblées particulières, et composé comme il suit :

Robe noire d'étamine avec dos, devants de soie cramoisie, bordée d'hermine, habit, cravate et toque
comme ci dessus.

Art. 2. — Les simples docteurs en médecine, lorsqu'ils seront invités à quelques cérémonies publiques
et lorsqu'ils prêteront serment, feront ou affirmeront
des rapports devant les tribunaux, pourront porter le
petit costume réglé à l'article premier.

Art. 3. — Les professeurs réunis de l'École, dans
leurs fonctions, auront à leurs ordres un appariteur

vêtu d'un habit noir, avec le manteau de la même couleur, et portant une masse d'argent.

EXTRAIT DU DÉCRET IMPÉRIAL PORTANT ORGANISATION, EN CE QUI CONCERNE LES DISTINCTIONS HONORIFIQUE DU CORPS UNIVERSITAIRE

(17 mars 1808).

Art. 31. — Les professeurs des Facultés et les doyens devront être docteurs dans leurs Facultés respectives.

Des titres attachés aux fonctions.

Art. 32. — Il est créé parmi les gradués fonctionnaires de l'Université des titres honorifiques destinés à distinguer les fonctions éminentes, et à récompenser les services rendus à l'enseignement.

Ces titres seront au nombre de trois, savoir : 1° les titulaires, 2° les officiers de l'Université, 3° les officiers des Académies.

Art. 33. — A ces titres, seront attachées : 1° des pensions, qui seront données par le Grand Maître ; 2° une décoration, qui consistera dans une double palme brodée sur la partie gauche de la poitrine. La décoration sera brodée en or pour les titulaires, en argent pour les officiers de l'Université, en soie bleue et blanche pour les officiers des académies.

Art. 35. — Seront de droit officiers de l'Université,.... les doyens et professeurs des Facultés.

TABLE DES MATIÈRES.

PREMIÈRE PARTIE.

Études.

DEUXIÈME PARRTIE.

Enseignement.

TROISIÈME PARTIE.

Exercice.

— 465 —

21

APPENDICE.